D1606944

Le Corbusier Sketchbooks

Le Corbusier Sketchbooks

Volume 2, 1950–1954

Notes by Françoise de Franclieu

The Architectural History Foundation
New York

The MIT Press
Cambridge, Massachusetts

in collaboration with the
Fondation Le Corbusier, Paris

Françoise de Franclieu is Curator and Council Member
of the Fondation Le Corbusier

Editorial Consultants for *Le Corbusier Sketchbooks:*
Timothy Benton (The Open University), H. Allen Brooks
(University of Toronto), Bal Krishna V. Doshi (Vastu-
Shilpa Foundation), Norma Evenson (University of Cali-
fornia, Berkeley), Stanislaus von Moos (Technische Ho-
geschool, Delft), Francesco Passanti (Columbia Univer-
sity), Danielle Pauly (University of Strasbourg), Madhu
Sarin (architect and planner), Patricia Sekler (architectural
historian), Peter Serenyi (Northeastern University), Jerzy
Soltan (Harvard University)

Translated by Alfred Willis, with the exception of E23,
by Agnes Serenyi. Translations edited by Francesco
Passanti.

The Architectural History Foundation is a publicly sup-
ported, not-for-profit foundation. Directors: William But-
ler, Colin Eisler, Edgar Kaufmann, jr., Elizabeth G. Miller,
Victoria Newhouse, Annalee Newman, Adolf K. Placzek.
Editorial Board: George R. Collins, Columbia University;
Henry-Russell Hitchcock, New York University Institute
of Fine Arts; Spiro Kostof, University of California at
Berkeley; Wolfgang Lotz, Bibliotheca Hertziana, Rome;
Vincent Scully, Yale University; John Summerson, Sir
John Soane's Museum, London.

The Graham Foundation for Advanced Studies in the
Fine Arts has played a unique role in funding the four
volumes of *Le Corbusier Sketchbooks.*

Initial support for this publication was donated by the
National Endowment for the Arts. This grant made pos-
sible the implementation of an ambitious multivolume
program over two years.

Other donations have been received from the National
Endowment for the Humanities, the Edgar J. Kaufmann
Charitable Foundation, the Estée Lauder Foundation,
and Philip Johnson. The Architectural History Foundation
gratefully acknowledges these generous gifts.

Library of Congress Cataloging in Publication Data

Jeanneret-Gris, Charles Édouard, 1887–1965.
  Le Corbusier sketchbooks.

  (The Architectural History Foundation/MIT Press
series ; 4)
  Vol. 2—includes notes by Françoise de Franclieu.
  Includes index.
  CONTENTS: v. 1. 1914–1948.—v. 2. 1950–1954.
  1. Jeanneret-Gris, Charles Édouard, 1887–1965.
I. Fondation Le Corbusier. II. Le Corbusier Sketchbook
Publication Committee. III. Title. IV. Series.
NC248.J4A4   1981   741.944   80-28987
ISBN 0-262-12090-9 (v. 2)   AACR1

Printed in Switzerland by Imprimeries Réunies,
Lausanne.
Bound in Switzerland by Mayer & Soutter, Lausanne.

The Architectural History Foundation/MIT Press Series

I. *On Domestic Architecture, Sebastiano Serlio's Sixth Book.*
Introductions by James S. Ackerman, Adolf K. Placzek, and Myra Nan Rosenfeld, 1978

II. *Space Into Light, The Churches of Balthasar Neumann,*
by Christian F. Otto, 1979

III. *Borromini and the Roman Oratory, Style and Society,*
by Joseph Connors, 1980

IV. *Le Corbusier Sketchbooks,* Volumes 1 and 2, 1981; Volumes 3 and 4,
1982

V. *Frank Lloyd Wright's Hanna House, The Clients' Report,*
by Paul R. and Jean S. Hanna, 1981

Contents

E21 Cap Martin, August 1951
455–491

E21 bis Hoddesdon, 7–14 July
1951
492–546

E22 Milan, Triennale, 1951
547–607

E23 India 1951, 27 October,
28 November
608–698

F24 India, 16 March 1952, March
699–764

F25 India, 15 April 1952, Number
2, Cairo, 20 April
765–819

F26 Cap Martin, September 1952,
India, November 1952
820–876

F27 India, 28 November 1952
877–925

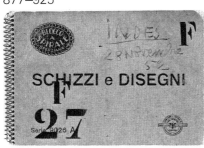

G28 India, 19 May, June 1953
926–969

G29 Aix, Cap Martin, July, August,
1953
970–1007

H30 Cap Martin, August 1953,
Paris, December 1953, Avion,
Delhi 16/1/54, Amritsar–
Chandigarh, 19–31 January 1954
1008–1056

Publisher's Note

To facilitate the reader's task in deciphering Le Corbusier's often illegible handwriting, his notes have been carefully transcribed exactly as they appear, including spelling mistakes, by a transcription team selected by the Fondation Le Corbusier. Notes obviously not in Le Corbusier's hand have not been transcribed.

Scattered notations on each page are transcribed from top left to bottom right, except where the meaning or relationship to a sketch suggests a different order. Words and sentences deleted in the original text have not been transcribed. Double slashes are used to indicate line breaks; single slashes mark a space in the same line of text. Ellipsis points indicate illegibility. Square brackets are placed around words about which the transcribers were uncertain and around matter that Le Corbusier indicated with ditto marks. Measurement numbers are transcribed only when they are an integral part of the text.

In the English rendering of the transcriptions, the translator has tried to convey the informal nature of the sketchbooks, maintaining most of Le Corbusier's idiosyncratic punctuation and capitalization, and in large part eliminating the double slashes. Square brackets are used as for the French; they also enclose the translator's additions to clarify meaning.

Le Corbusier used a number of abbreviations, the meanings of which become apparent with familiarity with the text. Listed below are some examples of Le Corbusier's personal shorthand:

av	avec
bp	beaucoup
c	cuisine
ch	chambre
ds	dans
expos	exposition
gd	grand
Jt	Jeanneret
$\overline{m}$	mm
pr	pour
s à m	salle à manger
Von	Yvonne Le Corbusier
≠	negatif

Notes to the Sketchbooks

and Translation of the Handwritten Text

D14

Bogotá 1950 II
February 25, 1950
Bogotá Baranquilla 1950

Chronology

1945
Publication of *Manière de penser l'urbanisme* (Boulogne-sur-Seine, Editions de l'Architecture d'Aujourd'hui).

1946
First United Nations assembly in London; founding of UNESCO.

Publication of *Les Trois établissements humains* (Paris, Editions Denoël); *Propos d'urbanisme* (Paris, Editions Bourrelier).

1947
Le Corbusier joins the team of architects commissioned to build the United Nations headquarters in New York City.

October 14, cornerstone laid for the *Unité d'habitation* in Marseille.

Claude et Duval factory under construction at Saint-Dié.

1948
Publication of *New World of Space* (New York, Reynal & Hitchcock); *Le Modulor* (Boulogne-sur-Seine, Editions de l'Architecture d'Aujourd'hui).

Traveling exhibition in the United States, organized by the Institute of Contemporary Arts, Boston.

Mural paintings for studio at 35 rue de Sèvres and for the Pavillon Suisse, Cité Universitaire, Paris.

First sculptures in wood done with Joseph Savina, numbers 4 to 8.

1950
Sculpture: *Totem.*
Tapestry for Bogotá executed at the Ateliers Tabard in Aubusson.

The chronology of Le Corbusier's sketchbooks is not strictly linear. In dating the books, the architect seemed to discount the fact that he sometimes put a notebook aside and took it up again at various times. For example, for the year 1950, corresponding to the six notebooks D14, D15, D16, D16', D16'', and D17, a chronological table could read as follows:

D16	1 page 1/14/50
D16'	February 1950, Bogotá
D14	February–March 1950, Bogotá
D17	May, August, November 1950, Paris–Marseille
D15	August–September 1950, Bogotá
D16''	September–October 1950, Bogotá
D16	Begins 1/14/50 but ends December 1950

D14, entitled "Bogotá" by Le Corbusier, relates to subsequent sketchbooks D15, D16, D16', D16'', and E20, which contain pages devoted to the urban plan for Bogotá.

According to the way the sketchbooks were assembled and numbered by the architect, the one preceding the present series — D13, dated 1945 — forms the only link with the period of the 1930s recorded by sketchbook C12. It is striking that over this span of years one finds him using the same kind of visual expression, the same kind of language — at once descriptive and introspective — to fix in memory the events he experienced, the places he visited, and the things he saw. This consistency of approach would hold true throughout his life.

Following his 1948 stay in Colombia, where he delivered two lectures on architecture and urbanism, Le Corbusier was asked by Colombian officials to study the planning of Bogotá, specifically to take charge of the Pilot Plan. He was assisted by Josep Lluis Sert, president of CIAM, and Sert's associate, Paul Lester Wiener, who were responsible for the more detailed plans. A central office for liaison was set up in Bogotá to ensure that proposals elaborated outside of Colombia would be properly carried out.

At the end of this sketchbook, the first explicit date, March 7, 1950, alludes to the interview Le Corbusier and his associates had with Colombia's president (44). Certain pages clearly reveal the initial approach to the plan for Bogotá (27–29): "The plan of Bogotá is the first where the principle of urban sectors has been put into practice. The ground is split up into rectangular areas in order to allow a strictly rational circulation system for fast traffic. This system also solves the problems of distribution, of crafts, and of green spaces reserved for schools and sports for the young" (*Oeuvre complète,* Vol. V, 1946–1952). Subsequent sketchbooks trace the path of this research. The Master Plan for Bogotá was completed, and although political developments hampered the execution of the Civic Center, the principles proposed for it later found a stunning expression in the Capitol at Chandigarh.

There are random notes and various sketches (Magdalena valley, 43; market at Baranquilla, 5,6; palm trees, 8, 25) whose vivacity shows the complexity of the author's approach and the difficulty of laying down a single line of analysis without sacrificing an appreciation of the spontaneity of his direct observations. Also referred to here is a planned but never realized exhibition to be held at the Porte Maillot in 1950 on the theme of "the synthesis of the major arts," a concept which Le Corbusier considered the most important aspect of his approach to the visual arts. He noted his ideas about a lighting system for the exhibition (10).

The notebooks relate most often to projects for architecture and urbanism, but they served as well as the testing ground of ideas for future publications, including *Fin d'un monde, Délivrance,* which was never published and for which the notebooks constitute a unique source of information (44). Le Corbusier never failed to note the contrasting characteristics of a world fast disappearing and a new world under construction.

Finally, various sketches dated June 18, 1950 for the medal to be executed in the architect's image by the Paris Mint (34–38) confirm Le Corbusier's insistence upon retaining control over everything that could express the intimate impulses of his acts and of his being, so as to avoid every possibility of what he called their "deformation" in the eyes of "users."

1
BOGOTA 50 // 2 TOREADORS // February 25, 1950 // Bogotá // BARANQUILLA // Lallement Medal // 1950 // D14

2
Fin d'1 monde // the 172 Modulor intervals // interplanetary travels

4
226 cell // good thickness // (8 cm. minimum.
glass // solid or latticed panel // possibly pierced // counterweighted with Wanner System raising [mechanism] fixed glass

5
Market at Baranquilla // the *Grandes Ecoles* have killed off life and deeper culture // (market building with polychromed Corinthian columns in bays. Magnificent // another market with vast iron roof + Eternit-coated sheet metal cement painted gray or rose ochre, of amazing

6
lightness and efficiency // exit // the *casitas* [small houses] // sky // the ball / at Puerto Colombia
It is the negroes of Baranquilla // who provide the right note // Life
Everything is masterfully painted. the poor folks send their painters to our academies.

7
Exploit the natural riches due to the strong contrasts
1. Water system = river pumps, gardening [by] Arab-style irrigation
2. sun and shadow system = create the physical conditions (physical center "*à la* Claude"

8
traveler's palm

9
ENRIQUE ALVAREZ // Soledad // Airport = B[aran]quilla—

10
[Porte] Maillot 50
Arrange without delay the lighting devices for paintings and sculptures

12
with fees from Baranquilla buy a farm in the vicinity of Paris to be kept in turn by draftsmen and Corbu + Yvonne, go there from time to time (for this or that project) I promised Wiener to devote to him a little room *ad perpetuum*
Attention // sentimental and solemn promise

13

the kidnappers:
Elberto Gonzalez-Rubio architect // the one from MIT
Boston: Air Post Box 126 // Baranquilla (Colombia)
His friend Roberto MacCausland // Calle 75, Bolevard
Norte, // Baranquilla.
The mayor // *Alcalde*: Ernesto McCausland M. // *Alcalde
de Baranquilla* // Carrera 53 N° 70–161

14

Attention Marseille Swimming pool
 The one at Baranquilla is lined with "English barite"
green cement tiles 50% tonality = rather intense, which
renders the water green and deep and clean in appear-
ance // with black lines 10 cm. [wide of] cement tiles

15

Bogotá. / 1 civic center // 2 working-class neighbor-
hoods / hillsides // plain // fire // hearth // 3 the Market //
= CIAM sites for experimentation

16

Baranquilla: 1 technician from Baranquilla will be sent to
me during May and June

17

Ritter, architect from Bogotá, designer of the govern-
ment postal building in Baranquilla (civic center)
 very nice (handsome concrete and inspiration)

18

Baranquilla / Magdalena / island / get 1 facade on the
river
water brought by canal to the civic center // the civic
center // a connection with the island that belongs to the
city in order to establish sports center with swimming
pool + "1 national park" // watch out for mosquitos!
"terrible!"
hills with reservoirs fitted with pumps for irrigation // irri-
gation by districts / and center of city parks

19

Baranquilla was nothing. Suddenly the modern arose //
Ritter and M. C... // The town hall is a shack — it will
become 1 palace
The streets 20 m. wide are follies, innumerable. without
any possiblity of upkeep: establishment // sewers //
sidewalks // trees // lawn // asphalt // upkeep // everything
dies in the poor districts

20

 so, classify the auto routes (through and local
[traffic]) + pedestrian ways. Irrigate plant trees + palms.
It will become an oasis, a summer city of the M'Zab.
But watch out for mosquitos?!!
Sert Hispano-Arab, the irrigation man

21

meeting at the town hall (small old townhouse recently
purchased. // C / the mayor's desk // B / the city plan // A
a (very pretty) chromo[lithograph] of a crucified Christ,
virile) against black background.

22

orientation / 80% coming from north // 5% [coming
from] south (tempest) // 15 southwest // North / South /
Good / the breeze (wind) is a friend!

23

On return Paris / See Scheffner about publisher [for] Al-
bert and give Albert 1 publication

$72 \cdot \frac{1}{3}$ = 24 Bogotá
$56 \cdot \frac{1}{3}$ = 18.6 Baranquilla   M.
128   42,600 to 300 = 12,900,000 80 = 161.000
− 42 $:80   8 0   Swiss francs
86$ 4 90
× 30   4 80
25.800 000   100
    at the studio
= 25 months of work

Ducret // Establish special accounting system for each
job and administer the receipts separately so as to have
a reading and achieve some order

24

Bought in New York for Albert // [for] myself / a Web-
ster Chicago Electronic Memory at the Liberty Music
Shop Madison Avenue corner 49th
heard nearby conversations at the French Embassy

26

Bézard / Canada / 15 km. from Montreal there exist the
means to cultivate large areas
see the Minister of Agriculture in Ottawa, show him his
work.
 see the Canadian wife of a Colombian architect seen
at party in architect Solano's home // March 3, 1950
Australian Embassy // Mr. Rice emigration service. // 14
rue L[as Case] March 3, 1950
Artega architect // Carrera 7 N° 32–92 // Apartment 501
Bogotá

27

poor buildings // ... // sharp rise // a // inhabited by poor
and good folks // decent inhabitants
this is not green // how to put embassy between 4th
and 3rd? // perhaps better between 4th and 5th // March
5, 1950

28

here greenery // free hills // very built up! and irregular //
Hotel Continental // [Avenida] Jiménez [de] Quesada

29

the city of Baranquilla // the industrial zone extends right
down to the sea // road / Puerto Colombia // Magdalena
pink river // lagoon // dike // sea // waves // sea waves
March 8, 1950 (from airplane)

30

In Miami the tiles of the villas are now white

32

send Zeckendorf double report Warren Austen

35

I made this composition for Lallement Beaux-Arts sculp-
tor engaged by the Mint to engrave my medal

36

June 18, 1950 / to be executed full-size on 1 steel
block, by direct engraving

39

red // light cobalt // golden ochre

40

Returning from Orly, the suburbs aren't brilliant. French
individuality accomplishes there the miracle of horror
and disorder What a messy display! Rubbish! In town
the Beaux-Arts buildings seem strange and foreign to
their purpose: lodging.
 Dôme des Invalides! // Napoleon! // — alas / = scale of
yesteryear // ...

41

March 11, 1950 // Grosvenor check $50 // to record //
baggage surcharge Air France / $33.30 // March 12 Cus-
toms Orly / 4,500 francs

42

March 8, 1950 aboard Air... plane Miami–New York
8 PM
the sound movie. A documentary on Mexico ends with
naval force, military aviation, assault tanks etc.
 Then a Walt Disney: the elephant + Donald Duck —
with Russian army songs from 1943–44 (wonderful
singing) and a propagandistic spirit in the midst of ten-
sions in USA

43

a pond with aquatic vegetation // exactly circular // at 200
or 300 meters // valley of the Magdalena

44

March 7, 1950 at the P[residen]tial Palace received by
the President for 1¼ hours (from 4:45 until 6 PM) in a
handsome office (ordered some time ago by former
P[residen]t Santos who was a Frenchifier) The Mayor
present + ourselves

Fin d'un monde: March 8 (Miami Airport) I am going to
piss (in the model urinal of glazed ceramic) I open the
door: Schumann's "Dream" begins. I piss dreaming!

45

books // 590 × 2 = 12 m² [long]
Have the studio study [it]

46

At the home of Martinez — the 2 toreadors have artists'
hands. the Portuguese: Manuel de Santo (in black) the
Spaniard Manuel de Gonzalé (in red) the Portuguese
says to me: it's a question of harmony (Killing the bull).
The Sevillian has an animal head capable of standing up
to a bull. each one killed 2 bulls yesterday — They are
small: 1.60 meters and no more! They are quite small,
but they are men! They killed 4 bulls yesterday!

47

The panoply of US Magazines at the Hotel Continental
Bogotá

Except for *Time,* where there is text, — a text —
there's a disgusting mess of advertising mixed in with
everything. A magazine looks like a trash can. It's dis-
couraging Idea? never

There is truly some talent in the architecture of Bogotá:
an absence of Beaux-Arts which opens the doors to a
certain architectural spirit

48

Fernando // Martínez 79198 // *Siete nove uno nove occe*

D15

**Bogotá August 1950
September 1950 I**

Chronology
See D14.

Dated August 30 to September 20, 1950, this sketchbook represents nearly a month of personal reflections. The main subject is indeed the Master Plan for Bogotá but the planning problem is not treated narrowly. Rather, it serves also as the pretext for more general thoughts about life.

A brief stay in New York at the end of August 1950 permitted Le Corbusier to bring into focus for himself the role he had played in the conception of the United Nations building, which was carried out by the architect Wallace K. Harrison. Disappointed that he did not receive the commission, he expressed the bitterness that so influenced his criticism.

At Bogotá, Le Corbusier could at last give concrete expression to the laws of circulation devised by the Congrès Internationaux d'Architecture Moderne (CIAM), regulating everything from national highways to the paths leading to the doors of houses (65). His journey by plane (58) confirmed for him his "law of the meander," formulated in 1929 during a lecture in Buenos Aires, one of the sketches for which (published in *Précisions*) may be related to this page. This confrontation between creative thought and the observation of reality perfectly defines a mode of research unique to Le Corbusier. Man inhabits the earth, but how? why? These questions respond to a profound desire to reestablish a state of harmony between man and his surroundings, a harmony disrupted by a machine civilization whose sense and soul are unperceived by the "users" whom it affects.

Different pages (63, 64, 73–75) portray a direct, spontaneous view of the environment, daily life, and the surrounding landscape. They constitute a necessary lesson for someone who wishes to understand and interiorize a particular experience so as to find the permanent element in it. The disregard of city dwellers for their own stake in the city prompted thoughts on the conflict of ideologies (67), the intentions of planners (78), and the establishment of a relationship between the family unit and communal services (91).

Le Corbusier wondered about the contemporary city and its historical origin (77), but for its state of development he also sought a deeper logic related to money and to the consumerism engendered by an overabundant American civilization. He presents justifications for his intervention in Bogotá (79), a city which had passed from poverty to modern civilization without the formation of a middle class bent on resisting innovative ideas.

In the projected plan, only square units (82) were to be used, these being the places of work and business; missing for Le Corbusier was a dome to mark the realm of the spirit and of the gods. Several pages (86–90) analyze the impact of the Pilot Plan and the Master Plan on public works and land values, in effect, the economic consequences of basing one's approach on the "public good." The author tried to define specific laws and ways to set land values for areas of future urban expansion.

The diversity of this sketchbook is typical of Le Corbusier's working method: on-site study coupled with a reordering of ideas within a broad context of universal human issues.

49

Bogotá August 1950 // September 1950 // I // D15

50

New York / August 30, 1950 // UN Building
SOS = Save our Soul!

51

New York prism / 236 / Harrison model 1950 // Corbu
sketch 1940 in *UN Headq[uarters]* Reinhold // 6 ap-
peared *Life* 1947 // text Harrison . . . // the . . . //
L-C . . . // . . .

52

amidst the horror of this unkempt New York the <u>UN</u>
offers its *V[ille] R[adieuse]* architecture. *V[ille]-
R[adieuse]* This word says it all!

53

not // <u>Movable</u> *brise-soleils* (Zeckendorf in Denver) // but
<u>fixed-position</u> *brise-soleils* (Saint-Dié, Marseille)
The law: <u>it's the sun</u> that <u>moves</u> over the day, season,
year.
the *brise-soleil* must not be a mechanism but an <u>organ</u>
in an organism

54

Dixit Zuleta.
  "Why would Corbu be a communist? The whole world
treated him poorly. He just has his own way!
New York August 29, 1950

Chewing gum, — rich old widow ladies. the impotence
of man. Production without respite — the 24-hour wait-
ing period in front of oneself like the abyss. the absence
of soul, the morguish light behind the blue glazing of
the UN skyscraper, air-conditioned in the middle of Au-
gust. [The] artificial everywhere, away from the condi-
tions of nature.

58

The meanders of the Bogotá river in the savannah con-
firm the sketches in *Précisions* // in spite of whatever
may appear wrong about them // there is 1 // + 1
other // + 1 other meander // one upon another
September 1, 1950 / arrival Bogotá savannah

59

September 3, 1950 / Telephone [call] L-C to French Am-
bassador in Bogotá
L-C: sincere regrets your invitation for September 1st
was given to me on September 2 at 1 PM at my hotel.
Besides, on the 1st I was still in flight.
The French Ambassador: "Are you staying here for a
certain amount of time? // Good, I'll be in touch on
some occasion! Good-bye sir."
Word-for-word

60

small Indian café "Ranchito" // Calle 18 // Carrera 7, 5.87
telephone Fernando Martínez 93658 // the Obregón
house

61

A [type of] grass imported from Japan makes a lawn of
an extreme thickness and density, a veritable deep
moss. Once established it can't be uprooted (this for
roofs on vaults etc. Sainte-Baume)
Request in Bogotá seeds for sowing
altitude 2,700 // the hills above Carrera 1.

62

I am in Calle 11, higher than Carrera I // very poor Indian
neighborhood.
  All of a sudden 1 enormous phonograph breaks into
the silence with Strauss's "Blue Danube," full blast
  It is raining; in this old Spanish quarter the balconies
and eaves provide shelter. They also serve as *brise-
soleils*. — In this <u>street</u> with a church and cloister there
is the phonograph. Then a sermon. Then an Indian song

65

to be put on a negative (nighttime lighting // index of
daily life.

	× red.
automobile servicing garages	rule: V1, V2, and V3 = rapid transport lanes //
repair shops	must not <u>catch</u> the pedes-
car sales	trian // one will admit here: it's <u>red</u>
	× light blue
cinemas	the V4 lanes become the
local libraries	"Main Streets" of the
neighborhood clubs	neighborhoods. // Along their length are located the neighborhood centers = light blue
	× light green
cafés	Along their length one finds light green + yellow + brown + violet
	× yellow
Neighborhood business	the V5 lanes may receive
suppliers	some <u>yellow</u>
market	
groceries, butcher shops	
bakeries	
	× brown
crafts	
	× violet
police	
emergency dispensaries	
pharmacy	

66

Arbeláez // prepare for him 1 diagram of automobile con-
tacts according to the plan // Salmona Civic Center
forbid illuminated [signs] on the roof of the Buildings

67

Laugier / 1955 World's Fair Paris // to overcome the
present dilemma // between the USSR–USA // use the
psycho-physical-technical force of machine resources.
Ideologies exasperated and deformed by special inter-
ests, pride, and vanities are replaced by constructive <u>ac-
tion</u> with a <u>human</u> purpose, which has <u>only as a
corollary</u>, the principles of ideologies here put <u>into a
condition of service.</u>
Bogotá September 9, 1950

68

Universidad de LOS ANDES
September 7, 1950 // Claudius: 1 meeting place (it's a
nuns' convent // for wayward Girls // on the flank of a
hill, cypresses, flowers, mountain and savannah) of a
very strong, rudimentary kind of architecture, the work-
shops and rooms and living rooms and library are carved
into it. In very rudimentary little houses (3 centuries
[old]) the professors have their lodgings.
  It's a small university created to escape [the grip] of
politics and the priests

69

It teaches architecture (small number of students) // pro-
fessors Gaitan + Pizano) // electricity // physics // chem-
istry etc.
The professors are young the dean is young. They
award an accredited diploma.
Claudius: open the School for housing, with a degree in
housing, accredited by the state, with young professors.
a limited number of students. "A Science of housing"
  Establish the calendar of courses: Paris // USA //
USSR // Italy // Spain // France
Make contact with the trades.

70

Ask Wiener or Arbeláez for a copy or photostat billed to
the M[inistère de la] R[econstruction et de l']
U[rbanisme] for Claudius, of the repertorial judicial re-
port on the Bogotá plan —
Claudius explain the system to him: *unité* // Pilot Plan +
2 consultants // Master Plan W[iener] and S[ert] —
+ Corbu consultant // Planning Office CIAM team + offi-
cial Faculty + Andes

72

Bogotá Plan // set up the 4 landmarks // [the 4] Gates /
east // west // south // north

On return / buy *Art égyptien* // from Art et métiers gra-
phiques, publisher // <u>important</u>

75

These are the brawny landscapes
The view Southward from Montserrat // 3,000

76

in plan // not this but

77

1 / Seen from Montserrat at 3,000 m., it is the most
extravagant fate! Why a city here, why a great city? Be-
cause it is a capital. It was (a) capital in the heart of the
Americas! as much in the middle of the Andes // in the

center // as on the seashore // on the periphery
Capital = depository of the power of the royal "seal"
(Madrid) treasury to be sheltered from enterprise
 But in '51? What? Why? // From 50,000 inhabitants //
Silence, order and meditation // to 1 Million. Explanation:
Money. Money, that's the USA: forced labor, outlets
[for] production. Heartbreaking situation. There are quite
a few wars fought over that: one can always make cit-
ies, great cities with sewers with // services = Colom-
bian Importation, USA Exportation

78

2 / In the city, they are crazy, crowded on their side-
walks, crushed by USA cars; they carry on their busi-
ness. They have the wall of non-consciousness before
their noses.
 The convent "of Wayward Girls," on the hillside creat-
ing silence and pardon. Today, it's the university of the
Andes, in that precarious and worthy structure: instruc-
tion, spirit. But inside the city??? Sirs, what is the rea-
son for it all?
 So, we the urbanists, we propose and bring to you
high purposes. You will experience, without knowing it,
the good results // September 15, [1950]

79

3 / Printing and photography and photogravure have ex-
ploded in these times. Printed matter which dominates
everything and [which] the airplane has distributed. Le
Corbusier in Bogotá is absolutely natural, in the order of
present (contemporary) things. On the hillsides, where
there are nothing but the Indians or the poor, already
the houses, the ordinary lodgings are "of modern
times," here more than anywhere else. There was no
transition. The one hope is that there has not been time
here to form a middle class with middling ideas and
middling property, — the obstinate, fierce resistance

80

of countries many centuries old, and rich and poor for
precisely this reason.
 A 1950 US car is a "mark of status." To make availa-
ble these attacks of vanity, it is necessary to manufac-
ture in quantity, to mass-produce. When one manufac-
tures in great quantity, one produces, every day,
foolishly. There is an overflow. When there is an over-
flow, it goes elsewhere, to Bogotá for example, to Iz-
mir, to Istanbul, to Pera. And then it's ridiculous, out of
any measure, disproportionate to need. It makes for
Buick and Chrysler taxis, there, elsewhere, all over the
world. And it is not an enrichment that is brought
over, // it is a disproportion

81

September 17, 1950 / an extraordinary painting in the
National Museum of Bogotá: the death of General San-
tander (about 220 × 140 [cm.])
Von / Daily nutrition // the Australian guy takes each day,
once a day // VY-SYNERAL // vitamins (complete) black //
+ minerals (complete) white
Organize Corbu Publications Company // with Bouxin /
(...) // in Paris // 1st book = Fin d'1 monde // to be dis-
tributed by a good publisher

82

In our plan for Bogotá there are only square cells, be-
cause there are only business, transactions, lodgings.
Missing is the dome in any of its several forms which
marks the seat of the spirit or of the gods.

83

Pisé + Catalan vaults — // at Pizano's home Bogotá
1 single centering // infill // with overlapping joints of
cement.
of plaster

84

3 layers of rassilias. // a / b / = 20 round reinforced con-
crete // of cement // of plaster // the rassilia // a single
centering that is moved about
1 brick stuck in the plaster to support the centering //
porous fill

85

At Pizano's home Bogotá // for Sainte-Baume

86

September 19, 1950 / Bogotá / Mayor // Trujillo Gómez
 1 the works are accomplished at the instigation of the
Community: the Pilot Plan and the Master Plan
 2 General principle: enhancement through [develop-
ment in all] 3 dimensions
 3 Estimation of value due for "service rendered"
(= French notion.)
 4 Nomenclature of "Services rendered"; by classes //
a) housing // b) offices // c) manufacturing // d)
industries // e) commercial establishments, various cate-
gories // g) entertainment etc.
 5 great public works of urb[anization] necessary to the
community and implying various beneficiaries: the ben-
eficiaries are of 3 types // a) the community as a
whole // b) ½ [of the] community ½ [of the] persons
affected // c) limited groups of people affected
 6) expenditures must be recovered from the 3 cate-
gories above:

87

a / — // b — // c —
 7 Who will evaluate the "Service rendered"? An en-
hancement "junta" which already exists
 8 the enhancement affects [the value of] land lots =
(surfaces) but they are all appraised according to the
multiple number of stories ("artificial land lots [or] sur-
faces") above [each] lot.
 9 the different coefficients of enhancement according
to the classes (see 4) for example: for offices coeffi-
cient 10 // dwelling 4 or 3 or 2 // commercial establish-
ment 20 or 15 or 8 // etc.
 10 all landlords are affected by the enhanced values

88

of the Pilot Plan (or Master Plan) If one cannot or does
not want to pay, he must sell his land or join the land
syndicate to which his parcel is assigned in order to
move on to the realization of the IIIrd dimension.
 11 The Pilot Plan divided the city into various classes
[according to] enhanced value

 12 Each of these classes may be divided / into autono-
mous urban elements involving the constitution of a
syndicate for realization
 13 Each of these urban elements constituting the or-
gans necessary for complete functioning: surfaces with
their various assigned uses, built volumes, circulation
(free surfaces) at ground level, access ways, (automo-
biles, pedestrians etc.) / public services etc. // Each ur-
ban element // must be complete; it will be bounded,
estimated at its proper value, and assured of total de-
velopment

89

 14 a one-time tax will be instituted and paid into "the
Fund for urban progress" rotating fund, renewing itself
each year, indefinitely. (producing for example 8 billion
pesos, making possible the financing of 150,000,000
worth of work
 It is a question exclusively of work representing gen-
eral improvements for the public good.
 (The land register of Bogotá today represents 2,000
million pesos)
 15 Conclusion. This kind of enhancement cannot exist
except by virtue of the existence of the Pilot Plan and
Master Plan.
Write to Mme. Hélène Vásquez [in] Medellín.

90

September 20, 1950 // Casas Baratas [cheap housing] /
60% of the population of Bogotá = indigent // the prob-
lem has 4 aspects
 1 social (almost ethnographic) reconstitution of valid,
human, essential traditions + modern organization // see
Rivet Musée de l'Homme + book young Ethnographers
 2 A technique bringing the materials the machine // and
the hand
 3 A measure
 4 An economy / finance // delay // use of present ener-
gies and resources

91

the family = disperses / the public services // concen-
trates / family life
sociability // the street in the air // 2 beds // the doorway
provides ventilation // loggia // [living] room // loggia // 2
beds // gallery // street // lot
perhaps greenery // street // [living] room // bedroom //
bedroom
September 20, 1050

92

street

94

Bogotá September 20, 1950

95

On return // Dorothy Todd // Sur les 4 Routes [The Four
Routes] Edition [Dennis] Dobson [Ltd.] // 1947 //
N[ouvelle] R[evue] F[rançaise] telephone

D16

Marseille[a] **1950**
January 1950
April 1950
December 7, 1950

Chronology
See D14.

This sketchbook, dated 1950, cannot be read in a strictly chronological fashion since, like many others, it was begun at one date, then abandoned and taken up again later. The first entry, made on January 14, 1950, expresses the author's profound bitterness at being unrecognized as a painter (144). Rejected, it seemed to him, by professional painters, admitted among them only as a polemicist, he wished to show that, on the contrary, his painting — his secret laboratory — was a generator of forms. His desire, strongly expressed here, was to link together the major arts and devise a new means of expression that would not be limited to painting.

The urbanization of the Old Port area of Marseille (103–110), a project under way since 1947, continued to interest the architect, who saw in it an opportunity to realize a modern civic center in the very heart of an existing urban structure. Pen in hand, he commented irritably on the work, in which he was not invited to participate. Le Corbusier saw the urbanization of south Marseille, which was directly related to the development of the *Unité d'habitation* neighborhood, as an opportunity for the immediate application of the "Rule of the 7 V's" (definition of circulation paths), which he had only recently defined as a way of regulating land use. A page dated December 27, 1950 outlines a possible lecture at UNESCO and alludes to this possibility (142).

The construction of the *Unité d'habitation* in Marseille is described in minute detail: the laying of the cornerstone on October 14, 1950 (148); a study for the elevator tower (145); a list of colors selected (130, 138, 139); a study for *pilotis* (135) and another for glazed areas under the *pilotis* (131); the arrangement of the roof terrace and gymnasium (99, 100, 136, 137); the siting of the *Unité* (125); its integration into the landscape (107, 108); and angles for photographic views to be taken (118, 140). It is exciting to witness here the birth of an idea; the plan drawn up later in Paris by Le Corbusier's office is merely a confirmation of what the architect had drawn on the site.

Two pages (127, 128) place in this time frame the construction of the Claude et Duval Factory at Saint-Dié, completed between 1946 and 1952, after Le Corbusier's plan for the urbanization of the city of Saint-Dié had been rejected. Incorporating several *unités d'habitation,* this plan preceded the construction of the Marseille *Unité,* which was opened only in 1952 as the first image of Le Corbusier's conception of a vertical residential complex. In sketchbook D17 the *Unité d'habitation* in Marseille is analyzed again.

97

MARSEILLE 50 // January 50 April 50 // December 7, 1950 // D16

98

1 Nogent Perreux Bry-sur-Marne // Noisy Champs Noisiel // Lagny Chessy Coupvray // Esbly // Quincy Meaux Claye Nat[ional] Paris // buy key wheel

100

Because [of the] balcony // safety glass = prob[ably from] Saint-Gobain // glazing on the inside

103

The Old Port // ABC must be preserved // civic center view seen from behind the Lecomptes

104

new City Hall
see Jardot // Le Corbusier engaged by the [Caisse Nationale des] Monuments Historiques [et des Sites] will save Puget's [Hospice de la Vieille] Charité

105

N[otre] D[ame de la] Garde // minister stop these constructions // the old port // civic center // amusements // port // Saint Jean
Place de la Bourse // [Hospice de la Vieille] Charité

106

. . . Director of the Port // okay for the bridge
Marie / director of the Compagnie Transatlantique // for a passenger liner // has toured [the *Unité* on Boulevard] Michelet
April 25, 1950 // Marseille

108

For *rues extérieures* in the manner of Puget's [Hospice de la Vieille] Charité

109

1 2 3 = [civic] center

110

civic [center] // m = new City Hall // 1 = fair (The Fair) // 2 = open-air theater // 3 = amusements. [Château du] Pharo colonial museum etc. // 4 = autogiro station

111

dedicatory plaque

113

or // ∅ = 140

114

Supply // filled // pine beam // square

115

door / door // gallery // int[erior] // present division of parapet // or // (better) // gallery // int[erior]

116

Day-care center // partitions parapet // 1 door at each end

117

[Have the] office set out a perspective [for] development of 1 loggia in order to try out camouflage schemes

118

Wog[enscky] // take a photograph like this 1 of each side // a - b // b - a // (avoid diagonals!)
3–3 all 4 horizontal elements // + green // 1–1 = white // white = b // 1 alternate panels // 2 quincunx

119

Glazing and door / behind wooden roll-up shutter. // snack bar

120

top of children's ramp // from outside

121

plan // leave open // office for physical education

123

December 7, 1950 // Paris [Boulevard] Exelmans // very well equipped apartments. heated by forced conditioned air
nevadas + portholes opening under ceiling // dining room // upstairs
order the first series of 200 bathroom [fixture sets] // room // stairway // room / room // downstairs

127

Duval // Cathe[dral] // Preserve the space and the architecture // leave open // street // 1 side only

128

Duval // Cathe[dral] // admirable big trees

129

December 25, 1950 // Christmas '50 // Marseille // rough plaster sprayed underneath *brise-soleil,* so that blue, red, or green color will be strong

130

On the way down the tourist circuit must go by way of the North emergency stair with automatic control of doors and cleanliness
Colors for exterior *brise-soleil*: to hide the effect of the Bod joints use a dark color (black or earth shade) before a bright color: red yellow green etc.
Create the lighting fixtures with André Claude / *Pilotis* / [entrance] Hall / *rue int[érieure]* // terrace

131

north side // hall // abcd, right hall, will be glazed, clear glass to allow perspective to appear // south side // *attention* wind-break?

133

Carve lapidary inscription in Concrete pediment
Created between 1942 and 1950, the Modulor found, here, its first application. Fifteen measures sufficed to dimension the totality of works found within this construction
Wog[enscky] Modulor // January '52

134

elevator // Maisonnier Quid? // Keep all that in raw concrete
solid and light door // Wanner System // red tiling
at A keep extraordinary view

135

attention! terracing respect the studs C

136

4 glazed areas // track // boxes // gymnasium // glazing

137

glazing // ventil[ation] // elevator // vestibule // club

138

North // *rue intérieure* // adopted December 26, 1950 //
c = tenants
red / green
orange / blue // yellow / red
green / orange
blue / yellow
red / green // orange / blue
yellow / red
green / orange
blue / yellow
recesses

139

a = white tôle // b = color of the story // c = [color] of
the tenants
7 sky blue // 6 violet // 5 red // 4 orange // 3 yellow // 2
green // ultramarine blue
C // [brick-colored] // same colors // [*matroil*] as for *brise-
soleil* // tenants = // chrome yellow // green // or-
ange // brown-red // medium blue // in successive
series // opposite side = reversed series // blue //
brown // red // orange // green // yellow
better

140

photograph to take

141

Attention! the square holes in the elevator tower on the
roof must appear quite black, clear
The neighbors could be authorized to come to the mar-
ket only by means of the mech[anical] stairs (no entry
by way of the Hall
the vertical grill of the emergency stairs must be de-
tached from the stringers // (divide up the void

142

Art Urb UNESCO / December 27, 1950.
We begin with circulation Marseille kitchen
2 [with circulation Marseille] apartment // [with] *rue in-
térieure* // [with] vertical // [with] horizontal // definition of
V1 V2 V3 V4 V5
hot water // cold water // path of odors // air // . . . // elec-
tric heat[er] // plenty of light // garbage bins
Division of land tower *unités,* large street // residues //
realization of the urban fabric.
The 5 V's = irrigation of the territory // Urbanism in 3
dimensions: the built volumes // the 4 Functions // den-
sities // the 3 human Establishments // 1 map of Europe
(see the decisions of the Bergamo Congress
Sign L-C // without diploma in arch[itecture] // [without
diploma] in Urb[anism]

143

possibly // single balcony // balcony // children // entry //
coat room // balconies // balcony

144

From 1923 through 1950 Le Corbusier did not appear
even one time in Zervos's *Cahiers d'art* in Skira's 1950
Histoire de la Peinture Jeanneret is only mentioned for
[his] ideas and as a polemicist and zero as a painter.

From 1950 onwards L-C rejected by the professional
painters, his friends, will show that he is in the follow-
ing volume: *Vers une architecture* [Towards a New Ar-
chitecture] // synthesis-major arts // creator of forms //
and linking of a // new epoch: urb[anism] and
arch[itecture] // To each his own place!
January 14, 1950 (inquiry from Lhote around 1937: Is it
true that you have the hatred of painting?

145

Justin [Serralta] and Maisonnier // end 1950 // 1 square //
1 square // 1 square // 1 square

146

Strassova // Hachette // Marseille Michelet
1st 100 post cards in color and in black [and white] sent
everywhere in the whole world:
+ Publications of all kinds: MMi collection on social,
technical, sculptural etc. [issues]

147

Wall of "phantoms" // stone or bronze // no // good

148

Cornerstone // September 1947 // Dedicated to
inscription // "Those responsible have eluded ambush,
have remained deaf to insults, have overcome the worst
campaigns of denigration They deliver the finished Work
to the appreciation of honest people"
Decided March 11, 1952 // with Wog[enscky]

D16′

**I February 16, 1950
Bogotá**

Chronology
See D14.

Written between February 17 and March 2, 1950, this is the first sketchbook that Le Corbusier devoted to the urbanization of Bogotá. It is complemented by sketchbook D16′′, and chronologically it precedes D14 described above.

In 1950 Bogotá was a rapidly growing city that was soon expected to double in population. Consequently, in the later sketchbook, D14, Le Corbusier wondered about the meaning of this development and its repercussions on the city. In the present sketchbook the architect deals with more concrete aspects and tries to master the basic information necessary for the elaboration of the project. One finds here recurring elements of his planning method: preservation of a historic district (159), creation of a civic center with a vertical skyscraper (157, 182, 183), and organization of zones, involving a survey of the European laws governing the grouping of land lots for communal purposes (164, 165). One also finds ideas specifically related to Bogotá: a study of its hydrography (168), the establishment of an experimental building site (176), the extension toward the south of working-class neighborhoods (186), the preservation of existing multistoried houses, the organization of a rural zone that would be part of a general regional plan (187), the systematic study of parts of the plan and of circulation in them (188), the siting of a medical faculty (190). Le Corbusier also noted with humor the project for a gigantic railroad station presented by an American engineer to the mayor of Bogotá (195). The plan called for many platforms despite the fact that only 80 kilometers from Bogotá the country was served by a single, zigzagging, deserted track.

For his book, *Fin d'un monde,* Le Corbusier proposed that his Pilot Plan (191) be shown first to the students of the School of Architecture in Bogotá in order to stimulate ideas and provoke the formation of a class of trained workers open to the problems of urbanism. Although technical procedures (in particular, aerial photography) furnished admirable tools, the human mind, he felt, had not yet adapted to them: men continued to hang back, balking at the possibilities (203).

In Bogotá, Le Corbusier once again returned to an idea developed for an earlier project, in this case the underground basilica he wished to see built in the rock of La Sainte-Baume, where, according to tradition, Mary Magdalene had come to seek refuge. This basilica was to be surrounded by a complex devoted to relaxation and rest, including a permanent residential block consisting of two rings of lodgings. At Bogotá, the Plaza de Toro (171) confirmed for the architect the potential of this circular scheme.

The exhibition, "Synthèse des arts majeurs," planned for the Porte Maillot in Paris, is the subject of a note on the use of pure colors (174).

149
I // February 16, 1950 // BOGOTA // D16'

150
Bogotá // February 2, 1950
Mr. Arbeláez planning director // Telephone 21023 //
public works
M — Pizano at the plan[ning office]
Send them my stenotype [copy] of the Economic Coun-
cil [report] from the *Halles Centrales* // the official news-
paper

152
Bogotá // *Carratera del Sul* // drawing done from here //
outer edge of the city // workers

153
Create 1 safety-valve zone for shantytowns summarily
equipped with services isolated by green areas with oc-
cupation period limited to 20 years within the
perimeter = the old fortified zones of Paris
This concerns 1 essential point regarding the population
of Bogotá with equipment + social services

154
Every venture outside the city limits becomes a satellite
and will have to be administratively self-sufficient

158
surveyed as far as here

159
Demarcation of an historic zone
Immediately get historic [landmark] classification for the
entire front of the cathedral // + the hinterland land-
scape a b c
+ San Ignacio // San Ignacio

160
Immediately establish 1 law regarding architecture //
Servitude [of architecture]

161
1910 // verandah La Chaux-de-Fonds // 1915 // [Villa]
Schwob // La Chaux-de-Fonds // 1910

162
Harrison 1950 // 1947

163
brick kiln

164
South (?) // North (?) // axis of the civic center
1. numbering // 2. remove the non-real elements (those
without actual viability) [for] straightforward map // 3. as-
sign precise uses for parcels (4 functions // 4. assign a
coefficient of density to each parcel // 5. establish the
zoning designation [applicable to] each parcel // 6. on
the basis of existing density estimate enhanced value //
7. assumptions for the market *mercado* // 8. the system
of aqueducts following [layout of] the blocks

165
Corbu report on Master Plan / PARIS
have research done by a young ASCORAL legist, at the
M[inistère de la] R[econstruction et de l']U[rbanisme],
on existing laws permitting the assembly of land lots for
a common purpose
collect together Swedish // English // Italian // French
laws

167
Attention Wog[enscky] // profile of . . . Hotel Continental
Bogotá // Metal // high // false

168
Hydrography
A V[ille] R[adieuse] plan for Bogotá permits
1 suppressing many streets, to conserve much of the
water [destined] for cleaning. And then to introduce an
Arab-style aqueduct system, gardens for working-class
houses and even to obtain coolness on the roofs
2 the aqueducts being structured like a vascular system.
— there is less distribution, so / *rue intérieure* for pipe-
lines, protected against rust.

169
attention attach great importance to working-class orga-
nization

170
shower // closets // bedroom // Living room // Hotel Con-
tinental Bogotá

171
la Plaza de Toro // confirming the 200-m. rings of Sainte-
Baume

172
Plaza de Toro

173
For primary populations [build in] pisé [using] Bogotá or
Trouin method or prefabricated Izmir System

174
[Porte] Maillot on one of the long walls specify pure
colors, mass-produced (boat paints for example) / exit
wall (for Trouin) // glass panels, in big thick concrete
frames or in chevron pattern

176
CIAM // ''An experimental site at 3,000 meters [altitude]
Bogotá''
with // Jorge Gaitan for types Sert + Corbu //
Barcelona // Murondins // Trouin // Semi-provisional //
Robert Cap Martin
Trouin pisé + Cap Martin prestressed
1941 types (locate [these])
Marseille = bottle[-rack] type // Sert Tumaco. // Transi-
tory Ginzberg

177
Bogotá planning office the regional model is made of
pressed cork sheets, quite smooth 1½ mm. [thick]
each + the glue
about 1.20 m. × 80 cm. (it can be carved with a pen-
knife)
For Saint-Dié Duval // For Marseille swimming pool // ask
Ritter [about] drawings of the high lampposts [in the]
7th in front of the museum. // 30 m.? very slender //
4 lamps
to be sold by the Marseille Coop[erative store] for
households with children // iron grill // Mesh 30 × 15
approximately

178
PARIS // review the Bogotá plan with 1 / markets and
satellites well-defined 2 / with horizontal allotments [in]
working-class [areas]
Send Perruchot a ''CIAM Grid'' because of the Instruc-
tions (the man)

179
the virgin forest [as] drawn by a physician in Bogotá

180
Nature takes revenge! The [Department of] Bridges and
Roads produces embankments and fills = unified. Bo-
gotá February 28, 1950, it is raining hard: the [Avenida]
Jiménez de Quesada (covered torrent) flows on top! the
macadam paving, furiously. Everyone is paddling around
in water 30 cm. deep (cars + pedestrians

181
attention for the small-scale plans, zones to be indicated
by circles // business // housing // industry

182
February 28, 1950

186
March 2, 1950 / South extension // working-class neigh-
borhood // here we can preserve the old single-story
houses // pretty // 7th // new street // the *calles* for
pedestrians etc.

187

A rural zone // large mechanized model establishments [for] corn, wheat, vegetable cultivation // regional enlarge and plant Thalwegs as green spaces for Sundays
Mountain above coast // 270 (?) // = National park preserve

188

Colón Theater? // Broadway // to the people's park // Justice? or Unions // March 2, 1950

189

March 3, 1950 Rector [of the] University Doctor declares that faculty of medicine wishes to build a new hospital (for research) in the South West, contiguous. comes from middle class 45 cm. / 26 cm. // comes from center, excellent

190

bad low point for sewer
at B would be better place (Corbu ?) than at A, for the hospital

191

for *Fin d'1 monde*
University the Dean of the Faculty of Architecture is 30 years old. I tell him: No, I do not give lectures. But when the Pilot Plan is before us, there will be 1,000 subjects for your students: the students are enthusiastic, go right to the heart of the problem, they inform — [public] opinion becomes interested — the professionals will be prepared by the young and a body of open-minded skilled workers will be formed!

192

Mr. Eduardo Mejía // *Facultad* [de] *Arquitectura* // dean of the Faculty of Architecture = young architect of Corbu type
As part of the Pilot Plan I could establish the competition programs for their students and at the same time for [the students of the Ecole des] Beaux-Arts in Paris. get Nicolas involved and organize a contest between the 2 faculties.

193

Webster Chicago // Electronic Memory // go to the Liberty Music Shop Madison Avenue corner 49th to buy [this] for Albert and bring it back to Europe
Corbu // important

194

send Mme. Lecompte Boinet a "Modulor" / Embassy Bogotá
saw Count Lesieur Director of Air France // New York // 683 Fifth Avenue
hotel // Martinique // Finished March 3, 1950 // Bogotá

195

March 1, 1950 // Mayor's study. Nothing more hilarious than the discomfiture of the US engineer (Chicago), Consultant to the Colombian Railways, presenting his project for a magnificent and gigantic railroad station just for 3 grouches in ponchos!!!
  With his funnyman face worn out by too many dreams harking back to the American conquest of the Far West: railroads with locomotives, buffalo, and bar vamps of the westward movement

196

5 platforms // 10 tracks // 3 ramps! // 2,700 mark // station // 45 km. // prideful railroad // 0 mark // Magdalena March 2, 1950 // seen 80 km. north of Bogotá etc., the single track zigzags in solitude, with no traffic, Deserted! // and finally the North track being 90 cm. wide and the west one a yard [wide] the locomotives cannot pass from one onto the other

197

La Fin d'un monde // *ou la Déliverance*
A single language all languages separate. clash // English imposed? Never. — // the word *indicible* does not exist in English!!
Reproduce the text "some Instructions" // CIAM Grid. (important)

198

When one sees the mountains above the city, the trees in the city, or there where one may legitimately imagine them in the city, belonging to the city, — In the Morning, the sky and human creation put in contact again, whereas Algiers, like Bogotá, each day closed its windows and its streets against its own landscape, just as did Saint-Dié which said no and La Rochelle too, we know wherein lies the crime: It is the imbecility, forged in the schools, the churches, the cells to the advantage of money and vanity

199

The American Ambassador in Bogotá.
"What do you think of the chances of cities and Urbanism in the face of the H-bomb"
  — I refuse to consider the problem. It's a dead end, it's not real. Tell yourself that it's a fever and that you must act for tomorrow.
When one sees young people, children, before the deformation wrought by imbecility, one has all hope in so many riches overflowing countries and lands, everywhere. // concerning the handsome little beggar at the Hotel Continental

200

and ruin. // They will be they are our enemies and not the "friends of the people"!!!
There is no more space on earth? is it necessary to kill people?? Airplanes over unlimited empty expanses. The essentials for life are water and paths. The path of the auto is a precise line // + [the path] of the airplane. (Colombia // USA // Cuba // Italy Greece / Asia Minor
All it took was stupid deforestation to deprive rivers of water + floods, to depopulate, to create a desert (Izmir, Algiers, Bogotá, etc.)· So reverse the evil = T[ennessee] V[alley] A[uthority]

201

The planning office, the hydrographic service shows us the profiles of the Bogotá River // 2,800 m. // Dams here // 2,600 m. // = 2,000! here what possibilities for dams! // 600 m.
so I think [of] atomic disintegration: those of coal mines // those of steam engines // those of hydraulic electricity // [of] thermal [electricity] // etc.: all the trusts and managerial boards find themselves before the abyss

202

crazy fever: some day people will lay down their cards and say: let's talk about useful disintegration
the architects' club of Bogotá / latest in modern comfort // they take us to the presidential suite // compare the rooms of the Ordre des Architectes in Paris exclusively young people who are at the [architectural] Faculty (dean professors) + with public works + a regulatory planning office // arrangement of seats = as usual

203

F[in] d'1 m[onde]
USA Colombia — 2 tempos — brutal riches + misery
Europe ———— 3 tempos all shades (millennial, culture and politeness
The Military and Cadastral Institute of Geography // aerial photos, total, fantastic, everything is there: admirable basis for work. But with that, men are left behind, refuse, hold back, their permanent hearts and their laziness are in the forefront.
U.S. Ambassador. Bombs on New York on America deurbanize. I say = Chasing after phantoms!

D16''

Bogotá
New York II September 1950

Chronology
See D14.

This sketchbook is somewhat different from the others in that it consists of a series of thoughts and observations rather than specific preparatory studies for architectural projects. It illustrates Le Corbusier's characteristic method: observation (memorization of a fact or a scene) alternating with reflection, and then translation of an impression into a project.

A series of sketches (206, 208–210) recalls the moments of a sunrise observed from an airplane leaving Bogotá. These extremely precise sketches illustrate Le Corbusier's minute study of all natural phenomena, a method learned from his master L'Eplattenier in the course of their wanderings through the Alps at La Chaux-de-Fonds.

Le Corbusier often noted that his trips by air were privileged times for observation, meetings, meditation, or reading; in a plane he felt extra-temporal, outside the realm of contingency. Here (219, 231) the architect records his impressions of Machiavelli's *The Prince,* read on the flight from Miami to New York. He was struck by Machiavelli's schema positing three absolute forms of government and three intermediate or transitional forms, and he remarks that the doctrine of the *Ville radieuse* (220), by nature "democratic," could be realized only with strong leadership — hence, at Bogotá, the need for a Pilot Plan. It was essential, however, in order not to sterilize individual efforts, that the collective intervene *only* where the individual failed (221).

American civilization had made a strong impression on Le Corbusier during his first trip to the United States in 1935, which he recorded in his book, *Quand les cathédrales étaient blanches* (Paris, Plon, 1937). He returns here to an analysis and discussion of the United States, wavering between criticism of an American economy which cannot survive without expanding its production (222–224) and admiration for its real efficiency (226). He deplored the chaos of New York City, to which his answer was the *Ville radieuse* concept of the United Nations building (232). He expresses renewed bitterness about the way in which the building was realized (255).

Beside these general comments, Le Corbusier recalls his friend the sculptor Tino Nivola's views on painting (234) and notes the existence of an important portfolio of his own drawings, left over from a major exhibition in Boston and entrusted to the care of Paul Rosenberg in New York (241). He alludes to the mural executed in Nivola's home (250) and plans a book on the "murals of Corbu" and on his sculptures in order to make known the extent of his work in the plastic media.

A project for a sculpture, with notes on its coloration, recalls the collaboration that had existed since 1946 between Le Corbusier and the Breton woodworker Joseph Savina. In this unusual partnership, which entailed an assiduous correspondence, Savina interpreted the master's drawings from afar. Once the sculpture was completed, Le Corbusier would sometimes retouch the form and often color it himself. The drawing in this sketchbook (245) represents a first step in what the author called "acoustic" sculpture, forms that would project their effect while at the same time reacting to the pressure of surrounding spaces.

For his book *Fin d'un monde,* Le Corbusier noted the interest in publishing his Bridgewater lecture (242–244), delivered on the occasion of the sixth CIAM conference, which took place in England in 1947. In this lecture he insisted on the harmony present at the heart of all things and the poetic phenomenon which must burst forth from it as a collective enterprise.

204

BOGOTA // NEW YORK // II // September 1950 // D16''

205

aqueduct in reality // water // section // the bridge
The Murondins at Saint-Dié is already luxurious
a / move the ''...'' to above the Arbeláez house
B put them below.
c / in c / handsome lodge
d / free Egypt to put ...uardo
patent // 2 types

206

8 AM // a - mountains // b = round clouds // c -
smooth sheets of clouds // d / solid blue holes smooth
throughout their depth
Everything is blue and white

207

the traditional patio type

208

8:30 in the morning everything raises itself up, drawn
by the sun, the visible earth blue, the river pink, the
horizon white with clouds, the mountains blue

209

clouds // smooth white sheet // sky // 2 violent clouds //
the plain // mass of fog //
8:45 AM

210

8:55 AM
mountain range // clouds / large clouds // water // bank //
river // water // forests // clearing

211

Return / Paris // Bogotá // send to Mme. Paupe, French
bookstore Bogotá, 1 sketch for tapestry which she will
execute herself

212

iron plate = roofing + tie // drip // iron plate // iron plate

213

He was Polish, a wartime aviator, come to Miami ''to
find a place to live in 1945 because of the housing cri-
sis''* He is an aeronautical engineer (of the plane form)
L-C — That must be interesting, that must involve some
nice drawings? — Him: Oh not especially now . . . His
wife interjects: — But soon, with the war, it will be
great! — She is from Lyon, very kind, sweet, and
French.
  So the word is right there. They are all thinking about
it, all the business world is fixed upon it. Wall Street
lives for that alone: the big press event, Korea. It's a
new Golden Age just dawning. War, they haven't the
slightest notion of horror

*escaped prisoner was in the resistance at Lyon, then
[with] Lisbon Intelligence Service

214

On return: request Watson // section and plans for his
3-story garage in Miami // (for Marseille) // +
docu[mentation on the] Cité Universitaire

215

All great guys, ardent, ideal, professional qualities. Very
much artists. Consider me to be the leader of modern
architecture. Build very honestly but eccentricities for
rich people. Social relevance is not at stake here.

216

here the wing of the plane and one of the engines

217

The plane from Miami to New York
a / photo [of] New York // b / [photo of] Miami // neither
of them is particularly reassuring

218

An American photo-reporter asks you, requires you to
smile, to laugh. You must be happy, have an air about
you [that says]: OK everything's all right, the bosses are
happy!

219

Machiavelli says there are always 3 kinds of govern-
ment which successively come to power + 3 half-kinds
(transitional) = 6 forms of government // 1 monarchy //
→ 4 despotism // 2 the aristocratic // → 5 oligarchy // 3
popular // → 6 license
Machiavelli page 86

220

My V[ille]-R[adieuse] doctrine is by nature
''democratic.'' Born of consideration for the public good,
it was discussed over a 20–30 year period in the stu-
dios, magazines, congresses, etc. It acquired the quality
of doctrine, that is to say, of an imperative which might
extend across the board of interests, or tastes or habits.
Its practical application implied perils.
  Democratic assemblies will not voluntarily promote its
fulfillment: everywhere conflicts arise. Necessary is a
powerful character, a taste for the difficult, for the fray,
for the taking of chances. We no longer need debates,
but force, rapidity, all the qualities of a military man, of a
general in wartime. One must be master of time, of
forces, concentrate and command. (Stage which follows
the democratic attitude, itself having been diluted by the
prattling commissions (useful for deliberation, inept for
execution) // Bogotá's hour of truth. Pilot Plan

221

Whatever the individual can do by himself, do not try to
have it done collectively.
  The collective intervenes at the point where the indi-
vidual fails

222

The 24-hour American economy obliges the USA to
flood, to impose, to dominate the world. They must
move out [current] production in order to make room
(presence) for that of tomorrow (24 hours) (see large
travel notebook Bogotá sketches, the economic paper
from Miami September 25, 1950)
  Who is going to pay for this merchandise? None of
those forced clients has any money. So it's necessary
to give it away (= loan, Marshall [Plan] etc.) and to ac-
cept guarantees [of payment] (concessions, territory,
etc. imperialism) to create an atmosphere of tension, a
tendency toward war . . . necessary war, holy war, war
for liberty, war for formidable profit and for temporary
liquidation (constraint) of social fevers. All this is
crooked. And who do they force to pay for it:

223

arms for the Greeks (liberty!) for the Turks (liberty) for
the French (liberty) will be [paid for by] the Americans.
TAXES, ferocious, crushing taxes. 40% of income auto-
matically, implacably withheld.
And because of that: work even more, produce in quan-
tity, produce cheaply. Flood the markets of Europe, of
Turkey, everywhere. So France and Turkey will close
their factories (old equipment) and unemployment and
soldiers and PROVIDENTIAL war for everyone. Dear
Americans (like the Swiss) you

224

do not have and never have had the slightest notion of
true and cruel and long war on your own soil, within
your own families, the hunger, the filth, the want, the
constraint, and the suffocation of liberty

225

— I left Paris without a hat, wearing a gray suit. I took
off my jacket in Miami. I went game-fishing on the Gulf
Stream, and I had my shoes shined 4 times, my pants
ironed 3 times. I spent 6 weeks in committees (3 lan-
guages), speaking with individual persons, vehicle: 3
languages, went by Iceland, Greenland, saw some ice-
bergs, New York the Tropics the Equator. Not once did I
brush the collar of my jacket

226

at 12:35 PM instead of 12:30 PM! we arrive at Idlewild:
We rise from our seats, the airplane sound system at-
tacks you at full and sentimental volume [with] one of
those Hollywood ditties enough to bring tears of tender-
ness
  Baggage [distribution] is instantaneous.
  The taxi is there, magnificent car new and clean.
And the perfect parkways stretch out toward Manhat-
tan!
Moses' ''Ballad of the Hanged Men''!
Very nice driver. Earns his living without scheming

227

I had nothing to do with either the police or the customs agents: these are the enemies of the modern world

Triborough Bridge - Moses' great work highway + bridge. Over the guardrail the panorama of the fairyland catastrophe from Midtown to Downtown
 the UN skyscraper.

228

the city // the guardrail
This gigantically powerful and working city with . . . hands and with a fragile brain utterly vulnerable in war!!

229

get information on: the Housing projects // Peter Cooper [Village] // 14th Street // and Stuyvesant [Town] // how many units // height // price // huge undertakings!
Here we are 14th Street (In Babylon // and the stairs against the facades // B...
The UN skyscraper is formidable as seen from Roosevelt Drive: a new world

230

in Miami: Beaux-Arts = Calamity and hilarious Joke

Let's suppose that a war ''at home'' rendered the Americans green, thin, and dirty (unwashed) all that optimistic force would be suddenly deflated. Sand would be thrown into the gears. We would see all these $-[chasing] ''gents'' melt away and tumble down, // these [men] of trade // , and remaining would be the real ones, those who work

231

Approaching Downtown, it's atrocious: Chaos. windows? = Commodities, merchandise and offices. All the same. The red of painting over brick, the color of brick. Ochre, red brown.
I worked aboard the airplane from Miami to New York from 8:30 to 12:35 above the clouds, in that unique solitude the airplane affords. And read Machiavelli attentively.

232

The P[residen]t of the Ac[ademy] of Arts and Sciences in Moscow accuses me of being a partisan of Capitalism. — New York Wall Street Downtown is romantic but inadmissible, temporary, intolerably unstable by now. I have placed between 42nd and 47th Streets the V[ille]-R[adieuse] which is the opposite, the victory over dissipated chaos

233

Resolution too soft and too late (Machiavelli) between USA and France 1939 . . . grave consequence + the USA intervened too late and remains unaware of the disasters of war. Furthermore gold abounds, money, equipment. Everything grows and bloats.
 Today no one here knows what a war costs in terms of the hearts of men and their taste for the business of war will perhaps bring fire down upon New York.

234

Nivola // the death of painting // complete decadence
Painting must be sold by the square meter with proper coefficient — the complete dusk, the current fall the merchant, // money // The Stock Market!!! // death
The neighborhood of Broadway 4th Street — Lafayette Street full of warehouses, trucks, cacophonous old style (style of old-time business) is discouraging. You get fed up watching that! The street is sad, haze at 10 o'clock in the morning.

235

Tuller, Crayer, Ferris / 63 Wall Street, New York // WH 4-2296
Sign the three printed powers of attorney (?) attach 1 check from the French Air Corporation in the amount to be invested
A gains from speculation in securities are not taxable
B—but taxes are levied on dividends.
so Tuller will go with A rather than B

236

I am at the foot of the Brooklyn Bridge on the bank of the East River, in the midst of the work of fishing. There is a strong smell of brine, + fish. It's the old worn-out city, sweating with the muzzles of workers.
 Yesterday it was Miami with the luxuries of villas, green spaces, trees budding, flowers blooming, avenues and automobiles. Enough to make one utterly sick from so much artifice!
 The true is here, on the Piers of South Street

237

If Corbu book on mural paintings see the sketches La Chaux-de-Fonds, which are at Paul Rosenberg's place (return Boston) = ornaments, pine trees, plants.
Return *Harper's Bazaar* (Nivola dixit) have a story done Von Mme. Corbu by X, the photographer who did the reporting
old photographs with Bauchant with Jeanne Léger Country Fair.

238

Return for Nantes + Paris // Ducret and Wog[enscky] to come to New York to see UN construction site + Washington Square + Zeckendorf etc.
That's worth the trouble of making the trip (possibly accompanied by 1 engineer from the firm charged with the execution organization of the construction site // coordination // upkeep of the site // equipment on the site etc. // hoists etc.

240

Over the years 1947 to 1950 the personnel of the Grosvenor [who] stayed on turned gray, grew fat, sank down, crushed. The ladies at the desk, elegantly anti-old maid, steal away in despair. Those from the elevators are destroyed, crushed at the edge of the grave. At the edge of the grave! The men get to that point at age 45.
 A gigolo like myself (age 63) that doesn't exist in the USA. (or almost doesn't)!!!

241

There is at Paul Rosenberg's place the file [entitled] ''Boston odds and ends'' 1903 04 05 // 07—10 // etc.
= precious documents which could be completed by asking the Art School of La Chaux-de-Fonds which perhaps has in its archives some drawings signed Charles-Edouard Jeanneret (around 1905) + engraved and chiseled plaques from 1901 —

242

On return: arrange Bally bus[iness]

Important: found at Paul Rosenberg's place the Boston file. ''the Bridgewater talk'' on the Re-formation of the individual conscience
(to have a photostat made for Paul R[osenberg] and publish it as such (it's done on a typewriter)
Fin d'un monde (as preface)

243

Harmony: (continuation Bridgewater) // put all things in harmony: cause harmony to reign over all things! And, in so doing, cause to be born // cause to break forth the poetic phenomenon. // And that is a collective enterprise Poetry! // Individual // responsibility // address to the unknown

244

[to] one of the essential mechanisms of the country - - that which guides // . . . must be nourished by poetry

245

blue and white // light // yellow // blue // vermilion
in the Boston file (Paul Rosenberg) there are pen and color drawings // Savina series // Sculpture // excellent

246

Paul Rosenberg - has a visit from Mr. Mellon // P [R] Sorry but I am busy with M. Le Corbusier // Mellon:Excuse me, I'll come again.
At Paul's place on the 3rd floor in the enfilade of the *salon à la française,* with very rare pictures and furniture (Louis XV) with bronze — pure France. He says: Here reigns the French Spirit.'' And he is right. Conversation lasting 1½ hours: the old fox who played the rabbit is

247

today a <u>sage</u>. He <u>flabbergasted</u> me! I asked him
for advice:
1° He will make excellent photographs of the pictures
2° I was shown sketches of Italy (Siena cathedral with
notes in pen, the whole thing under glass = Great al-
lure, worthy of a museum
3 Exhibition Paris Musée [National] d'Art Moderne.
Cassou.
    a / 25 canvases [representing] the best from all peri-
ods, not one more and chosen by me. Paul will send
some of his. (The name Corbu is enough by itself. (dixit
Paul R.)
    b / I am right to impose as a condition the changing of
the room (height 2 levels + variety of colors and lighting
values (by André Claude) Tones of walls sometimes
somber (as umber Paul R. gallery = umber + burnt
sienna // 50% value
4° I can undertake publication of a book on my murals,
but on the condition that I have it signed →

248

Lighting <u>André Claude</u> // when possible ask Nivola about
his cylindrical and prismatic paper lanterns etc. // adapt
to the 226 × 226 patent where ceilings and walls =
reflectors
→ by another (Raynal for example) or a young man. No
personal publicity on this occasion (may I disappear as a
personality!)

249

Reflective ceiling // paper
White paper // paper
Nivola // the principle = the bulb at 60–80 cm. // 2° the
eye is automatically averted // 3 the ceiling is illumi-
nated // 4 the paper radiates (hot

250

I am doing 1 mural at Nivola's place // Nivola spread out
over the floor // September 30 // more than 100 sheets
of newspaper. There is nothing but advertising every-
where, everywhere! I can't manage to see one line of
text. There is some though, drowned, lost, have to look
for it. It's the *Daily News*. There are more than 100
pages and it's only one issue, that of Friday, September
15.
to illuminate / 1 floor direct // 2 indirect // 3 ceiling (di-
rect)

251

Dianetics by Dr. Hubbard
Mme. Lucia Willcocks, friend of Léger, because of eu-
phoria of the ergamines // speak about it with Reboul —
// cancer, neuritis, arthritis
all new book 3 months
Ozenfant, at his home in Paris, introduced him 15 years
ago to an architect named Zaleski (?) // or a similar
name // "designer of his house" — ("So magnificent"
dixit Lucia)

252

A book: The <u>Murals of Corbu</u> and sculptures.
1 Vézelay 35 // <u>Cap Martin</u>: // 2 Icon // 3 entry // 4 divan //
5 bar // 6 *pilotis* // 7 friends // 8 exterior friends //
9 Pav[illon] Suisse C[ité] U[niversitaire] // 10 Etoile de
Mer // 11 Nivola // 12 Nivola // 13 Studio 35 [rue de]
Sèvres // 14 Sert to be done // 15 rue La Bua
Kodachromes // Wood opus I (24 [rue] N[ungesser-et-]
C[oli] // [Wood opus] II 35 [rue de] Sèvres // [Wood
opus] III 24 [rue] N[ungesser-et-] C[oli] // [Wood opus]
IV 24 rue N[ungesser-et-] C[oli] // request montage of 8
Kodachromes from Denise René.

253

Corbu Publications. // La Librarie Française (Rockefeller
Center)
has: 4 Girsberger // 1 *3 ét[ablissement]s humains* // 1
Manière de penser l'urb[anisme] // and nothing
else // neither *Plan* // nor *Arch[itecture] d'Auj[ourd'hui]*
nor Reynal [&] Hitchcock // etc.

254

Reread Carrel *L'Homme cet inconnu* [Man the Un-
known]
Noguchi (New York) October 2, 1950 tells me that the
Japanese are counting on me, would like me to go
there etc. Contacts regarding 226 — 226 — 226 patent

255

The *Brise-soleil* would have radiated joy
UN Skyscraper / October 3, 1950 // 8 PM //
Queens[borough] Bridge // Evening // = moon shining //
the diamonds of New York are <u>lost</u> here because Harri-
son installed blue glass.
  Everywhere else the skyscrapers are glowing "lumi-
nous." (And yet luminescence reigns everywhere: Proof
that Harrison sowed melancholy with his glass so
strongly blue

256

October 4, 1950 // 226 — 226 — 226 [cm.] Patent
Airplane New York — Paris altitude 6,000 m. tempera-
ture −22° [C.] speed 520 km. // 1 glass of beer // when
the beer is poured foam fills up ⅔ of the glass. Bubbles
<u>all the same size</u>. But in a few moments — some larger
bubbles appear, closer together than the others: The
whole of the foam is compact, holds together from top
to bottom of its mass by virtue of the effect
of a just proportion between the membrane and the vol-
ume of bubbles: there is a uniqueness of efforts = a
sole form of structure

D17

Summer 1950
Sketchbook 1950
III Paris–Marseille[b]

Chronology
See D14.

As its title suggests, the bulk of sketchbook D17 is concerned with the *Unité d'habitation* in Marseille. But it also includes the first sketches for Ronchamp, made when Le Corbusier "took possession" of the site as he saw it from the Paris-Basel train on May 20, 1950 (272–275) and before he actually visited it on June 4. He felt immediately in harmony with this space open to all points of the horizon, and then and there he drew the basic silhouette of what would become the chapel of Notre-Dame-du-Haut (274).

One page is devoted to the "Rob" project worked out (though not built) for a lot at Roquebrune-Cap Martin. It proposed a steep ramp descending to the sea (301); the projected covering for the buildings was inspired by Indian roofs in which concrete or aluminum is overlaid with natural materials such as earth and cactus plants. The "Rob" complex would fit into the landscape without disturbing the natural setting.

The largest number of pages are taken up with directives concerning the *Unité d'habitation* in Marseille: general view (279), arrangement of the roof garden (280, 297–299), placement of the Modulor symbol (285), work in the hall and the entrance porch (286, 288), approaches to the *Unité* (289, 290), necessary publicity (294), organization of tours for visitors (295), special research on the *brise-soleil* of the Salvation Army's Cité de Refuge in Paris (261) and their development for use in the Marseille *Unité* (262, 269). Le Corbusier also calls attention to an error in the conception of these *brise-soleil* on the south facade (300). A page dated May 20, 1952 provides a list of various projects (302).

A new topic was noted for the book *Fin d'un monde,* in the spirit of the original project. Gathered for a meeting (May 12–14, 1950) in the Parc des Princes in Paris, the members of the Jeunesse Agricole Chrétienne impressed Le Corbusier by their development and the change he saw in them. Although they knew "the city," they retained a sense of life as regulated by the rhythm of the seasons rather than by the twenty-four-hour solar cycle that regulates life in the industrial city (306–308).

259
Summer 50 // Notebook 50 // III Paris–Marseille // D17

260
Gandal

261
Summer 1950 // the *brise-soleil* of the Salvation Army's
Cité du Refuge: Evolution of the *brise-soleil* suggested
by Pierre J[eannere]t
sheet iron / sheet iron // it goes away

263
8 at least

271
''Stone the Friend of Man'' // for L-C 1
For Jardot Director of Photographic Archives of France)
May 19, 1950
stone

272
hill larger // church smaller // [Seen] from the Paris Basel
train

273
May 20, 1950 // the chapel of Ronchamp // Cemetery //
[Seen] from the Paris Basel train

274
sound-deflector // pulpit

276
Marseille Michelet / August 17, 1950 // leave open the 3
expansion joints
yes // no

277
Drawing to do // 1° Ares, swimming pool + hill // 2° pro-
file [of] parapet [of] interior terrace // 3° holes in the
Tower // 4° North wall physical education

281
Michelet construction site

283
Maisonnier // at depth of 43 or 53

285
the Modulor in gold leaf on stone or on bronze // 1234
1 molten leaf

286
specify in glass sheets
attention // on this cut panel strong exterior ceramic mo-
tif camouflaging (destroy the surface which is brightly lit

287
Candilis // clean the slabs of the emergency stairs with
sand or with acid
the ramps roof structure solarium + stairways in bronze
and not in iron
take another look at North wall physical education

288
Seen from IVth bay
Attention // Preserve this admirable view of the moun-
tains from the automobile entrance

289
keep free

291
1 statue // good // children's theater // *unité*

292
Attention // We could nevertheless install here and there
a transparent fixed-glass panel for the splendor of the
landscape (Shopping Level)
for example: the emergency stairs // landscape // from
time to time

293
the roof structure at 5–6 o'clock
level 15? // here there is a membrane that closes off the
rue intérieure // emergency elevators

294
1 Film: during September systematically take [well-]
framed pictures of landscapes from all levels: conditions
of nature // (with much sky) / without much sky
2 Hervé *idem* // + take pictures of empty white con-
crete and cells
15th Floor (presently free of stock) and without debris)
between 4 and 6 o'clock in the evening, from both
sides = East West / sun // with the parapets *brise-soleil,*
everything without woodwork, except for the pine plank
floor

295
Candilis plan for a tourist circuit with various strategic
points (visitors shouldn't disturb, but see from good
viewpoint) // physical education // restaurant // day-care
center // children's clubs // hall

296
or as [on] South
1.2.3. must be preserved = the outline pure in the light

297
Roof structure // it is imperative that from the elevator
lobby upon arrival at the top one sees staircase A

298
existing // terrace / expansion joint // to be made like this

299

take another look at the casemates roof garden // North, provide for risers // South [provide for] safe belvederes
Prepare for pavement of solarium a dedicatory plaque in bronze describing the history

300

Attention the ''bad'' western *brise-soleil.* // [They] are incorrectly planned
South // good
wrong // they are now like this!

301

November 4, 1950 ROB // at a / bookcase, glasses, alarm clock, etc. tobacco
b / table // c / windows 53 × 53 or 53 × 86 [cm.] with bars and copper screen [to keep out] mosquitos
electronic burglar-alarm device
1 fixed glass // 2 sliding windows 86 [x] 226 [cm.] // 3 solid door

302

Archaeological Museum // Delhi // Linear city Rezé Nantes
1 passenger liner Marie
May 20, 1952
— Marseille Port [Hospice de la Vieille] Charité
— Urb[anization] Izmir
— Palace Mexico —
— Chateaubriand Brazil
— Prince Sangusto Brazil
— Matarazzo
— Bogotá Civic Center
— 226 / 226 / 226 [cm.]
— Bombay Bhakra Atomic [Power Station] Nehru
— Urb[anization] Lisbon
  Algiers Tombarel Viaduct // Zehrfuss

303

Graffiti // Michelet // the Michelet *Unité* is stuffed with eroticism, marks and graffiti of an utter virulence, everywhere on the pillars and the walls

304

Claudius // Jacques Rivet // Laugier // inter[view] = about Monaco / Show the album [of] drawings

305

L-C patents — Standards // © L-C transfers his patents // 1 to B. A. Pinavole // 2 — Wiener Sert. New York // 3 =

306

J[eunesse] A[gricole] C[hrétienne] // organize: // nourish // lunch on the sidewalks // 70,000 asses on ''Haussman's curbs'' // loudspeakers = the modern mouth and ears

307

the isolation: all of France is here + Switzerland, Denmark, Bulgaria, Germany, England, etc.
The reaction against the godless // the godly // And Krishnamurti himself is preaching in the Pleyel Auditorium after 25 years of silence
Since [the war of 19]14—18, the peasant soldiers have seen the cities // In '39 again // Now they go about in civvies.
Remain: the peasant condition // the earth: annual // the industrial condition // : the 24-hour [day]

308

the agitation, the shivering of the palm trees [in the breeze and the wind] // Poem on Algiers / *Attention* // impressions put signs rather than numerals on the figures.
[Porte] Maillot 50 // Coulentanios sculptor in lead
peasant isolation? // there are 70,000 [of them] impeccable order . . . of the spontaneous . . . // . . . // of friends Working as in the Kolkhozes or the Bolsheviks
Fin d'un monde / May 12—14 Parc des Princes / the Congress of [the] JAC (Jeunesse Agricole Chrétienne) // 70,000 with bishops, canons, curates and boys and girls: no more grimy asses. All the girls in fitted suits and wavy hair. [like they see in] *Marie Claire* // Boys like any city dwellers — // the allegorical floats: quite in style.
the living room / boudoir // work room

E18

Ahmedabad
February 1951
1951 India, 1st Sketchbook
Ronchamp

Chronology

1951

Eighth conference of the Congrès Internationaux d'Architecture Modern (CIAM) at Hoddesdon, England.

First trip to India as consulting architect to the government of Punjab for the construction of a new capital at Chandigarh.

Participation in the Strasbourg competition for the construction of 800 dwellings.

Consultation for the planning of south Marseille.

Le Corbusier eliminated from the candidates for construction of the UNESCO headquarters in Paris.

Publication of *Y-a-t-il une crise d l'art?* (Venice, Société européenne de culture).

Painting: *Simla* series.

Sculpture number 9, *L'Enfant est là,* with Joseph Savina.

Sand sculpture done at the residence of Costantino Nivola on Long Island, New York.

Tapestry, *Présence,* executed at the Ateliers Tabard in Aubusson.

Exhibition at the Museum of Modern Art, New York.

This sketchbook records the architect's first trip to India in 1951, when the government of Punjab invited him to be consulting architect for the new capital at Chandigarh. Maxwell Fry and Jane Drew of London (members of CIAM) and Pierre Jeanneret (Le Corbusier's former associate) were also retained to supervise, over a three-year period, the office that was to be set up in Punjab.

This sketchbook is also a rich source of information on the genesis of the chapel at Ronchamp. Before his departure for India on February 18, 1951, Le Corbusier went again to Ronchamp where he made various sketches (312–322, 325–328). Some of the sketches here date from June 1950 (313), the time of his first trip there, others from February 12 (320, 324) and February 15, 1951 (325) (the latter was redated "February 20, 1951," while the architect was flying over Crete). These pages illustrate the architect's creative method, which he himself analyzed in *Textes et dessins pour Ronchamp* (Paris, Forces Vives, 1965): "When I am given a task, I am in the habit of tucking it away in my memory, that is, of not allowing any sketch to be done for several months. The human head is so made that it maintains a certain independence: it's a box into which you can pour helter-skelter the elements of a problem ... then one day, a spontaneous initiative of the inner being takes place, everything falls into place; one takes a pencil, a bit of charcoal, some colored pencils (color is the key to the process) and one gives birth right there on the paper: the idea comes forth, the child comes forth, it has come into the world, it is born." Although written about Ronchamp, this text is applicable to Le Corbusier's approach to design in general, as the numerous sketchbooks devoted to Chandigarh illustrate also.

In their diversity of observation and suggestion, the pages devoted to the author's first trip to India express the fascination this project held for him. He would come to feel a great love for this country: "India is a country not yet molested by the machine age or inhumane theories. To me India seems supremely human" (letter to Pierre Jeanneret, September 20, 1951, cited by Jean Petit, *Le Corbusier lui-même,* Geneva, Rousseau, 1970, pp. 110–111). About the astronomical instruments of Delhi, Le Corbusier remarked: "They point the way: bind man to the cosmos ... the precise adaptation of forms and organisms to the sun, rain, air, etc. ..." (329, 330). He thus anticipated the meaning he intended to give to the Capitol through the use of symbolic forms. He immediately studied the problems of traffic circulation in a country where the pedestrian reigns. His solution was to create "sectors" measuring 800 by 1,200 meters and ringed by V3 roads given over to mechanical transport systems (335, 336). Each sector must be an independent unit fit for the daily life of a population that might fluctuate between 5,000 and 25,000 inhabitants. Illustration 338 is a first concept for a building with high and deep cavities (the Palace of Justice would be completed in this manner) and isothermal walls constructed with sprayed cement. A building and land-use law is also envisaged (340).

In his Jeep, traveling from Chandigarh to Delhi on March 19, Le Corbusier recorded his thoughts about residential construction (343), desirable accommodations for pedestrian traffic (344), and settlement patterns (345, 346). Later, during a plane flight, he noted the aridity of this land where there is "no naturally born tree" (348).

His trip took him also to Ahmedabad, a city of cotton-spinning mills, for which he had been hired to build a museum (359) and a headquarters for the Millowners' Association. He also received commissions for two villas, one for Mr. Surottam Hutheesing (359), later built for Mr. Shyamubhai Shodhan, and another for Mrs. Manorama Sarabhai.

The architect reflected upon the pedestrian who would be king in Chandigarh (363) and who would make the automobile, so typical of other capitals, ridiculous there. He hoped that India might maintain her calm and her contempt for envy and by the wisdom of her people become a model of civilization. Pierre Jeanneret, however, predicted that India, too, would be caught up in the business mentality of the USA.

Finally, he noted the impression that India produced on Frédéric Joliot-Curie, who spoke only of the country's contrast of wealth and poverty, without being struck, as Le Corbusier was, by the dignity and absence of violence in Indian life.

309
[AH]MEDABAD // FEBRUARY // <u>51</u> // <u>51</u> // INDIA / 1st Notebook // RONCHAMP // E18

311
Mme. Wog[enscky] // Before departure: give the archives drawings and plans made 1922–50
Bouxin 1 // Publishing Company = ASCORAL // V[ille] R[adieuse] // Crès // Saint-Dié // Corbu's UN // Bogotá attention 24 [rue] N[ungesser-et-] C[oli] // studio // Luxfer glass
Albert: who is Telemann? // musician

313
June 9, 1950

315
a = optico-electric lighting // b [=] idem

316
procession
a b c // = rustic paving stones // 1 gift of the commune // 2 / of // 3 of the company of // 4 // 5 with at m a figure and dedication

320
February 12, 1951

321
a // rock fill and catch basin
here [a] break no windows but an "elastic" channel 20 to 30 cm. [wide] // idem // idem

322
attention / it is necessary to avoid cracking and introduce gap = f
at a = rounded // at m = alu[minum] or multilayered = well separated? surface for run-off

323
<u>NO</u> // "Le Lac" [on Lake] Geneva

324
<u>Good</u> // Le Lac // February 12, 1951

325
Paris February 15, 1951 (?)
1 ski jump // February 20, 1951 flying over Crete

329
New Delhi // for us, remember UN resolution N° 1 [of] 1948
the astronomical instruments of Delhi
This definitely beats out the best qualities of the Englishman Lutyens
They point the way: bind men to the cosmos . . .

330

the precise adaptation of forms and organisms to the sun, rain, air, etc. — which puts Vignola out of the picture
— the cylinder at the summit = 140–142
It's the way of all times: the Egyptian, the Persian, the Greek, the Jewish
— the eternal animals: the cow, the somber gray buffalo, the (little) ass, the sheep, the goat, the hog.
— carting, carrying on the head: dignity, time, waiting
— Before the big money!

331

Patiala // February 25, 1951 // evening

333

100°	212	
37°	100	mean at Chandigarh
0°	32	

Centigrade   Fahrenheit

336

rhythm
Modulor // [Modulor] 727
but here it is useless to have combinations in increasing series. Better to count: 2–3 // 2–4 / 3–4 // 2–6 / etc.

337

Cecil Hotel // gallery *brise-soleil* at least 2.95 wide rectangular pillars // good
V2 // parking // hurried pedestrians // strollers

338

Cement Gun Creator of isothermal walls

340

(Maisonnier) establish / 1 profiles of the city
2 / elevations of all the Modulor combinations for houses and buildings, partitions etc.
Claudius: 1 / send me immediately the laws relative to architectural regulations
2 / the law on state housing subsidies to be sent right away to Thapar

341

+ 15 / 100,000 gallons // the central reservoir civic function downstream each sector of the market
the road between Ambala [and] Delhi has at Mile 97 upstream a magnificent grove of vast and light trees which would suit, here and there, our avenue of the Capitol Valley // (the same trees at [Mile] 87 // between // 4–3

342

Urgent / draft a land ordinance // 1° Definition and description of the Capital // 2° Zoning // 3° Categories I to VIII // 4° the 7 V's // 5° Organization of a sector [its] administration

You have to count on the inhabitants being piggish.
  Elements of the houses: that which invites the eye the 19th in the Jeep Chandigarh–Delhi

343

sun and rain = partitions (Marseille-style) [of] vibrated concrete. — The walls are mere separations thus invisible. Very deep continuous verandahs, never walls on the facade. On top? a sunshade? + the sloping ramps of the roof stairs.

344

in New Delhi, the Government [Center] / the axis // is discouraging (length + empty lawns) // for the V2's A (Station) at Chandigarh, pedestrians must be channeled through the little valleys, sinuous walkways and picturesque trees.
facilities // pedestrians // automobiles on the right

345

1 Village = the clay hole surrounded by trees — it served to make the village. It is its measure, its container

346

set of cultures seen from the airplane (note the proportions // Via Jaipur February 22, 1951 3 PM
a well // b pool // c return
a / the ass // b / the well // c / the sloping track ([seen] from the plane)

347

a / water / (cattle // clay // brick
b / temple // Square with square pool
10 minutes from Jaipur
another system: a / like little dry deltas

348

an assemblage of cells [defined] by spiny walls to repel leopards (?) the hut being the nucleus of the cell (or else to keep hens inside? (All the mountain hamlets and those on the plain [seen] during the last 1½ hours in flight
The arid hills or mountains with round and isolated spots of bushes = leopard's coat
huge pool of water (= big village)
There is no forest at all, no naturally born tree. Mountains all arid = like a pasteboard model
during 4 hours in flight

349

Near Ahmedabad, there are great cultures on a large geometric scale, with rectilinear boundaries

350

Ahmedabad // this is an enclosed courtyard of a temple.

351

yellow stone
a = 4 m. wall // b c = kiosk // d = ramp // e = temple

352

requisition contour map // very important
the main road / 1 temple // +.0 / m–n. // (on the map) // + about 6 m.
here: peasant village

353

State precisely to the City Council: unbuilt land: protection against flooding = No. 1 issue
stage 1 / or stage 2 // banks / factories // not pretty
m — n [South Bank] is a remarkable amphitheater for outdoor theater

354

the road

355

Site B

356

Old walls // install pools

357

use Marseille partitions as glass panels without glass all around a balcony // all around // HUTHEESING [JAIN] Temple
the 3 scales
open / partitions
limestone paving stones // or // it's the cheapest

358

sunlight reaches all the way in // 25 m.
orient // shadow at noon // open, open air
important everything can be open without doors or windows display cases locked.
the rainy season is dry and cool

359

Sunshades of gun[ite] cement // open walls with partitions // color of stone + poured concrete + wood // There is an Indian [brand of] Héraclite
comfort by means of strongly colored draperies (single [color]; dyes)
The Museum // The House for Hutheesing // The Town Hall / await my next visit // I will have to send a supervising draftsman.
Poor India! Dudley, the nice blond on the Harrison team, is consultant to the construction of a port

360

c / brother's villa roofing in manner of Bézeult [House] Tunis
Brother's villa // Partitions without glass serving as ventilating walls [and] to deter burglary.
Fee due to the architects + half — // or do the whole project for a lump sum // finished in one year or sooner.
do a plan with several phases according to the availability of funds

361

How the earth remains primary, primeval, primitive in spite of the works of Men! The reign of nature, we have often forgotten it. But men are gods (great and small). The airplane has opened the door. What shall we do?

Official = AHMEDABAD Municipal Corporation // AHME-DABAD. // GIRA SARABHAI // RETREAT // SHAHIBAG // AHMEDABAD

⅓ with contract // ⅓ before project // ⅓ finished plans / payable in French francs or in £ in France or in England (to avoid Indian taxes)

362

of the automobile, ''which is the mark and beauty of the age.'' No, for some, there is only the need to escape through the automobile because in the West life is crazy. At Chandigarh people will walk without automobiles and New York's Fifth Avenue + 42nd Street will be grotesque. Calm, dignity, contempt for envy: Perhaps India is capable of maintaining herself at this point and establishing herself at the head of civilization.
— They begin work at 10 o'clock in the morning. Why not? They walk by people and trees and flowers. They leave at 4 o'clock. Why not? All of a sudden, a car horn! the police jeep. There is the enemy. It's inadmissable in the midst of this peace acquired through an instinctive wisdom

363

''It's the season when the tigers are in bloom!'' L-C to Thapar (December 1950) who wanted him to leave right away for India: ''the nice season''

Simla March 15. *Fin d'un M[onde]*. people use their legs: pedestrians. Walking ½ hour or more, men and women, straight. Joy of walking, not tired, Chandigarh a walking city and no cars. The pedestrian is alone in the V4's and V7's

 Thapar and Varma are as calm as time immemorial. offices in the USA?!!! Pierre thinks that the Indian people will be caught up in that passion

364

BAJPAY architect in Bombay who drove us to the airport // asks that Mr. Thapar write him about my return. // Chandigarh

365

February 25, 1951 / Joliot-Curie coming back from India told me at the C.E. = ''Rich people in palaces, and the sidewalks crowded with a mass of atrociously poor ones'' Not one word of the human splendors to be found everywhere, and without class, outside of class [distinctions]: relationships without violence.

 For us, for me, all possibilities appear as a possible flowering of and as a finally radiant overture upon the machine age. The crab, like the serpent, discards its skin at the proper season. So it will be with the society of money: India, a nation of people who have nothing, and of a few who have everything. This makes for jealousy never surfacing and for material wealth remaining outside [the domain] of those spiritual riches accessible to all and existing for all.

366

G. Aubert // 49496 // 23 rue Santos

cracks / ... // new cement // over the dining room there has been a water spot

E19

1951 India, 2nd Sketchbook
March–April 1951

Chronology
See E18.

Dated July 2, 1950 on one of its first pages, this notebook relates to the Bogotá project (cf. also D14, D15, D16, D16′ and D16″), about which Le Corbusier wanted a publication or a presentation in the form of a CIAM grid, "to convince public opinion and to serve as an axis for action over the next 50 years.... This Master Plan provides work for all professionals for 50 years, [work] with a single goal, not incoherent, and for the public good. It will make Bogotá the world's focal point of an essential civic experiment" (368–372).

Le Corbusier continued here the notes of E18 on Chandigarh: the country, its life-style (380), its fauna (385–387), and two projects he had under way — the Sarabhai villa (404, 405) and a villa for Mr. Chinubhai Chimanbhai, mayor of Ahmedabad (375, 406). In Chandigarh, there must be no hesitation to create large empty naves in deep shadow, generators of air currents (403); and one must also take into account the climatic conditions (alternating periods of sun and rain) in the design of the roof structures (397) and in the conception of the *brise-soleil*, which should be integrated into the very structure of the building. The architect weighs the deeper meaning of the concept behind the Museum of Knowledge, which is intended to "provoke excitement by the presence and demonstration of arts from all places and epochs." He would thus create a "core" or "heart" as a central element of the city (a theme for the Eighth CIAM conference, planned for Hoddesdon, England, July 1951 [404]).

The *Unité d'habitation* at Marseille, still under construction, required continued attention, as evidenced by the numerous construction details in these pages: layout of the hall (412), placement of the stained-glass window depicting the Modulor (411), arrangement of an area for drinks on the roof terrace (409), choice of colors (413), research on the installation of a restaurant and communal services (414). The plans subsequently prepared by his studio are merely the faithful transcription of ideas originally recorded in the architect's sketchbooks.

Le Corbusier continued his pursuit of other artistic activities in addition to architecture. For example, the tapestry *Présence* of 1951, executed by the Ateliers Tabard at Aubusson, figures in this sketchbook as a project conceived during a flight from Rome to Paris on April 2, 1951 (374, 377, 382, 383).

367

51 // INDIA / 2nd Notebook // MARCH // APRIL // 51 //
E19

368

July 2, 1950 // Bogotá report / Plan 4. Civic // insert 1
sheet comparative chart // [public] squares Venice //
Paris // Rome // Bogotá

Chapter I method express the harmonization of the 3
services: Corbu // Sert W[iener] // planning office // +
Columbian executive staff Samper etc., [men] of quality
and complete knowledge of the place.

hierarchy // continuity // quality of same nature and same
faith

Plan 4. Realm of the pedestrian, consecration of a tradi-
tion // Bogotá // the 7th extended North and South.

369

Plan 3

the centers: / government center // business [center] //
commercial [center] // cultural [center] / a between 7th
and 10th // b around [Plaza de] Toro // the central mar-
ket // neighborhood markets

density // according to types of housing qualified [as] / 1
— Barcelona // 2 — // 3 — // 4 — *unité d'Habitation*

370

Plan 3 // circulation

finally: peace in the neighborhoods along the prome-
nade, the neighborhood forum grouping together the
members of all ages of a neighborhood from now on
provided with fundamental services.

371

Plan 4:

photograph inserted into the model of various centers:
G[overnmen]t [and] business [district], circulation areas
(buses) [circulation] areas *unités d'habitation*
4ᵇ Circulation: separation of functions / automobile /
through traffic. river // [local traffic] // the pedestrian ac-
tive // promenading // parking lot = lake

372

Conclusion:

Propose to publish 1 book [on the] Bogotá Plan // in the
form of CIAM // 50 // grid to convince public opinion and
to serve as an axis for action over the next 50 years

— This Master Plan provides work for all the profes-
sionals for 50 years, [work] with a single purpose, not
incoherent, and for the public good.

It will make Bogotá the world's focal point of an es-
sential civic experiment

373

Monique: Girsberger his answer [regarding] Rights //
Volumes 1.2.3. // I demand a solution.

374

Rome—Paris plane / April 2, 1951

375

for the mayor's house // at Ahmedabad // earth from
foundations + from swimming pool = artificial hill // at
the edge of the pool // the pool directly alongside the
pilotis (pointed)
Return [to] Blondel's analysis // Thapar + Varma + Fry

376

On return Paris: // *attention*:
1° Rethink // Samper // the sectors 1,200 / 800 // 2° Scale
of Modulor Standards // Maisonnier // a / height b /
width // 3° the 1st village // 4° the real estate Law Sam-
per // Salmona // Maisonnier / 5° the outlines of the
city // [Maisonnier] 6° reconsider measurements of the
Capitol scale // 7° locate the central Markets // provincial
bus Terminal // 8 recast the definitive plan of March 30
(Mayer) // 9 / the Ahmedabad museum // 10° the
Mayor's villa. // 11 the brother's villa // 12° / High Court
project

378

Delhi—Bombay plane // at 10:15—10:30 in the morning //
We are flying over very beautiful country with hand-
some villages, vast agricultural plots. It would be inter-
esting to have documentation on these villages. *Manda-
son* = village

This past month I read Baudelaire and Elie Faure (*Equiv-
alences*)

Write to Bhabha Tata who supplies hardware for Air In-
dia planes (WC lock // hooks // aluminum // lamps etc.

379

April 1, 1951 // *Attention!* Delhi calls for order: neverthe-
less we shouldn't just make huts. There is an architec-
tural attitude to be created.

The Koenigsberg[er] house is cool (= light)
send him Electa [edition] + 1 gouache
see about interpreter // Pierre // : Wood and his wife

380

road to Delhi // March 31, 1951

381

section // 1 house

383

March 31 // [on the] way [to] Delhi // Bombay plane //
April 1

384

2 irrigation drains on the roof of our units 1.50 [m.] from
the ridge
15 m. . . . .
2 reservoirs for Ambala // in iron (corrugated iron on
roof)
C. . . . / (partition) // very good brick wall // whitewash
the bricks

387

the kid // the she-goat // the raven // the cock // Chandi-
garh // March 31, 1951

388

The mill // at Chandigarh Rest House

389

for the poor devils // : the street. // water // : WC // all in
all 20 square meters // Everything else is done by them-
selves in the manner of refugees (huts both horizontal
and vertical
In front and behind blown-cement walls // Internal wall /
bricks.
Send Pierre the Rob et Roq [designs]

390
cross beams // in concrete // not painted

391
The High Court // very broad ramp with rough gray paving stones shaped by hand

392
a–b–c = increasing series // Pinjore // request [from the] Englishman ... ... in Delhi // Docu[mentation] on this garden at Patiala

394
the Northern house
the ancient Mediterranean city
elegant modern application
what should have been provided for the big city

395
the shell of the hangars at the airport[s] of Delhi + Bombay is thin and forms a sunshade without radiations

397
March 26, 1951 // for my hydraulic roof system for the Capitol / speak about it with the dam engineer met at Varma's place // rain

398
March 26, 1951 // send Koenigsberg[er] Electa Edition with dedication Jeanne
CHANDIGARH // exact spelling // PWD Rest House [Pinjore Gardens]
blue black sky // rust-colored dome // electrically lit
It's an interesting interior exterior. It's the entrance stairway for visitors on sunny days

399
From Bombay to Delhi, the immense earth is all cultivated with care, along with right-angled lines but with a very mosaic pattern.
Palace of the / Governor // President // Delhi // March 25, 1951 (reception)
Mongol-style garden // the sun sets on the axis over the canal // canal // everywhere the water, pools, and watercourses glimmer // marble pavements

400
garden // wall // children
or // children
near Bombay Airport workers' "villages" in Eternit [asbestos board] very geometric // not bad

401
the yellow-brown stone, variegated, recalls that of Florence = roughness
sharp edge // little opus in the manner of the PLM at Charenton
cutouts // [like] lace / sandstone = *grès*

402
The Capitol: cement gun // + Glass wool // everything vast and light
Seen at Delhi lunch [at] Club Mehrchand / Khamra counsellor for the [Punjabi] refugees gives money for // Chandigarh
= freely without any purpose other than to give pleasure
Write to Rud[i] J[eannere]t on "hot" Indian cooking all herbs + spices + after the meal: little pieces of bitter wood, Betel leaves. Rubbing the teeth with wood. Chewing sugar cane (crush // + saliva = important secretions // Stomach: perfect

403
for the Capitol, do not hesitate to make grand empty naves [full] of shadow and air currents = forum // (here at Bombay, the Gateway to India)
kids play there in the evening and the inhabitants sit all around

404
Museum. / Dixit Gira Sarabhai // "Art is always the same everywhere." It's true. Provoke excitement by the presence and demonstration of arts from all places and epochs. A place where that would be demonstrated with changes. I myself preparing such demonstrations to shake [people] up, to make people jump. Choose someone with great sensitivity to send to Ahmedabad
Gira Sarabhai's swimming pool // pool // smooth cement medium Cobalt green = good // the steps // for going down into the water

405
Front orientation toward Southwest // (all the bedrooms) // water from special well for the house // and swimming pool
entry // one or the other a / or b /
I am awaiting information on surface and orientation + photographs

406
Mayor's House / March 23, 1951
the kitchen separated from the house because of the noise of the servants // one corridor to the D[ining] R[oom].
1 Tennis Court // 1 swimming pool // 3 bathrooms on the 1st floor / dressing room // bath // bedroom // × 3
drawing room dining room combined [on] Ground Floor // verandah in front of each bedroom for sleeping outside // + 1 Guest room on the Ground Floor // guest // Indian-style kitchen // pantry (tea room) near the kitchen // 1 service room for foodstuffs

408
Nicole Védrès // send a cameraman to make a film on the Marseille roof // magnificent

409
here // aperitif. // under the sunroof

410
blinds [for the] kitchen

411
make the stained glass ourselves, Modulor-dimensioned at 53 cm. (?) following my design (!)
the elevators

412
Hall partition // at a / [at] b / [at] c // a piece of clear glass at eye level // to see quite a perspective // to see the *pilotis*

413
orange wood // green // orange wood

414
restaurant // restaurant // common services

E20

Bogotá May 1951
1 May

Chronology
See E18.

This last sketchbook devoted to the plan for Bogotá mentions one of the meetings of the board of directors, on May 10, 1951; included were Le Corbusier, Josep Lluis Sert, Paul Lester Wiener, and the members of the Bogotá office (429). During the 1951 visit to Colombia, Le Corbusier made a series of studies of the peculiarities of the landscape (433–435). He realized that the water-flow pattern and the configuration of the site must determine the positioning of the V3 roadways for automobile traffic (436). There are also instructions for putting the Master Plan into effect (432, 433).

A plane flight provided another occasion for detailed observation of the relationship of sea and earth: a stunning underwater scene off the south coast of Jamaica (422), the Magdalena estuary (426, 441), an overview of the virgin forest (439), a complex network of marshes (440), and recognition of the meander principle (447; cf. D15, 58). Dated at the beginning and at the end May 9, 1951, during a stay in New York (416, 454), this sketchbook shows the architect's continued bitterness at having been excluded from work on the UN building (416). He would have liked Mr. Zuleta-Angel, Colombian minister and president of the commission for the UN headquarters, to "proclaim that Le Corbusier created and placed in the sky of New York a fundamental novelty" (416).

His project for a sand sculpture to be executed at the residence of Tino Nivola upon his return from Bogotá appears here (419). The architect was fascinated by the necessary and irreversible nature of this technique of sculpting in sand at low tide, which Nivola had perfected. Several sketches of women, nudes with large hands (421, 423, 424), two people at table (425), are preliminary studies for later paintings.

For a publication planned by James Johnson Sweeney, director of the Museum of Modern Art in New York, on "the reappearance of proportion in the work of art," Le Corbusier outlined his own development as a plastic artist. This summary begins, chronologically (453), with his apprenticeship as a watch engraver followed by his studies with Charles L'Eplattenier in La Chaux-de-Fonds, his close observation of nature, and his travels in 1907 through Italy and in 1911 to the Orient, after which he no longer drew ornaments but "architectural facts." It mentions his first drawing of the human figure as represented by the Apollo of Delphi. Continuing (451), it refers to his first painting, *Espace-Lumière* of 1918 — better known as *La Cheminée* — a work notable for the intensity of its composition, which he related to his studies of the Acropolis.

To the years 1918–19, the architect assigned the "birth of Corbu," who became "an entity, a man ... in front of Jeanneret" (450). The spirit of architecture manifested itself, and from this moment on he was involved in an endless search (449) in the domains of architecture, painting, and space with a new ethic of purity. In 1928 there appeared in his work the human figure and "objets à réaction poétique," which before this time he had considered not as objects in this sense but as "supports for geometry, fomenters of proportioning."

At the end of this itinerary, in 1951 at Chandigarh, he felt that contact was possible with the "essential joys of the Hindu principle: brotherhood, a relationship between the cosmos and living things" (449, 448).

415
BOGOTA MAY 51 // 1 MAY // E20

416
May 9, 1951 // Write to Zuleta for UN inauguration proclaim that Corbu has created and placed in the sky of New York a fundamental novelty

417
New York // plane // Bogotá // May 10, 1951

418
1928–35 little Corbu exhibition Museum of Modern Art // soon // New York
Glazing 6 × 7m. // enlarged drawing // V. Petit // B[eaux]-A[rts] sketch 1929 // Villa Savoye Model
+ 60 Fig[ures] // Paul Rosen[berg]
 1930? // the pine cone. — bone + mask // attach a photograph of sculpture
Accordion // 60 P[aul] R[osenberg] // 1928?
The organizer is X curator Department of Architecture Museum of Modern Art (Johnson being its head) did the photographs and the article in INTERIORS on Marseille // Marseille
The Museum of Modern Art 12–18 months hence will do a big exhibition on Corbu synthesis of the major arts. Exclusively from the angle of one ethic — aesthetic

419
Nivola // prepare sand sculpture to be executed upon return from Bogotá to Spring East Hampton

420
UN fight Harrison Corbu
 publish the pocketbook sketches + photographs of paintings done at Nivola's place January–April 1947
These paintings are dated, for example: NY February 23, 1947 And also show photographs and texts Site Commission 46 "Folly," etc., with the big gouaches done in the bathroom + New Yorker text [by] Hellman: "Corbu in New York paints in his bathroom!"

422
the airplane is flying over south shore of Jamaica (11 o'clock in the morning) with an underwater spectacle of overwhelming splendor and surprise
I am never so calm as in an airplane = Cosmos and friendly and beneficial solitude.

426
here also a cow (Magdalena)

427
highways – Idlewild
FUEGO — TIERRA — AIRE — AGUA = placard for a palm reader [on the] street in Bogotá

428
here an agreed-upon meeting place between Paris and New York and Bogotá

429
BOGOTA // May 10, 1951
Paris // New York // Corbu 4:25 PM // 4:20 // Arbeláez // Pizano // Mme. Andrea // Planning Office // 5:15 PM // Cali // Wiener // [Engineer] // Sert // Muncha // New York the exactitude of the Century

431
May 12, 1951 // Bogotá / I discover this brick kiln at the top of the quarry, of the hill a week after having sent to Simla the Capitol project (Governor's Palace) And I find here an extraordinary confirmation

432
Bogotá / Draw on the plan the locations (street and squares and profiles) of mandated architectures (cite the French law)
Calle 10
President's Palace // Preserve little houses, palm trees + the domes and bell tower of the Cathedral + the church above the Capitol
Between Calle 10 and [Calle] 9 see if President's Palace above Carrera 4 and not below it??
park // palace // Carrera 4 // porch
at a to the right of the palace cover Carrera 4 to connect palace to park

433
Ask for copy // post on walls // PILOT PLAN // "Que gentes mascrupulos ..."
Calle 6A // at A // Carrera I east is an upward-sloping cobblestone street, Indian, wild, very steep admirable atmosphere
This must be the Egypto neighborhood // Carrera 3 east // Carrera 2 east

434
May 13, 1951
A river flows downward between Calle 9 and [Calle] 6A // Carrera I east

435
Calle 9 // Carrera 9 east // May 13, 1951

436
The V3 is, to tell the truth, the successor to the railroad become subway and becoming bus (urban streetcars being outmoded).
 Railroad // subway // bus / moving along protected tracks // they clutter the way, and cut through like razors, dangerous
Bogotá Carrera 8 Calle 18, at 12 – 12:30 nonstop buses are the masters of Carrera 8 (Here, in Bogotá, the V3's must be on Calles and not on Carreras)

437
For sitting in the VIIth (Sert)

438
Bogotá altitude 2,800 m.

439
7:30 AM // May 27, 1951 / Flying over virgin forest Bogotá Baranquilla
the little balls of steam a /
b / they line themselves up
c / they come together to form rosaries
d / they are diadems
e / it's a compact mass horizontally striped
f / it ends up in a sheet of polygonal [patterns like] masonry

440
swamp plain at 8:30 AM opaque yellow ochre water
a / the current
b / oval pools
c / elongated pools
d / very large pools
veritable expression of an automobile network in a city

441
somber blue ocean
water of the Magdalena // thick compact ochre // 10 to 15 km. from the estuary
invasion of the Magdalena
the line of the waters from far away as from close by is strictly sharp

442

Kansas City // Chicago // Detroit // St. Louis // Terre Haute // Toledo // Indianapolis // Memphis // Greenwood // Beaumont // Port Arthur // New Orleans // Havana // Caracas
"Southern Airlines Chicago Caracas
the poetics of names and small-time history
at Kingston // Jamaica // May 27, 1951 stopover

443

Suddenly everything is jumbled.

I add that Negroes and Negresses have done all they could to be up to date, "Civilized." They come // [with] stunning linens, with [sharply] creased trousers, cleanliness proclaimed, loved and many, many eyeglasses (that gives standing!) on their nose. // on Sunday to see the whites and their aerial machines

The Negroes and Negresses have imposed upon the ... the hullabaloo of gaudiness, when you're having fun!! Already the hot-jazz "when you're having fun and dreaming" — all over the Whole World.

444

27th May Sunday // Kingston, Jamaica // Kingston
2 PM All the Negroes and Negresses are there, in stunning outfits (including the grandmothers [in] cardinal violet for example) There is the Southern Line from Chicago [to] Caracas which unloaded a bunch of Americans from Chicago wearing gaudy batiks (pinched in the Dutch Islands), with gray or witch–black hair or young women with buck teeth; for the English = Big vacation laughs, mix. Primary head and body: 1 or 2 generations of emigrants

The Constellations of 4 major [air]lines are in front of their hangar. They start up, run, rise up, fly away over the mountains

445

Earth // the sea

447

the law of the meander (1929) meanders 1947 etc. // erosion, the law of rhythm and equilibrium at any moment, the relationships of measuring out = proportion. Today = the sun, concentration, expansion of clouds, of fluids, of vapors. In the end it is the air that wins out: at some moment (beyond the dead center) it is the air that attacks the vapors (and inversion of the phenomenon.

448

E

with the essential joys of the Hindu principle: brotherhood, relationship between the cosmos and living things: Stars, nature, sacred animals, birds, monkeys, and cows, and in the village children, adults, and old people, the pond and the mango trees, everything is present and . . . , poor but proportioned.

(For Sweeney I will make substantial declarations which he will insert between quotation marks and I will furnish the designs)
The airplane sketches Paraguay, Magdalena

449

D

since then, infinitude of research: architecture painting (in fact sculpture) since space light, in form of a new ethic: purity. Dealing [with] photographs [of] fragments paintings + architecture + the big purist drawings

Until '28 — then human figure and objets à réaction poétique

Until '28 not objects: glasses and bottles, but supports for geometry fomenters of proportioning

.... At the end of the race, 1951 at Chandigarh contact possible

450

C

1918–19 L'Esprit Nouveau. Birth of Corbu = an entity, a man in front of me, in front of Jeanneret.
1919. Tracés régulateurs (the proof = Choisy) Henceforth, exclusively personal research. I ignore all the treatises. But I declare war on Vignola (and Co.)

— Corbu in front! 1922 the contemporary city // the immeuble villa // (1910 the Charterhouse at Ema)
191[9] / the will in the task has appeared: 1918 drawing of the little bowl Chardin and Fouquet — And the spirit of architecture has appeared, has manifested itself

451

B

(Continued) Drawings Istanbul, Athens, Italy.
1911 "Nouvelle Section." Houses [rue de] la Montagne // the question. "Chance cannot be the only master," proportion. // exile. aspiration. // all my papers have been destroyed (from my childhood drawing) There might be some documents in the museum of the Ecole d'Art of La Chaux [-de-Fonds]. Maybe?
1914–1918 — Anguish and waiting [for] Paris. evening watercolor, Sunday. Brick factory. Refrigeration business. Ozenfant.

1st painting 1918. Space, light intensity of the composition. To tell the truth, behind that the site of the Acropolis is present: the painting, the drawing, + the Acropolis drawing [in] travel notebook

452

From Boston to Miami, the cottages in garden-city settings = one intention: the family; one fact: the home; one head: the woman; one slave: the mistress of the house, crushing duties: garden, floors, linens, children every day, including Sunday. One rule: thou shalt not soil. One passion: polishing. One habit: complaining vehemently . . .

The man in all that is screwed: no question of "making love" (well) He frets over the carrots in the garden. He looks for his pals (they are far away. And besides all that is well regulated: he spends his time in the bus and subway // May 10, 1951

453

A

"Reappearance of proportion in the work of art // "The contribution of Le Corbusier"
title of Sweeney's book / reserve author's rights for LC too // L'Eplattenier. Engraving watches / Modern Style 1900
nature 1900–1907 pines ornaments, images, etc. = organisms = a cause, a reason, a vital axis // conditions = it is conditioned.
1907 Italy research in Siena (drawings at Paul Rosenberg's) organism, vigor
Museums — ethnography same causes
1910. Orient: where is architecture? My drawings: never any ornaments but architectural facts.

First human figure the drawing of Apollo in Delphi (HJ Matisse "strokes"

454

New York / May 9, 1951 // Via Bogotá
Bogotá buy Von a blouse // + skirt / Europe // a poncho for studio Corbu and for Yv[onne] // + saddle rug // to put together) for the guest room Living room in front of the fireplace

E21

Cap Martin
August 1951

Chronology
See E18.

Le Corbusier here continues his research on the "Roq et Rob" project with the clear intention of basing his composition on the configuration of the site (457–460). The slopes of the property favored the development of a cellular scheme for dwelling units, each of which would open toward the sea so that all the inhabitants of the complex would have the benefit of a view. A sketch analyzes the structure of the envelope of a banana blossom, a model of organization and of color relationships (462). The purity and clarity of Henri Matisse's chapel at Vence, as well as the dignified and reserved attitude of its visitors, made an impression on the architect, who at this time was building the chapel at Ronchamp (466).

The project, long under study with Edouard Trouin of Marseille, for the development of the site at La Sainte-Baume, including the construction there of an underground basilica and hotel complex, is recalled in its most modest aspect: the permanent residential complex (467). Le Corbusier wanted humble construction techniques to be employed here: pisé, rammed earth within wooden shuttering. With its essentially human scale it would be a place where men of the machine age could recover "a sense of the fundamental human and natural resources" (*Oeuvre complète,* Vol. V, 1946–1952, p. 27).

On the way to Marseille, Le Corbusier jotted down a conversation overheard between two old army friends (468–470, 472, 473) and sketched the views unfolding before his eyes (471, 478–482), which were relevant to his current projects. The wrought-iron belfry drawn at Carnoules (481) was to influence one of the proposals made for Ronchamp.

Touring the construction site at Marseille on August 22, 1951 (474), Le Corbusier spelled out the work in progress or yet to be planned: furnishings, elevators for use during construction, the quality of interior wall finishes, the revision of the color-scheme axonometric, the woodwork (476). The siting of the *Unité* and the development of its surroundings (488) were subjects of another sketch. The slowness of construction and the shortcomings of the contractors on the job (475) incited Le Corbusier to consider publishing a book on the vicissitudes of building the *Unité*. He also pondered what steps could be taken in order to make the work go more smoothly (490).

Edgard Varèse (487) might be asked to do the music for a film on the construction of the *Unité*. The evolution of a horizontal community into a "vertical community" (487), which brought about friendship instead of hatred, and the grouping of mutual interests, would be a subject for the book *Fin d'un monde.*

455

CAP MARTIN // August 1951 // E21

457

foreshortened panorama (inexact) // where is the land under consideration?
new studios // Fontana
the sea // quay // enclosing wall

458

pergola // cypresses // entrance gardens // Mont Agel // the palace // with bottle shards // Stadium

459

Sketch made from the stairway east of the Stadium

460

T[ête] de Ch[ien] // sea // factories // exotic garden // Stadium

462

August 18, 1951. / Cap Martin // Tissue of the flowers' envelope (sepals) — fruits from each bunch on the banana tree (in flower and germinating right now [water]tight and isothermal
powdered violet // splendid red (interior)
a = longitudinal fibers stuck together
b = very fine network of membranes 1 and framework 2
c = wrinkled epidermis
a = $^1/_5$ mm.
b = ½ mm. high // 1 = thin as paper // 2 = strong (⅓ mm.)
c = thick ⅓ mm.

463

La Tête de Chien // Seen from Antibes.

464

Roger Vandenbergen // architect // Chausée de Waterloo // 1273 // UCCLE
Belgium made a little photograph [of] Roberto painting (to tell the truth not terrific because of reflection [from] aquarium)

465

Poème < + *angle droit* // > + // For the sequences, the alternations, the cadence, the diversity, etc. see *Odyssey* page 327 for example + 347

POEM	POEM
of	of
the > +	The > +

466

August 22, 1951

Yesterday saw Matisse chapel, Vence. Gives me great courage: The sun born from the white head provides purity and clear light. Done at 80 years of age! — Those who come to see it are clean, reserved, correct, moved. Young and "Matissely" dressed!

467

Esterel Trouin: in red pisé (sand + crushed rock) and cacti vaults (like in Jaoul house) // single uniform style August 22, 1951 // equipment // Reverdy // (interior) Plan (possibly) Triade type, Chandigarh etc. // 110 square meters–35 square meters

468

1st Act "The Roomful" // It's a school teacher: 'e walks like that! // 2 guys // from Marseille // from the [same] regiment meet face to face in a compartment [aboard the] Cannes Marseille [train] not having seen each other for 20 years.

"And this one! And that one? Don' you remember Loubard, the little one, the little one! Taxi driver in Marseille. Tréas Raymondo, taxi driver too. The other day, I took a Cab. The guy had on a Basque beret, 'e looks at me like so. 'E says to me: you wouldn't be whatsisname? It was him!

One day at the rugby field at Béziers, I latched onto a guy on the sidelines for an hour. All of a sudden, 'e looks at me, 'e says: but it's you Maurice! Saly he's a multimillionaire in Paris. Boy is he loaded, that one there!

469

This one he's a brigadier chief of police, he has six children, oh he's fine.

And Jourdan the lieutenant. He's Lieutenant Colonel at Bourges, boy was he educated!

And Fondat the Fat?

And Bourne? Always impeccable, he was always in a car. Etc.

I had plenty of bad breaks, I did it all, I lost it all, but now I'm doing all right, I'm living. I have 3 little ones.

And Thing: 'e got it together he has a truck. That one, some funny number [he was]! He lost everthing. He's dead. 'E got himself run over. There're pretty many who did well, who got it together.

470

Ah the one who looks like the rear end of the OECM. He's rich, that one, ah mercy! Pinaud the rags dealer, he's a loafer, he's a rag man.

— 1 the trade // — 2 he made it, he lost out // — 3 the character

This conversation is prodigious: a summary of human comedy. They cited and detailed 50 of them who are in all parts of the country.

'E has it together, he's a guy from the Var. Sharp, 'e tells me: I bought a villa at the seashore.

472

2nd Act: (the 2 buddies from the regiment)
(continued) // thrushes // woodcocks // pheasants // (let marinate 25 days! He's a real "bushman" o ha la la! He was a nobleman, Maurice, he had a chauffeur. He was the nephew of Turdannery, or a Hungarian!
3rd Act: the rabbit there's not one hunter in 7 who can hit a rabbit on the run
4th Act: the war" '39. Namur, Belgium — all the officers had gotten the hell out of there.
5th Act: Marseille "the atmosphere," the good life, the tall tale Nothing can beat our Midi. Me, I've been around!

473

It was truly [like] a buzz of cicadas // I said to my wife: that's my Provence!

474

August 22, 1951 / Michelet / urgent // buy ticket // seat [reservation in] train
1 Le Corbusier furniture // 1st put a coat of paint on the office living quarters
2 the freight elevators on the construction site in New York are fast as lightning. Here the big one is paralyzing
3 Terrace. The disgraceful parapet of the Compagnie du Midi
4 The ceiling finishes of rue intérieure // + Market // whitewashed rough like horizontal brise-soleil [in the] center of common services [level] on west balcony and behind + rues intérieures?

475

Prepare the book on the construction site of the Unité // "the vicissitudes" // Masson will have to send me a bill // Olek idem // Andréini [idem]
I will advise the Contractors of this publication in which those at fault will be denounced. Let them be on guard.
Masson hands over to me 1 letter indicating the failings of the Contractors (names) I will then write threatening to publish.

476

Corbu // Take another look at axonometric loggia colors scale 1:20 (the window frames // provide Corbu woodwork oak glass panels // natural oak? or paint // children's ramp tiled floor in loggias

477

Request [from] Braun et Cie. / Georges Besson // the "Mieux Vivre" issue [of] March 1937 // Peindre by Van Dongen // Contains 1 Corbu photograph

478

Les Arcs // September 2, 1951

479

watch tower (?)

480

a tower

481

Carnoules // (les Maures)
there are towers with open wrought-iron work with exposed bell
remains of a mill

482

very near Toulon

483

Bertocchi give instructions to [Compagnie] du Midi to effect flush joints exterior attic + touch-ups paint

484

for inauguration Marseille [Unité] invite Presidents of foreign Associations of Architects + young people's representatives

485

For the cyclists' return

486

glazing

487

Marseille construction-site Soundtrack — // by Varèse, New York // music / the Theme would be called: "Unité d'habitation of Marseille // [Unité d'habitation of] Nantes
Fin d'1 monde 1st part // Délivrance / 2nd part / the vertical commune without politics // brotherhood // conditions of nature // moment of the hearth and of the social group
friendship instead of hatred // grouping of interests of the same kind. (see Fourier)

488

Michelet // hedge of evergreen bushes
5 m. wide // view under portico // view of stairway // poplars // view of pilotis // a promenade path through the lawn // affords the best view of facade

490

Michelet // August 22, 1951 // getting things moving on the site? Send in workers? Impossible! Who? people new to this technique? from top to bottom of the firm? and at the same time in all government agencies? Patience and slowness of time!

E21 bis

**Hoddesdon
July 7–14, 1951**

Chronology
See E18.

This notebook is almost exclusively given over to notes concerning the eighth conference of CIAM at Hoddesdon, England, which took place from July 7 to 14, 1951.

Among the urban problems addressed here are the city's "core" or "heart" (494) and different aspects of city life which Le Corbusier again sees as a problem of psychology and therefore of architecture (495). Thus, at Chandigarh, the smallest unit would be "the verandah and the bed under the stars" (497). These notes constitute an outline for the table of contents of a report on the "unit of sociability" (501). The siting of "cores" is then examined (502–507).

The deeper meaning of the Hoddesdon conference is analyzed in detail (517–523; text published in Petit, *Le Corbusier lui-même,* p. 135). For Le Corbusier, human nature takes precedence over all other social or political definitions; it is the point of departure for any personal creative activity, whether manual or intellectual. Man's nature gives to each individual his dignity and his liberty and keeps him from becoming the object of a machine civilization. A new awareness is needed if we are to avoid passivity. The Congresses of Modern Architecture can and must help man become a social actor at the heart of the great changes of our time (522). Having acquired a formidable tool for social organization in the form of an urbanist doctrine (523), CIAM will implement this indispensable stage of modern evolution with plans and public action.

Many other subjects are touched upon: two pages report an interview on painting Le Corbusier did for the BBC (510, 511), while several sketches recall his interest in Catalan vaulting and its application in current architecture (512–516); some sketches done at Cambridge University, particularly those done at Trinity College (524–527), show coincidences or comparisons with current projects for Chandigarh or Ronchamp (526).

The last pages, dated 1952 (528–546), concern the construction site at Marseille. Various instructions are given for the different work crews (532, 533, 538). The surroundings and the views on the *Unité* are studied with care, and the use of the Modulor is recalled (535) in the proposed inscription: "The Modulor, created between 1942 and 1950, found here its first application. Fifteen measurements sufficed to dimension the totality of works made within this construction." An inaugural festival was planned (540). Preparatory notes (537, 545) announce a second book on the Modulor, *Modulor 2,* subtitled *La Parole est aux usagers* (Let the Users Speak Next) (Boulogne-sur-Seine, Editions de l'Architecture d'Aujourd'hui, 1954).

492

HODDESDON // 7–14 // JULY // 1951 // E21 *bis* — was forgotten

494

July 8, 1951 // "It's a new theme // subject" (The Core) dixit Sert.

The heart of the city or the core of the city = kernel = undrinkable in French

call[ed] Entity of sociability // Sociability = friendly and fruitful relationships among men (+ women // children)

"Unpleasant place where one goes to work" dixit Sert make work Pleasant (H. Dubreuil)

495

[1] The entity of 24 hours / A // think of [1] — tastes, affections, sentimental attractions // A // music // sports // [1] + the age groups

The "units" = *les unités* I say the entities

a civic life // urb[anism] once again becomes a problem of psychology / A8

thus [one] of architecture / A

496

Indispensable terminology = express the ideas // some [ideas]

D4 // Demonstration for // 4 / Chandigarh // sociability: the social cluster // besides done with colors = richness and harmony

B2[1] // Separation of pedestrians // primacy of pedestrian // (example Venice)

B[1]3 // so liquidate the // liquidate (traffic) = 7V

497

It's a question of scale —

D3 // Chandigarh everything was laid out at one time including the spirit of Asia, of the deepest traditions

D[1]5 // The smallest entity is the verandah and the bed under the stars

D[1]6 // this ties to the dwelling // the soul of the dwelling // the hearth // the fire

498

the problem of // friendships // of affinities / = purely accidental // extra distance

C1 // not only determine the places the place // but provide the quality of welcome + of residence

C2 // In Paris cores appear at the balls on the 14th of July // 2 // = experience of sympathy

C3 // Watch out for [1] academic cores, more dangerous than bodies at one's feet [1]

499

problem of London // city 500,000 nomads // = the question of the big cities

D7 // Chandigarh the wide spaces for strolling in the shade / High Court // one leaves the buildings for a function = taking a walk talking among ourselves — D8

DD2 // Chandigarh Thapar the State // Varma the engineer who prays // M. Fry P. J . . . L-C

500

and we are in villages 10,000 years old / welcome Bogotá // Saint-Dié // Chandigarh // Paris.

D9 // humility and brotherhood // men // beasts // nature the cows of Hoddesdon // birds // goats // odor of grasses // our hearts are full.

D10 // Description of cores in Chandigarh

501

Hoddesdon July 8, 1951 // Table of contents of report on the entity // the unit / of sociability.

the resolutions of Commission I

The trespassed will be prosecuted

502

A1

   The world is bored // men are bored // women [are bored] // gynecium / kitchen // art // daily and conjugal // because acts no longer emanate from themselves but they are [placed] in service on command.

   Our task is to awaken the social body // = create places and spaces for // action / spontaneous art

503

A8 // in this age of mutations

rouse // awaken / the spontaneous // cultivate the body and the mind

place under favorable conditions positive or negative // B2

C4 // the 50 of the rue de la Huchette // Les 2 Magots + Flore // Closerie des Lilas // La Rotonde // La Coupole. // Pigalle / the balls on the 14th of July no more cars except the doctor['s]

C5 // make oneself understood // make oneself loved live in calm harmony for intensity enthusiasm and know how to live for each day

important = describe purely and simply Chandigarh // D1

504

Varma // Thapar // D // all effort for Schools // nursery // primary + all others

D / youth +

D / lots of land // for schools and youth

C6 // the Moslems of Africa Ghardaïa // the women's cemetery // the roofs of the Casbah at sunset

= the faraway pagan celebrations of all times: the Sun the moon // sowing time // harvest = rites [of] Mother Earth // C7

505

D // the Indian nucleus // the bed and the stars

C8 // Harrison's horror // UN // the blue glass // the cadaverous light [of] florescent lamps // against nature

C8 // we cannot think about / cannot conceive here the happiness of men.

506

Giedion explained the way of principles // Sert asks us to act today at the hour of change

in the upper part: // religion // government / uncertainty // the disputable

C // In the lower part: "men" // the individual // the family // the club

some substantial realities are discernable

507

Time is money no // 3 E 3

E [1] // no money // the stage at Arès [in the] Gironde // on the shed stunning outside // the Taj Hotel / spontaneous theater

Wish // [for] the future — preconceived lines? No But inherent mathematics

that each object come into its true and indisputable place // example: Piazza San Marco

appropriate house

the Egyptian cubit // E5

508

Hot Jazz // Mezrow's life // happy // His Music it is he himself who makes it

Urb[anism]

the heart of the dwelling / fire hearth // Marseille // Chandigarh // Sert Long Island

nursery schools // elementary [schools] meeting room // children host parents

faculties–*cités universitaires* // the problem poorly stated in Paris

509

youth clubs // Ménilmontant prototype Paris // Murondins [prototype] // built by themselves

— the government center // the Capitol on foot // landscapes // immense spaces // connection more mathematical

the museum of folklore // [the museum] of knowledge the civic valley // . . . freedom for improvisation

510

July 9, 1951 // Form and growth // Press conference // Tuesday. 6 o'clock at 17 Dower Street // Miss Cohn. // will take me to the BBC 7 o'clock // dinner // 9 o'clock 17 Dower Street.

BBC. "IIIrd Programme" lectures on painting

a) the English at the Festival [of Britain] Exposition on the South Bank

b) at the School in the vicinity of Hartford,

511

...

c) the theme [of] <u>painting</u> // spontaneous art // relation-
ship to architecture
Polychrome <u>sculpture</u>
<u>Tapestry</u> // mural fresco of the renting nomad.
Cooperations // between L-C [and] / Savina // Nivola //
Maisonnier // Justin [Serralta] // + the gods and the wise
men
D / the black picture in the children's room in the home

512

Dread // ... / 6 + 1 // <u>communal</u>, // combined
Catalan vault / Sert // <u>Escorsa</u> // 48 Boulevard de Ge-
nève // Béziers
July 9, 1951 // 29 // 14 / 1½ = brick plaster // 15^{cm./m.}
waxed below // movable centering for each row // iron
tie-rod // 1 brick sealed in plaster to support the level

513

use of the *plafonnette* or *parafeuille* <u>brick</u> is found even
in Paris
for the <u>stairs</u> exposed vault

514

the first row // without coating
2nd type // not for Jaoul // the vault *voltas bufadas*
crisscrossing // 1st row // 2nd row // 3rd row

517

1 // today: <u>who</u> are you? I am a communist, I am a so-
cialist, I am MRP, PKZ, ZMVM, TR . . . Thank you! I
asked you, who are you
— Ah, I'm a greengrocer // I'm a mechanic // [I'm a]
mason // [I'm a] banker
— Thank you, I asked you, who are you?
— Well, I told you I cannot be anything else: I am
with the ZM Boom party and in civilian life I am a
greengrocer

518

— So permit me to tell you who you are: you are a
man, — or a woman.
You are young // or [you are] old
and you are a poet // or you are a muscle-man
and perhaps you are both together (which would be
very nice)
you are a researcher inventor tinkerer
or you are a curious reader // eager to know
or you like to work with your hands under the sign of
geometry (mechanic)
[sign of] color (painter
[sign of] form (sculptor
[sign of] organization (architect

519

(Continued) you are a thinker, yes Sir you are in the skin
of a philosopher // Etc. // Etc.
Sir, Madam // Gentlemen, Ladies
  You are living thinking and acting beings.
you are not a peon under a sergeant's orders a mer-
chant under money's order
you are not exclusively one of the 100,000 who watch
the football game, you are one of the 22 or 30

520

who are playing football.
  You do nothing with your hands, with your legs, with
your head, with your voice. because you have neither
places nor spaces in which to make noise // [in which to
make] a mess // [in which] to have some silence // to be
alone // to be together.
Events, the fatal evolution of the machine wanted to
make robots of you. You are almost robots, in your
street, in your rooms, on your roads. You

521

submit to [your] bad luck
you are passive // you live passively // you are outside of
life, of its wealth and of its resources.
  And here: it's not your fault.
  And here again: the CIAM will come to your aid. These
are architects and planners from the 5 continents

522

rabblerousers and free spirits who for 23 years, united
in a constant effort, have been animated by a single
spirit and [who] offer you the solution: Revive sociability
in you Make you social actors in the midst of the great
present change. They will put you back in contact with
the cosmic and [with] nature — with God and the gods;
and they will give you places, and spaces for acting with
your body // body

523

and with your mind
  So that you may no longer be crushed down but so
that you may shine.
  The Sun of nature and that of the heart are within your
reach.
  The CIAM people, having acquired by means of a doc-
trine of urbanism a formidable tool for social organiza-
tion, are going to materialize in plans and public action
this indispensable stage of modern evolution.

524

King's [College] Chapel // Trinity College // Cambridge //
July 10, 1951 // CIAM
coincidences?!

526

no! Trinity College
attention Ronchamp Chapel // insert some iron castings
in pavement // engraved stones

527

Cambridge // a spotlight in a niche [at] a to illuminate an
inn [at] <u>C</u>
the spotlight with its stands is treated as modernistic
sculpture!

528

Michelet = MMi = Marseille // check plan [of] children's
swimming pool // group together the green tiles
check platform [of] physical education [center]

529

see on garden plan // valley opposite entrance canopy //
MMi

530

Nice // the sleeping dog is 50 kilometers long // Cannes
[at Tête de Chien it's] the head <u>of the</u> dog // and not the
dog's head

531

Missenard investigation / January 2, 1952 // Chandigarh
hygiene
this point: the purification of interiors by direct sunlight /
a) open windows // b) closed [windows] // c) window
glass?!

532

Marseille January 3, 1952 // Sasportes // urgent under-
take the curtains + furniture
Seats
Write to Sasportes + Claudius / incredible smoke from
the soap factory // our facade turns black and the bright
colors??
Sasportes the garage?

533

Painting // <u>green</u> undercoat
1° no correspondence / two green (stairway)
2° no green or pink furnishings
3° the gray is too light
4° doors <u>never</u> in color
5° the yellow seems to me too strong
6° the Blue // undercoat // the white parapet = wrong

534

solarium shower // fully opening
glass = here no opening
kids // children

535

attention: Maintain 1 line of sight // front stairway —
canopy [of] mountains // by stopping the trees in quin-
cunxes (plane trees)

Carve letters in cement Modulor pediment.
  The Modulor, created between 1942 and 1950, found
here its first application. Fifteen measurements sufficed
to dimension the totality of works made within this con-
struction.

536

the useful modules / the 3 or 1 (the little tiny one is
very <u>useful</u> (for Nantes) the 4 too = vertical *brise-soleil*
Wog[enscky] / put the door // child's roof structure //
here // open // a sill [protecting] against . . .

537

Modulor 2 // Emergency stair // + market level / in the
unfinished state of cement [and] woodwork
Everything is harmonious. One walks about in some-
thing coherent. Never the impression of indecision —
except when appear the "liberties" of an undisciplined
engineer (the glass panels, the precast 60/40 panels of
the *rues intérieures* // the 60 × 75 [cm.] glass panels +
the balcony partitions // *brise-soleil* // 60 × 40 [cm.].

538

Luxury restaurant // plaster // raised safety-glass sheets //
plaster
Combine raw concrete ceiling // plaster [ceiling] // +
plaster partitions // concrete of the pillars
Wog[encsky] *attention* / the stone for the tables cannot
be porous
Jean Vilar // photograph theater roof structure // An-
dreini // for Festival

539

brass or bronze // 33

540

Organize with Vidal // + radio // + Cinema // + [*Belles*] //
1 inaugural Festival for the Marseille *Unité*

542

Write to Johnson // or museum in São Paulo Bardi or
the other one // purchase of the Marseille model

543

Request Hervé // 2 contact prints
Roberto // 12 and 72 // the hand

544

UNITE
for Michelet Park // palm trees / + araucarias // araucar-
ias // towards the kids' Theater // and the Swimming
pool // lemon trees // orange trees // pepper plants //
+ olive trees // + cypresses
+ shrubs from the Côte d'Azur helter-skelter

545

typo[graphy] // name etc.
L-C compose in typography and enlarge // November
1962 for // Besset L-C Exhibition Cassou['s] Museum
Modulor 2 // Maisonnier + Justin [Serralta] // the *tracé*
of San Marco // Venice

546

occupation of territory // use of land
dispersion // of industry // in the countryside
1 / I believe in the necessity of the countryside // of
peasants // of nature.
2 / equation / man with his engine and his manufactured
object
man face to face with nature: the individual. the great //
immense
1 little man

E22

Milan Triennale 1951

Chronology
See E18.

The diversity of this sketchbook, which spans the time from September 27, 1951 to June 24, 1952, makes it somewhat difficult to summarize.

One of the first pages (548) alludes to the Ninth Triennale at Milan in 1951 during which Le Corbusier planned to speak on the creative act; he hoped to avoid "the threat of an academic debate" as participants discussed "divina proportione," the use of proportion in art and architecture. He noted that "those who create manipulate tools, including dimensions [intended] for human use" (548, 555–557). This meeting of scholars, mathematicians, aestheticians, and architects from all continents led to the founding of a permanent research committee with Le Corbusier as its president. The Museum of Modern Art proposed a second meeting in New York, for which Siegfried Giedion suggested the theme of "Proportion and Reality" (558).

Several pages devoted to the Jaoul site in Neuilly (549–553) study the conditions of sunlight, which would govern the plans and sections of the buildings. Le Corbusier analyzed the site (550) and its exposure (549), and even foresaw the need for an element to reflect light during the afternoon hours (553). Later he sketched an elevation (576).

The *Unité* at Marseille appears on several pages: gymnasium (562), lighting (563), colors (565), application of the Modulor. "Marseille is the hymn to the Modulor as it approaches completion. Everything moves in immense music" (566). On another visit to the construction site in June 1952, the architect detailed the access (578), the plantings (577, 580) — already studied on December 12, 1951 (603) — and the lighting scheme for the inauguration (579).

Keenly interested in the development of the site at La Sainte-Baume (cf. D16', E21), Le Corbusier focused his attention on the *bergerie,* a ruined sheepfold near the proposed permanent residential complex, where he and Edouard Trouin envisioned a "Museum of Mary Magdalene" (567). He wished to preserve the original proportions and to use the natural materials found on the site (568–570).

Le Corbusier was in the habit of spending the year-end holidays at Cap Martin, first at the home of Robert Rebutato, then at Etoile de Mer, a small cabin he had built in 1952. December 28, 1951, found him working at Cap Martin on the *Poème de l'angle droit,* a set of original lithographs published in 1955 by Verve (570, 571). Some days later, he noted that the seaside property planned for the "Rob" project — a more modest project than the earlier "Roq et Rob" — was untouched by breakers during the storm of New Year's Day, 1952 (601). The module 226 × 226 cm., a constant of Le Corbusier's research at this point, was the initial nucleus of the "Rob" project, analyzed in some sketches of June 1952 (588, 589). The cabin at Cap Martin was built according to Modulor measurements. The woodwork was done in Ajaccio, Corsica (584–587, 590–595, 598–600), and the parts were later assembled at the site.

A tour of the private apartments at Versailles on February 26, 1952 (573–575) became the occasion to look for proportions that seemed to conform to the scale of the Modulor (573).

547
MILAN // TRIENNALE // 51 // E22

548
Milan / September 27, 1951 // Corbu lecture
the Stars of the Great Renaissance / successive // germ
before
to the painters: note the mural! this requires geometric
sap. The Léger at the Triennale is merely an enlarge-
ment.
Threat of academic debate: they speak: those who
do not create; those who create manipulate tools in-
cluding dimensions [intended] for human use: body +
mind

549
Jaoul // Neuilly // summer '51
south party wall // noon
attention winter sun
Monday // request from surveyor through J... levels +
location of trees contour of streets

550
wood lattice enclosure wall
very big trees // rue de Longchamps
W[est] // very noisy // close off on this side // Rather
dark hole // S[outh] // N[orth] // we have the right to
make a wall here // design an enclosure [wall]. // east
the neighbor // party wall // kitchens // 2.50 m. for blind
walls // 9 m. for window walls

551
west
west // south // east // attention no contact // create a
"dos à dos" ["back-to-back" arrangement]

552
blind // 250 // Longchamp entrance
or something entirely different the whole Jaoul tribe //
with 3–4 stacked apartments

553
west / winter // Longchamp pilotis
plan for an enclosure wall here in the east = shaded in
the morning light reflecting in the afternoon

555
Funck-Hellet
the foot / = the Egypt[ian] cubit
cubit // pentagon
Mme. Carla Marzoli // Dom 790710 // Triennale 808666

556
Milan September 27 // I greatly respect the past, but I
have to satisfy modern needs
Harrison wanted to have nothing to do with the Modulor
hence he lost the opportunity of not making mistakes
Titian / Venice the presentation of the Virgin // Funck-
Hellet 52.36 = the Egyptian cubit

558
Ask Funck in Paris what is the square of the cathedral
builders
September 29, 1951 // Giedion proposed for IInd Con-
gress [on] proportion New York "Proportion and
Reality"

559
September 30th, 1951 in the Milan Vevey train I am
reading Thesée (Gide) pages 10–11–12 // 16–17

560
for Albert // 1 photograph // after M...

561
one may come forward in front of the present proces-
sional ramp at C D
move the back to AB. // here hostel too close // this
southern face could be moved to the right of the nave
at Z

562
good // no

563
A ceiling // Good // stairway

565
blue = good // South // West

566
The mathematical phrase: "That which makes wrong
difficult and right easy"
Marseille is the hymn to the Modulor as it approaches
completion. everything moves in immense music

568
Sheep pen / Sainte-Baume / October 19, 1951 // Use
scaffolding to make the floors of the garret
The window panes rather small because of wind pat-
terns + storm // casings in Prouvé Alu[minum] // idem
roof structure // stone // glass // alu[minum] / = 3

569
X // Sheep pen / leave the floor as natural rock (plug
cracks) // here smooth over to avoid someone knocking
himself out at a.b // glass // table
low masonry tables with cement benches (in the an-
cient style)

570
Y // we leave the natural raw roofing. (the room is used
only in summer) We insert at c glass tiles here and
there
I wrote out these two pages X and Y 24 [rue]
N[ungesser-et-] C[oli] from memory // December 17,
1951

571
Only men can uphold such a proposition.
   And animals and plants perhaps. And only on this earth
which is ours:
with a [stick of] charcoal the hand has drawn the right
angle
   It is the answer the guide the fact // my choice / my
answer
January 1, 1952 Cap Martin // Etoile de Mer
Character // the cathedral and not the temple // diastole–
sistole // with an open hand I receive // I give
   the work is not signed // the whole world is included in
it // given and compromised
the temple is valid only for one, the cathedral for all // —
make offerings, sacrifice // — give, quite simply

572
Cap Martin // December 28, 1951 // surroundings //
mind // flesh // fusion // character // offer // tool
poem of the > +

573
"It's the only room which has retained its original di-
mensions" — // dixit M. // = 223½ // exactly 140 //
222½
Versailles February 26th, 1952
ab = 182 exactly // a b // chamber of the Lady-in-Waiting
to Mme. de Pompadour

574
the Kings of France, Louis XV and Louis XVI thrilled me
today. They lived like the "men on the corner" in shirt-
sleeves, with their workbench for tinkering, and their
chick in bed. Louis XV made the coffee himself in a
hidden nook
roof // 1 m. approximately
the apartments are tiny They were remodeled con-
stantly from 1750 to 1780 They overlook a courtyard
about (?) 10 m. × 8 [m.] and they are

575
chamber of the Lady-in-Waiting to Mme. de Pompa-
dour // Mme. de Mailly // drawn on the spot // idem
carved out of the mansards.
   There is much good and bad taste. In the very small
[rooms] (Dubarry's (?) library // library and study of Louis
XVI it's at its best // ? // from memory

577

Marseille June 21, 1952
Letter Liénard for minister = smoke-consuming / Soap
factory // plants die
orange trees / palms or // . . . // pool // A / bubbler
flat cement plates [for] orchestra // A kids' Theater
cement

579

inauguration / Claudius // July 14
attention no exterior illumination // (contract signed end
of May only // no *rues intérieures* except one. // illumina-
tion [of] apartment not sure // ventilation certainly not
propose September or October

580

study all the upper part of lot // volley ball // children's
circles // sand pile // Bubbler // spontaneous Theater //
Stage // orch[estra] // = hollow way // all bushes from
Sainte-Baume
attention Liénard // Games [area] on west side see end
of this notebook December 28, 1951 = plants palms
yuccas arbutuses

581

Hutheesing // [stools] // or // Dunlop // . . . // partitions
with cases
Tapestry

582

Roberto Sunday // Tele... Air France / Nice Paris Tues-
day // wood or I[-beam]

583

Sasportes // Have Dan... do the bulletin on the Michelet
Unité monthly
Liénard / Palms + arbutuses
35 [rue de] Sèvres / kindergarten drawings // Michelet

584

Maroon // double bed
Etoile de Mer // June 22, 1952 // Michel // design [for]
plumbing // Barberis

585

the mirror (take impression) // + its illumination
deposit the Model Ducret
3 copies plans and section for prefecture
On return // ask Harry Berger big varnished wood
panel // + Eternit mural // how to varnish or wash // ? //
. . . !
On return // Michel make 3 dimensioned prints new
drawings [for] prefecture application send to Robert in-
cluding corrugated Eternit, glass on roof
a box with key

586

Cube // Good // Dunlop // = 190 / 70 // . . . // cabin / ask

587

reservoir on the outside // toilet // apparatus // find 1 WC
a hospital basin is necessary with central outlet small
model
urgent / sent M. Sizun René // Barberis studio Ajaccio //
Modulor list without . . .

589

June 23, 1952 // the sea // free / the rocks // stairway //
A / B / C / D // entrances // common garden // Corbu's
room

590

half

591

1 room only // solid shutter // behind mosquito net

592

1 dull color / 140 // 1 bright color // Indian cotton rug //
AB // straw mat // 2 pieces // cut to size
yes // or 2 boxes // no 53! // but // = good // 27 // 33 // 43
Furniture / = 2 stools // 1 Thonet armchair (reclining)

594

blue // white / iron // June 22, [1952]

595

exterior gutter under roof
lant[ern] // east side
WC // bed // heater socket
1 electric socket // the table

596

Headaches. I need warm touch: a hand on my neck //
[on] my head // As soon as I think, the pain comes on I
awaken in the morning feeling well. If I read = pain // [if
I] draw // plan et[c.] = pain // evening: great pain

597

Telephone Mol[itor] 32 52 // Littré 99 62
Tele... Paris 250 // Dining Car one way 850 // return
Paris // Train Sleeping Car Dining Car / 13399 // tip René
Barberis / 5,000 L-C send 1 dress fabric to Mme. Rob-
erto and cigarettes to Roberto or to Mimi something //
series (Girsberger books + Electa).
June 24, 1952 // Etoile de Mer // Cap Martin
L-C Jeanne Bring Roberto Tape recorder + [taped
copies] of records
see Maguet notary again // last will // Corbu foundation //
paintings // apartment // royalties // land

598

aluminum roof // with 2 trunks
urgent: Without delay ask Claudius for the zoning vari-
ance for Roberto's plot

599

attention Ducret // request 140 Thousand advance from
Roberto // + 4,500 francs Marseille ticket // + 5 from
Blondel = 5 + 5 // + Cap Martin Marseille ticket
+ instant heating // + boiler for hot water for lavatory //
ask Sert guest room. // chestnut wood // arms // . . . //
366 // table 366 // view // lavatory // Dressing room //
view // lavatory // pretty interior shutters
fan // 295 or 3 // 226 // WC discharge // a) bearing
frame // b) Corsican int[erior]
electric apparatus // Marseille // doors

600

for Nantes see if square wood for glass panels / Foker //
concrete
take care with appearance of east dividing wall
deck // flooring / climbing plants // beaten earth // con-
crete poured on the ground

601

during storm of January 1, 1952 // plot 1 (nor any of the
rock 1 to 6) was not touched by the breakers

602

because of rust everything in wood (Reverdy) //
shutter // solid wood shutter // Jaoul 226 // Etoile de Mer
226 // + Ahmedabad mayor // + Chandigarh vault
Jaoul

603

Marseille Michelet // Plants alongside swimming pool //
put goats there // palms and yuccas + arbutuses, rho-
dodendrons etc. // all shrubs from the Côte d'Azur //
Etoile de Mer // December 28, 1951

606

La Hune. // A[rchitecture d'] A[ujourd'hui] special [issue
on] Corbu // sold at 700 — now 30% to the book
dealer // formerly 600

607

1:08 Cap Martin // 6:00 Marseille —

E23

India 1951
October 27
November 28

Chronology
See E18.

This sketchbook abounds in direct observation. Devoted solely to Le Corbusier's second trip to India, between October 27 and November 28, 1951, it contains some of the architect's early thoughts on the siting of certain buildings in the Capitol complex at Chandigarh.

Le Corbusier left Paris on October 27 (610). During the flight he made notes on a variety of things: a booklet on Marseille to be published by Air France (613), the urbanization of Algiers (615), research on the use of the 226 × 226 cm. module in housing, which was the foundation for his "Roq et Rob" study.

Upon his arrival in India, a succession of daily notes records Le Corbusier's constant observation. Here are plans of sectors (618), a tile pattern for the mayor of Ahmedabad's villa (619), a figure lying in the street in Bombay (621), the impression of joy given by the brightly costumed Indian crowd (622), the suitability of a wall-finish in this humid climate (623).

In flight from Bombay to Delhi, Le Corbusier reflected upon the *Poème de l'angle droit,* then in preparation (624; cf. E22); he commented on riverbed erosion (626), on the social typology of his fellow passengers (627), and on the interior design of the plane (625). And the architect concluded, "I have never been so relaxed and so alone, engrossed in the poetry of things (nature) and poetry pure and simple (Apollinaire's *Alcools* and Gide's *Anthologie*) and meditation" (629).

On the road to Chandigarh, Le Corbusier had a keen eye for the architecture he saw along the way, particularly a system for directing water run-off (635). He mused about the siting of the Secretariat (637) so as to face the Himalayas, and the potential of a dune to modify the scale (638). He recorded ideas about the implantation of the museum (641), chimney design (642), and roof structures (643). The soul of the Indian people was another subject for reflection (646, 647). At Delhi he took note of the facades of the verandahs (652) and drew from them some conclusions applicable to Chandigarh (653).

In Le Corbusier's judgment, changes engendered by the evolution of transportation systems were leading to the expansion of the United States and the USSR as superpowers, a phenomenon that seemed to ignore the reawakening of Asia: "A transformation is taking place: the global fusion of needs and means, of economic plans and of spiritual and intellectual points of view. We must open the doors, open our hands. Atomic energy is now a fact" (662). The architect thought he perceived these phenomena more clearly than the politicians, who "live in the problem and hence do not see it" (663). These ideas seemed to him to provide more material for his book, *Fin d'un monde* (668).

At Ahmedabad Le Corbusier toured Gandhi's headquarters (672), made notes on the *pilotis* of the museum (673) for which he also drew the site (677), the program for the Millowners' building (675), and thought further about rational street use (679).

The return flight to France provided him with a new subject for observation: the Red Sea (695), whose carefully noted colors (692) could be taken up again in the mural for Robert Rebutato at Cap Martin. Over the Alps, as his plane approached Geneva (690), he thought of his father, honorary president of the Alpine Club. But the Alpine drama thrilled Le Corbusier less than did "the sun setting on the Arabian sea" (693); for him it seemed "barbaric," "an apotheosis" (690).

608
INDIA // 1951 // October 27 // November 28 // E23

610
Air India plane // October 27, 1951 // Paris–Bombay
life is without mercy

611
miniatures // the "modulorated (?)" nook
door // woodwork
this confirms the theme of the mayor's house //
Ahmedabad →

612
curtain // rug // ground

613
On return [to] Paris // Write Air France to let me have a
copy of "Chateaux of France" // René Perchet // magnifi-
cent document of the heroic element Middle Ages Re-
naissance = scale + cathedrals and churches of France
I will propose to them that I create a similar brochure
for Air France on Marseille = a new era of architecture

614
On Rome Airplane // (from a Gothic window)

615
Rome 5:30 PM: // Write to Winter see tension Mazet //
[Write to] Wog[enscky] concerning Business
On return see Cl... + Zehrfuss for Algiers // Quartier
Marine + Bastion 15

616
Attention 226 226 226 Jaoul and Company
Constellation October 27, 1951 // the toilet + sink are
astonishingly comfortable with their small dimensions +
lighting // the sink basins of stainless steel / 16 × 28
cm. (?) // hot + drain + cold. I must at all costs get
drawings of this equipment

619
For the Mayor of Ahmedabad
  The hall of the Taj Mahal in white marble. 86 squares
of tiles with great black borders 16 cm. × 8 m. in length
with gray and black stars + bands
gray and black and white

620
"Protected by the close interplay of barriers set up
everywhere, erected by everybody
  a flash; a rare occurrence. There was never any weari-
ness, rather a latent permanent desire on the service
floor, close to ground level, and very near the lawns
where there is no affectation

621
Bombay Sidewalk // 7 o'clock in the morning

622
All the men in white pants and shirts = a background of
silk in motion. The women in vibrant or delicate colors
— on the surface of the streets

623
Bombay, the plaster is getting moldy // Chandigarh ex-
clusively gunite cement

624
[On] Delhi plane October 29, 1951 // my *Poème de
l' > +* is perhaps only a song of goodbye to a fleeting
epoch vanishing in the face of the perspectives opened
up by the airplane, the sea was horizontal and now we
see it curved. The vertical is no longer visible, having
disappeared from our field of vision.

625
On return [to] Paris // Write to Tata = congratulate him
on plane Bombay Delhi leaving October 29, 1951 at
8:30 AM ask him for drawings of the plane + drawings
of the reclining armchairs (remarkable) // for 226 ×
226 × 226

626
one can see a characteristic erosion along the course of
a large river (when dry) // at 11:40 in the morning,
[when] the plane for Delhi crosses the river
erosion // erosion

627
In the plane there are 4 Americans // team of techni-
cians // of whom one is the leader // a // 60 years old —
// b // 50 — // c // 40. // d // 30 years [old] // ranked in
order by their personalities
a = firm profile, slanting forehead, knows how to smile
b = straight bulging forehead — serious, down to earth
solid
c = broken, bulging, protruding forehead, seems to be
the boring administrator who is out of touch
d = Handsome young guy well-built, cheerful. Said good
morning to me on the spur of the moment

628
[By] Plane
2½ hours Paris Rome
4½ [hours] Rome Cairo
9 [hours] Cairo Bombay
3¾ [hours] Bombay Delhi

629
I have been on the plane since 2 o'clock Saturday. It is
Monday noon, I am arriving in Delhi. I have never been
so relaxed and so alone, engrossed in the poetry of
things (nature) and poetry pure and simple (Apollinaire's
Alcools and Gide's *Anthologie*) and meditation. I have
just looked over page by page the big Nivola sketchbook
of New York February 15, 1950. Miami Bogotá New
York Cap Martin Zurich Paris Chandigarh Ahmedabad
Bombay Bogotá–Paris Cap Martin Milan Bombay Delhi. I
have worked on my *poème de l' > +*, I am in the
mood.

630
New Delhi the son of General Thapar (Hygiene) general
practitioner in Bombay, thinks that traditions: painting
traditional dress etc. must and will disappear.

631
it would be good to have a very high minaret (without
affectation!?) // Radio? // D air-cooling plant Georges
Claude

632
On return [to] Paris // go to Winter's gymnasium

633
I am achieving the miracle of harmony
[trembling] // tender // poem . . . // total // . . .
fundamental aesthetic manifestation

634
7 Miles = Chandigarh // 20 / 21 // at these Kilometers //
before Chandigarh // there is to the left a square with an
open facade without anything // it is amazing!

635
110 ml.
brick floor // 53
front view // on the walls there are conduits for the run-
off of water

637
shouldn't the Secretariat be placed crosswise?

638
a small dune 1.5 m. [high] would suffice to put the
Himalayas out of the picture!
1 small dune end of the town — beginning of the
Capitol

639
the grandmother // the mother / the granddaughter

641
[spontaneous dances] // the more permanent museum //
international traveling museum with Porte [Maillot]
(alu[minum] + Modulor // the magic box

642
place against mid-day sun
Spoke with Bhabha [Tata] he is thinking of a very thin
chimney very conductive material the canal is heated by
the sun thus setting up a draft

643
. . . // verandah

645
red white dots // wide black

646
strong race of women // posture // — the intelligent
faces of all the men here

647
young Indian [who] came to talk to me at Grand Hotel
would like to go to Europe for training in engineering.
Very nice / seems to be 1 nice kid

649
friend of Jane Drew // is extremely interested in popular
theater, send him information on theater

650

the architect Mody who invited us to his room at the Grand Hotel Simla. His father is director at Tata's [Whiskey] November 17, 1951 with the Indian engineers of the Bhakra Dam = 210 meters high // the director of the dam // SARAP SINGH // is there, a Sikh with a splendid face [Whiskey] and Company. Varma is reveling with his friend from the dam

651

At the Imperial Hotel Delhi November 21, 1951 one can see 3 Chinese rear admirals?! on parade with their caps, frogged coats, sensational stripes on their sleeves and a solid and intelligent demeanor: Somewhat theatrical ... but others take it seriously.
— This Imperial Hotel undoubtedly designed by a German (in the fathead category) outdoes all drives for power which it shelters every day. These envoys, businessmen, etc., etc. Its halls are indecent, Babylonesque, anything but pleasant

652

attic // verandah // veran. . .
Delhi / the fronts of the verandahs are composed of walls and not of pillars. But all this is vague and Vignola

653

Delhi November 21, 1951
  Write Jane Drew. It won't do! The villas and houses of Delhi all in a row are charmingly stylish (Boulevard where the Ambassador Hotel is located) but the sun does what it pleases. One has to start out from the 4 directions [according to] Thapar's off[ice] and create what is needed: what is indispensable // : subjects of the sun using available techniques

654

M. Lachsena // Radio India French. In French look for 3 people who have experience in radio broadcasting // Pay 100 pounds (12,000 rupees) per month If he has an intelligent wife they can hire the wife at 600 rupees per month.
Room // and board (pension) // in the Grand Hotel for the sum of 400 rupees per month
Talk to Mme. Lachsena about this

655

La fin d'un monde:
  in India people drive on the left-hand side [of the road]. I am going crazy minute by minute in Delhi.
Ambassador Hotel (a Fritz) (is going to a lot of trouble for little people) has a dining room with a dome whose vault has a reflecting and luminescent cavetto cornice // Death-like atmosphere. // You'd think it's the last four minutes before the disaster ...!!!

656

Delhi Governmental Palace // Pink sand on a large surface smoothed and wetted down by truck // Road bed = about 12 m. // Only green trees // evergreen leaves // round shapes // = sad // One must break [up] forms and textures, categories and make (trees) bloom sometimes

657

One section of New Delhi is yellow ochre (1925?!) = bad
  Yellow ochre with white, is weak. White seems to be absolute and also uniformity of the cornices and of roof levels

658

Write to Jane Drew // we must make a CIAM Grid of Chandigarh // several in fact!

659

On Return // buy G. Apollinaire // *Ombre de mon amour* // *Poèmes* // Pierre Cailler Publisher // Vésenaz near Geneva 1947

660

"For I incorporate through knowledge
the hymn of spiritual hearts
Into the work of my patience" // Stéphane Mallarmé (French Embassy November 22, 1951 // His Ex[cellency] Ostrorog

661

The world keeps in touch through the airplane and the radio. The U.S.A. displays itself, invades irresistibly — inevitably — with its economy culminating in the "to be or not to be" necessity. From another perspective, from an entirely different starting point, the USSR is also invading irresistibly. All that's left to do is to drop bombs on our heads!!! It's idiotic. There is a precise and natural agreement between the two forces — left foot right foot, back and forth). France and Europe are unaware of Asia awakened, trembling,

662

acutely intelligent: eyes, mouth, nostrils. . . . One can no longer hide them under a bushel. A transformation is taking place: the global fusion of needs and means, of economic plans and of spiritual and intellectual points of view.
  We must open the doors, open our hands. Atomic energy is now a fact. Put it in the countries and in the homes and leave the damned battlefields out of this! (I see and feel these things because life has placed me in the

663

position of an observer, giving me incomparable — and exceptional — means of judgment. I believe that this order of thought is not available to political leaders and that they live in the problem and hence do not see it.
This must be told to all the people who are always saying No because they are ignorant of everything. In *Fin d'un monde* write 1 chapter on the airports New York–Bogotá Miami Reykjavík Shannon Newfoundland Canary Islands Orly Amsterdam Delhi Bombay Ahmedabad Cairo Rome London

664

November 23, 1951 / 12:30 // arriving in Bombay, the winding rivulets on the muddy shore at low tide, make drawings [recalling] Knossos (Crete) pottery and painting and also Modern Style 1900

665

the Santa Cruz airport is full of flowering trees and bushes in contrast with Delhi

666

Bombay // try out Thapar's "Offices" // with Bhabha [Tata]
for these offices // facing north // it's a long slab of glass // windows about 226 [cm.] with small bars for protection

667

Write to *Novedades* // Mexican newspaper // September 16, 1951 // No. 137 // The Ciudad Universitaria of Corbu 100% very good // ask for 5 copies // 1 for Claudius

668

Take up again the book *Fin d'un monde* // *Déliverance* // Give the newspaper *Novedades* of Mexico with *cité universitaire* (+ my plan of Rio C[iudad] U[niversitaria] 1936) Everything is achieved through positive action
  The cover and endpaper of American books New York World . . . with the Harrisonian . . . Corbu on the cover — The Buchman Morality Moral Re-armament + Mody the fat one. (Simla Chandigarh

669

The sea

670

On return [to] Paris // Write to Dr. Chavrahana (?) Director of archaeology in New Delhi about the museum to be built

671

Ahmedabad / The Englishman will be under my orders so that he is not doing mercenary labor Could work [in the] R[ue de] S[èvres] . . . 2–3 months on the project preliminary to the execution of the project Detailed plans discussion with the engineers under my supervision Paid the three months in francs for [the Mayor] then in rupees

672

saw Gandhi's headquarters [he was a] friend of Romain Rolland
saw Gandhi's headquarters in the outskirts of Ahmedabad where his disciples still live
  Gandhi was a friend of Romain Rolland

673

The *pilotis* of the museum could be made of courses of bricks punctured by niches etc. = like the Patiala pavilion and the pavilion at Lake Ahmedabad

674

there are slabs of gray stone (shale) which are used to make the edges of the sidewalks and are quite nicely rough

675

Cotton Mill Owners' Association / November 25, 1951
river // river // make a . . . wall with stone facing // garden
parties // 3 floors // low construction not too visible //
parking [for] 60 automobiles 20 as a rule // road // small
valley fill it in or not?

676

attention Mayor + cousin // The swimming pool
garden level // for emptying + the equipment for cabins
etc.

677

Attention // Museum. // Notice that in front of the mu-
seum // Museum // very beautiful old fort // stream with
the dyers and washing on the sand // make sure there is
a view of that.

678

C / horizontals // b / cone-shaped reinforcements // a /
verticals
The parasol pillars of Calicot Mills Ahmedabad // are hor-
rible = art deco

679

the pedestrian 1 // the cow 2 // the Chrysler 3
combination 1 and 2 India // combination 2–3 New York
today 1.2.3 // which must disappear so that happiness
can be attained? 3 therefore valid 1 + 2

680

Ahmedabad / new main street (tacky) // woodwork //
teak // Bulser teak window
On the moldings of several buildings: an eagle //
pigeons
I stepped on a cow turd within a building site! // building
site

681

On a building site [building in] Concrete at Ahmedabad
they use iron forms // 2 iron plates

682

Mr. SHODAN / store and office BJ // for Main Street, //
try to build in the Taylor [method]
105' heights permitted // 60' [for] other buildings // the
ones now under construction
I await plans for 2 owners // upon receipt of the pro-
gram I will answer concerning fees

683

attention / No glass windows in Ahmedabad (Chandi-
garh??) but solid wood panels (against burglar etc. //
open during the day // closed at night // or can be left
open // provide air holes around panels

684

Construction of the Bajpaï Museum in Bombay
Lunch with Tata. He is delighted to see the great con-
tours of the V2's Chandigarh
in 10 or 20 years there will be 700 million Indians =
starvation, uprisings etc., the

685

sexual problem is key ''They're going to eliminate the
hormones'' says Tata. I answer: There is hypocrisy on
this issue. One must kill that (= a chapter in *Fin d'1
monde*)

686

there are a lot of palm trees in Bombay // alignments of
avenues // B is very attractive in large numbers // keep in
mind for Chandigarh A
Architecture in Bombay new blocks of about 2,000
apartments 3 stories high closely knit and uniform white
architecture

687

send good Hervé photographs to Tata, Marseille en-
largements + others
Santa Cruz Airport 4:30 PM I see: Air India = an eco-
nomic unit of coordinated size = precise goal + material
equipment and people / a secure future // therefore x
millions in circulation = object of fertile consumption
If it is not working correctly the Government steps in
temporarily. This example and others = fertile consump-
tion

688

On the 26th, Gira [Sarabhai] said: now only Nehru is
left. Before the liberation they were all in the forefront
— And now? — ''Corruption'' ! ! !
The head of the Sarabhai clan had a family palace built
Himself + 8 children daughters and sons who will even-
tually be married. Therefore 8 households living in one
palace. No architect but a painter in Rabindranath Ta-
gore's group. And it's beautiful and intelligent. So . . .

689

So 14 years later everything falls apart: each one has a
small house built Gira + Gautam + Moni (by me) And
the land (which is magnificent by the way and has been
lovingly landscaped with gorgeous trees by the founder,
is being divided into 8 [parts]
And finally yesterday Moni told me her problem: Her
portion M will be split in 2 for her 2 sons 10 and 13
years old

690

Soon it's Geneva! This Alpine drama what an apotheo-
sis!!!! barbaric!
Homer of the Alps where are you? It is the reign of ice
to die one day
they threw us two shots of whiskey for the enthusiasm
November 28, 1951 10:10 GMT
This is undoubtedly the Trident which was baptized by
my father He was the 1st honorary president of the Al-
pine Club. That was a long time ago!

691

Already, this 13-year-old kid will live in his own little
house (that I will build) so that he can invite his friends
there!!
Oh divine doctrine! Life goes on and there's a lot of
action!!!

692

∞ make a sky equally theoretical in the Roberto mural //
Christmas 1951
7:00 PM November 27, 1951 // Red Sea or Gulf of Arabia
the values // green // indigo // mauve / light yellow // or-
ange // red // opaque // blackened malachite with red un-
dertones
the reflection of the sea had been since the beginning
(5:00 PM) reddish

693

Send Tata [*Quand les*] *Cath*[*édrales étaient*] *blanches* +
Electa Bhabha idem + Nehru
organize a Bulletin 35 rue de Sèvres *35 rue de Sèvres*
November 28, 1951 // I saw the Alps this morning just
like the good Lord made them: all naked! The exact-
ness of a definition (9:40 AM GMT) I prefer the setting
sun on the Arabian Sea The Alps are anything but invit-
ing // = the anti-man! It's horrible! Good for Freudian-
ism! // They convey an image of inextricability (see . . .
Pierre Jeanneret!)

694

It is pure physics
a slash // cloud // medium cadmium red // in the morning
L-C with one stroke . . .
indigo // violet // mauve (light cobalt // cadmium lemon
yellow // light cadmium red // malachite green // ore ver-
milion // compact opaque // to be spread on preprepared
cadmium red purple background
This is the most unprecedented theoretical sky that I
could imagine

695

the sun is below the horizon // a pale green // very pale //
Red sea // 6:30 PM // November 27, 1951 // altitude
12,900'

696

write [to] Nehru + Mayor of Ahmedabad + Gira Sarab-
hai
descending from 14,000 feet the line of the Alps takes
on its personality Of course! there are silhouettes
9:00 AM Desai Monday purchase
Wood[s] asked Shosha [Gautam] Sarabhai to come to
Ahmedabad to see L-C

697

Mont Blanc // we are circling around Mont Blanc the
diora . . . is unending // the estuary [with] fog
Hey! here is Salève!! // Cointrain. Geneva and C...

698

November 28 12:10 PM // this is the Air India plane
which flew me here and is now bound for London //
here fog // I am on Swiss Air Geneva Paris

**India March 16, 1952
March**

Chronology

1952

The cooperative, La Maison Familiale (The Family House), commissions the *Unité d'habitation* at Nantes-Rezé.

Third and fourth trips to India (March 23–April 19; November 11–December 18).

October 14, inauguration of the *Unité d'habitation* at Marseille. Unexecuted study for the urbanization of south Marseille.

Painting: beginning of the Bull series: *Taureau I, Taureau I* (second version), *Taureau I bis.*

Sculpture: first of the *Femme* series (number 10, natural wood).

April 8–May 11, exhibition of drawings and gouaches at the Galerie Denise René, Paris.

Taken up almost entirely with Le Corbusier's third visit to Chandigarh from March 23 to April 19, 1952, this sketchbook is essential for understanding the genesis of the Capitol project, since many of the entries were made on the site as the architect evaluated his designs for each building.

The first pages, however, are concerned with Le Corbusier the artist and his attempt to create a "human bestiary," a kind of repertory of forms embued with meanings (700–707). "Intuitively over the past 20 years I have evolved my figures in the direction of animal forms, vehicles of character, force of the sign, algebraic capacity for entering into a relationship between themselves and thereby producing a poetic phenomenon" (700). "This idea (notion) of a human bestiary perhaps came to me unconsciously as a result of such frequent contact throughout the world and throughout all social classes, with men and women, in business circles, committees, intimate moments. The characters appear, qualifying people and keeping or proposing their typology" (707).

Taureau I belongs within this context (701). Le Corbusier explained its origin partially in commenting on an exhibition organized by the Tate Gallery in London in 1957. He derived a modified composition from a painting of 1920, *Nature morte au violon,* seen horizontally instead of vertically: parts of this modified composition appear in *Métamorphose du violon* of 1952. Eventually the artist discovered in his canvases bull forms that he had painted unintentionally (letter to the assistant curator of the Tate Gallery, June 25, 1958). This bull theme is sketched on other pages (759, 760), as are additional, subconscious preludes to *Taureau IV* of 1959 (713, 718), making clear the relationship between the genesis of the Bull series of 1952 and the investigation of a "human bestiary." Le Corbusier's painting is further evoked by a sketch based on the theme of *Femme assise, cordage et bateau* of 1932 (714) and by a sketch of a human figure with an animal head (715) that is reminiscent of earlier studies (in 1963 the latter was carried out in sculpture by Joseph Savina under the title *Petite Confidence*). He attached great importance to pure imagination as a vital force and as the basis for his creativity, even in the field of architecture. He noticed (and took notes on) an editorial by Sir John Summerson, (*May,* Vol. 5, no. 2) concerning Herbert Read's study, "Architecture and Painting," in which Summerson pointed out Le Corbusier's fundamental contribution to modern architecture, calling it the work of a man who was at once both painter and architect (763).

At Chandigarh, he became aware of the full import of his project through a series of energetic sketches made to verify the siting of the Capitol's buildings. The Assembly building and the Palace of Justice (whose rough structure was completed in 1953) are evaluated (722, 723) on March 21. The concept of the "Open Hand," an idea born spontaneously in Paris as the expression of a return to harmony among men, is contemplated in relation to its assigned site and the landscape (724–726, 728–730, 732, 733, 735, 736), as is the Pit of Meditation, all of whose dimensions are dictated by the Modulor (733). The Open Hand will turn on a ball bearing, like a weathercock, not to mark the uncertainty of ideas, but rather to indicate the direction of the wind, which symbolizes a state of contingency (*Oeuvre complète*, Vol. V, 1946–1952). This monument encountered many difficulties in its realization, and at the time of Le Corbusier's death in 1965 it was not yet built. It has recently been completed, thus fulfilling a deep wish of its creator.

The general layout of the Capitol park was still being studied as regards its proportions (737–740), its different levels (740), and its overall silhouette (742, 743), with the possibility of creating artificial reliefs (744). It was, in fact, his direct study of the site (746) that decided the architect to compose with bodies of water and different levels, in order to give the necessary animation to a somewhat flat piece of ground (755). Seeing a little water-mill reflected in water (756) helped the architect verify his concept that the use of pools set at various levels could produce precious optical juxtapositions. He applied these ideas in modulating the distance between the Governor's Palace and the Esplanade of the Capitol. "In this manner the imperative relationships between the objects of the landscape are maintained. Linking distant features is this mathematic, this exactitude, this strictness, which must, it seems, be the inherent quality of the architecture" (*Oeuvre complète,* Vol. V, 1946–1952).

A sketch of the roof structure for the Hutheesing villa (719) is the only allusion in this sketchbook to the projects under construction in Ahmedabad.

699
INDIA // 16 March, 1952 // MARCH // F24

700
intuitively over the past 20 years I have evolved my figures in the direction of animal forms, vehicles of character, force of the sign, algebraic capacity for entering into a relationship between themselves and thereby producing 1 poetic phenomenon

702
make a grouping of these forms and ideas and notions by isolating them from their context and assembling them // Do the same thing with Hands and also with feet.
a Bestiary

707
This idea (notion) of a human bestiary perhaps came to me unconsciously through such frequent contact throughout the world and throughout all social classes, with men and women, in business circles, committees, intimate moments. The characters appear, qualifying people and keeping or // proposing // their typology.

708
rains? // concrete // enclosures of solid teak panels, opening outward and forming *brise-soleil?*
get good electric illumination // see the 4th wall, black sketchbook 1951

709
the English introduced to Bombay the red double-decker buses which are splendid optimistic elephants,... and big enough!

712
Bombay March 20, 1952 // 8

713
see page 23

716
The Ducret dream: Bombay March 17–18, 1952: // a very deep well. A rope hooked into the wall towards the top, two guys who attempt to climb up the rope. They are constantly falling back down. At some moment a voice: "It's Paul Ducret here I assure you that I will eventually end up by having introduced into our affairs, the most handsome group you could dream of." The hook holding the rope appears in close-up: it is small, made of a system in elastic metal, everything is supple, the best steel, it is amazing! It bends but does not break. In the end, there are the two guys at the top, but the second has to hand a heavy stone to the first. It's not easy, they fail, it drops! They start over. Finally, the thing is done! And I awaken.
(This at the Taj [Hotel], in my bed, after the Paris Bombay passage)

717

UNESCO // give the experts the Zehrfuss declaration to read

719

for Hutheesing his roof // have Hutheesing buy L-C Baudouin tapestry + [L-C] and the other
Idem for Moni Sarabhai purchase tapestries + photographic montage
for the house = another roof

720

Old Delhi // MOTI MAHAL restaurant // French Bazaar // Darwa gang // roast chicken // fish

722

on the site = exact

723

exact (on the site // March 21, 1952

724

exact // March 21, 1952

725

hollow // pit of meditation = dug-out agora
the pit of meditation // step formations

726

the mast // from a / to b / it's a continuous plain // March 21, 1952 (on the site)

727

acoustic shell and tribune

729

A2 / he is [still] thinking ... // A3 Ah!
20.28 / 2 squares // 20.28

730

the governor // wheat or fields // the book of justice // the pit of meditation (the open hand)

731

Modulor // March 27, 1952 Write to John Summerson at the *Statesman and Nation* His article of February 23, 1952 ''Corbusier's Modulor'' 10 Great Turnstile. High Holborn London WC1 // address for Jane Drew N 25 // DB 8487 // His Master's Voice // 78 rpm
Buy record Mozart *The Magic Flute* Act 2. ''*Ach! ich fühl's es ist verschwunden*'' // Lemnitz // 2R 2452 Berlin Philharmonic

732

Solution A / natural ground level // Solution B / natural ground level
One could excavate only the half behind the hand and enclose with the wall 140 [cm. high] having a special profile

733

the Modulor / Chandigarh // March 27, 1952.

734

Nehru visit April 2, 1952 // 9:15 at Varma's home / L-C will explain the Pilot Plan and other problems in connection // 15 to 20 minutes

735

April 4, 1952 // to be positioned: statue of Gandhi // [statue of] Nehru

739

principle / it is necessary that a horizontal wall be drawn from a to c d e and that a luminous ribbon cleanly cut the horizon, placing it in the farthest plane and to find at certain points over the surface of the capital either hilltop belvederes or else terraces paved with slabs 1 or 2 m. above the ground level
a ramp ending in a platform and stair for descent at the opposite [end] (city side) there is a grove of aligned and clipped cypresses?

740

try to draw . . . . . . on contour map
The dune about 2 m. high (where I lost the album) already affords a panoramic view // pools // people will like the marquetry outwork

741

L-C Publications // 1 book on L-C's palaces

742

let's examine whether we could move the Secretariat closer
Varma // set up 1 mast at the obelisk // March 4, 1952

743

grove to be planted // good / a / b // here we can tighten up // a b = beautiful horizon

744

1 / 2 / the markers of the transverse axis // the concrete obelisk // cypresses
perhaps an embankment (very powerful means!)
1st be below // 2 / climb the embankment // 3 / be at the level of the plain // 4 / climb to 2 m., to 4, to 6 —

746

the reflections: here a point 2 m. below grade
The volumes or vertical or oblique surfaces which are next to the water are reflected. Elements to be reflected must be designed on precise working drawing

747

April 7, 1952 // here cypresses yes // no! // alley of cypresses // pavilion // marker 2 // embankment // see following page // marker 1 // March 5, 1952
attention Varma dixit perhaps provide for another building for ministries
At A ''the instruments of Progress and of Civilization'' (April 9, 1952

748

the Hand // Assembly // by masses alternating with crowns of cypresses
room in black shadow // on the site

749

If one goes down on foot one experiences intimacy below the level of the plain and that is good. // on the site

750

the 7th wrote Cultural Attaché of the French Embassy // in Cairo
departure Chandigarh April 17 Thursday night plane [from] Delhi [to] Bombay: arrival Bombay morning 18th. // Departure [from Bombay] Air India Constellation the 18th afternoon // arrival Cairo 19th early morning 1 AM
stay in Cairo 19th // 20th // 21st
departure Cairo Paris 22nd Tuesday night 22nd–23rd // or night 23rd–24th
Thursday the 17th leave for Delhi // Is there a plane at 2 o'clock? // in Bombay at 8 o'clock PM // 18th departure from Bombay [to] Cairo // 19th Cairo at 2 o'clock in the morning // Cairo 19th // 20th // 21st // Tuesday 22nd Paris Mr. Barthelemi // Chancellor F[rench] Embassy Delhi

751

day

753

Capitol, compose using all levels for composed reflections

754

Jane // teleph[one] Nehru that reports have been sent the 10th of April, 1952

755

1 extravagant composition of water and levels

756

reflection // +1 // [0] = = // −1 // − 2 = 8 height // the play of reflections and levels // April 11, 1952

757

terraces 70 / 43 // April 13, 1952

762

Pierre + Fry + Drew. March 17, 1952 / In Bombay I am received by AMIR JAIRZBHOY who applied to be a "junior" but was not accepted? (L-C: why? Saw photographs modern paintings + models and drawings "*à la moderne* [as practiced in the] USA) (studied in Seattle) the American Ladies Club of Bombay organizes a party for the Indians: the joys // beauties // of Hollywood aboard a decorated boat with jazz music and American record-player speaker!!!

763

I find in *May* Vol. V Number 2 1 study on the 108 Kar-anas

  the number 108 = sacred (dixit Véga bookstore Paris) 108 being the key to the 1st Modulor 1.75 = 2 × 108 = 2.16 . . . . . . but these are 2 times 108 centimeters therefore canceling any intellectual possibility

  — In this same Number Summerson's Editorial analyzes a study by Herbert Read on "Architecture and Painting" which attributes to Corbu the whole contribution of Modern Architecture connection Braque, Gris, Picasso.

  Yesterday it was in Paris, Raynal and Tériade on Corbu Exhibition // Denise René // April 1952

764

AIR INDIA AIRPLANE // March 16, 1952 // PARIS // Bombay

F25

India April 15, 1952
Number 2
Cairo
April 20

Chronology
See F24.

Written immediately after the preceding one (F24), this sketchbook records Le Corbusier's visit to Cairo on the way back to France following his third trip to Chandigarh. During a stop at Basrah, he sketched several of the "signs" or symbols which underlay the creation of Chandigarh (768, 769) and expressed the philosophical inspiration for the project. The importance of these signs — the play of solstices and the four horizons, among others — had been shown to him by Jane Drew; they were to be executed in poured or precast concrete and colored or sheathed in metal (cf. F26, F27).

A tour of Cairo and its environs was rich in lessons for the architect, who noticed in particular the many kinds of trees (770) and the areas given over to promenades and leisure activities (791). He would create at Chandigarh, too, a new kind of small zoo within the Leisure Valley (792). The Pyramids and their surroundings were the object of numerous sketches full of details of form (771, 772, 776, 777), dimension (773, 775, 778), and materials (780).

The Cairo Museum struck Le Corbusier as being rather somber, lifeless, and far removed from the Greek spirit (783). He felt it a mistake to exhibit sculpture in partial shadow, and planned to write on this subject to the director of the Archaeological Museum in Delhi (816). That same day in Cairo, the architect recorded how much, in the face of the improvisation that seemed to reign everywhere, he believed in the "rule, in ineffable exactness" (816).

A new series of drawings of bulls (787–790, 804, 811) reminds us of the undercurrent of fantasy always at work. The bull theme would not be limited to a painting; it would also be expressed in sculpture (804), in the same manner as the signs for Chandigarh. Le Corbusier added, as an afterthought to a sketch of a bull (799) for *Le Poème de l'angle droit*: "descent to the sources of sensation." "The human bestiary" (cf. F24) is referred to again in this notebook (799).

Among his future activities, Le Corbusier had in mind an illustrated book on the studies he had made at Chandigarh and Ahmedabad (800), a film on the reconstruction of Saint-Dié (814), and an exhibition on Chandigarh to be illustrated with photographs and sketches made during this third trip there (819). The Marseille *Unité d'habitation* is shown here in silhouette accompanied by a list of the plants to be used in its landscaping (801).

A trip to Ajaccio (802, 803) to see Mr. Barberis (the cabinetmaker who built the architect's vacation cabin at Cap Martin), prompts a new series of studies related to the 2.26 meter module (806, 807), to be applied in the execution of the "Roq et Rob" projects at Cap Martin.

765
INDIA // April 15, 1952 // No. 2 // CAIRO // April 20 // F25

766
LE CORBUSIER architect // 35 rue de Sèvres // PARIS 6
(France)
16 [books]
Jeanne Heilbuth // 7 rue Georges Berger // Carnot 61 41

767
Ahmedabad Mayor // Write to the office of the Prime
Minister the question 1° Ahmedabad mayor — // 2° Mr.
Thapar // recall the conversation with Bajpay, Junior, and
the one with Nehru
F[ond] d[u] S[ac]

769
for the High Court in the niches also find modern sym-
bols
24 hours // the 2 solstices front view // full planes // pro-
file // direction of solar rays
Stopover Basrah April 19, 1952

770
Cairo Hotel Semiramis // April 20, 1952
Cairo gardens all promenade paths like squiggles in or-
der to spread out the strollers —Vertically the numerous,
randomly [scattered] trees filter the view
Many (date) Palms must be planted

771
hump // hollow // hollow depth of "the bark" (Symbol)

773
Chephren / m m is sawtoothed // 86 // m // 86 // exactly
113 // 33 // 20 // 2 times 86 // m // the sacred way of
processions // April 20, 1952

774
Parodi or another propose that Corbu produce the de-
sign for a decent French passport.

775
April 22, 1952
C / 123 or 125 // B / 125 // A / 150 // angle Z // 1st base
course incorporated into the rock and leveling [course]
A // ground planed rock // here was the thickness of the
paving // in cut stone // in front // on the ground = 55
thi[ckness]
1st pyramid // Z angle Z
A = 150 // B = 125 // C = 125

776
the ship

777
the bark

778
A = 1st revetment course pink granite 215

779
request good guide // Ch[ephren] Ghafir No. 2

780
is it the birth of artificial masonry courses // inclined
beds
These are porous limestones in very clear layers // with
yellow veins running crosswise

781
"yesterday I went to Sphinx [riddle] the Pyramids" L-C

783
request photographs [of] or commentary on display
case No. 775 Room 7 B = terra cottas + types of hands
in terra cotta No. 3273 // 3272 // 3270 // 3271 // + No.
4875 = 1 papyrus
It's not funny, all that = Borniol
Lifeless, very schematic series. Nothing of the Greek. =
human spirit.
Yet I saw this morning a tomb near the IInd Pyramid,
where there was a little queen on square pillars, in rak-
ing light, alive and feeling

784
I could not get the height // queen Hetepher
about 221 // 296 // the golden cage No. 6160–6164 //
6195 // containing a bed and 1 armchair // (ask for the
exact dimensions)

785
the bas relief (very flat) coming from the pyramid of
King Sahura the goddess Nekhabet nurses the king (ex-
tremely tender)
No. 395 32 // 395 33 // (request photographs)

791
banyan // yellow sand // grass // Cairo. park. a circular
bench 12 m. in diameter
[Hotel] Semiramis // Nile // park // ... // request in Cairo
the Rebeyrol map // this park naturally planted with
magnificent sporadic trees has innumerable yellow path-
ways // strollers are seated on the lawns

792
create 1 little zoo in the Leisure Valley at Chandigarh //
in a new spirit

794
the institute guards and keeps the spirit

795
Augustus guards traditions

797
Chandigarh Leisure Valley: / Cairo zoo
create several ponds // high island with shade trees //
water birds
I think that our governments frequent only the chancel-
leries and read only reports and never go down into the
street.
  Let us overlook our kind of street, we knew it in our
childhood. But the street of the Indians, the Egyptians,
the Chinese, it's a huge thing in full ferment and possi-
ble bloom. // Cairo // April 24, 1952

798
Cairo // April 25, 1952

799
Poème de > +
descent to the sources of sensation
a motor breaks down over Sicily! Cairo Geneva London
Paris plane

800
July 15, 1952. Paris Marseille sleeper // assign to Samper // + Maisonnier / album / a) Thapar and Zervos // b) Nehru // c) Corbu Studio // with explanation of researches carried out to illustrate with URB Chandigarh // 110m² [Chandigarh] // Capitol [Chandigarh] // + Ahmedabad roof structure // standards // winds

801
(Liénard) broom plants, green-gray tufts close to the ground
from A–B = scrub // from C–D = park
from A B broom plants, gray-green tufts, pink and white laurels, lavender plants, arbutuses, etc. covering the cement borders in the upper zone. On the roof an aloe next to a "camel" south // here

802
the sea // watered garden slab
stone // apartments in wood or noncombustibles // *pilotis*
366 + 113 = 479 // 366 + 140 = 506 good // [366 + 140] or 226 + 295 = 521 good
Chemin des douaniers // Etoile de Mer // + anti-mosquitos // water // earth // excavate for stone + raw concrete // sea
July 19, 1952 // Ajaccio
give Claudius 1 . . . B or C

803
for Roberto // attention to transportation from Station to site Extract on the site the necessary gravel or aggregate for concrete
July 19, 1952 // Ajaccio
the sea // dig here to obtain fine gravel and cellars or an efficient *pilotis*
make a quarry here and find the sweet-water spring with oil-fired pump
Pastor // Perrino remaining at the home of Barberis — godson of Pastor

804
Ajaccio // July 19, 1952
in sheet steel or copper hammered over wood

805
our airplane Ajaccio Marignane // Commanding Officer Perez // July 19, 1952

806
Etoile de Mer // August 5, 1952
2 guests // 2 parents // 6 children // 10 persons friends parents
2 bedrooms / 366 / 366 // 1 kitchen / 226 / 226 // 1 living room 548 // 3 × children 182 / 700
friends // section I // series
! → from A to B electric-current alarm bell
friends // entry
stairway raised // stairway lowered
brise-soleil / entry // sections 336 // 226 [=] 592 // or / 366 // 182 // [=] 548 = good
August 4, 1952 // reduced // children 3 times
sale: [prospective buyers] register we like [their] pedigree then among candidates selected: by auction

807
226 / 226 / 226 / 226 // 9.04 m. long
entry // bedroom // bedroom // alcoves with bedroom // exit

810
for Robert // Ingres paper

811
blue // blue spots // black // white // red spots // white // black // blue // black // red // green // black // white // green

814
Mr. Courant. // THREE-THREE = 3 rooms // 3 authorities // 3 months. // = philosophical unity? // among these gentlemen
February 23, 1953 with Grimault undertake Film "The Reconstruction of Saint-Dié"

815
Film Marseille Tati

816
Cairo. The almost-but-not-quite is everywhere Nothing exact, definite. I believe in the "house of the daughter of the sun" with Modulor and Climatic grid. As a rule, in ineffable exactness
Write Director of Archaeological Museum Delhi = idiocy of the Cairo Museum (architecture) = you don't see anything = shadow to reveal sculpture!!!

817
Cairo April 22, 1952 // many buildings 15 stories high of the São Paulo type. And by Beaux-Arts [architects]! The city spontaneously opens up toward tomorrow: army, police, automobiles, avenues, parks Poor France with her M[inistère de la] R[econstruction et de l']Urbanisme! These Frenchmen who don't travel and who believe themselves to be the Beaux-Arts umbilicus. // + Block AA(?) = approximate ...

818
Chandigarh rivers (dam) same problem as Lake Bogotá = vegetable gardeners. Get in touch with Australian agricultural engineer (fertilizers etc.)
Inform Jane Drew + Varma
Write to Sert [and] Wiener to establish contact with Australian engineer — Corbu // April 1952

819
Do 1 small exhibition on Chandigarh at the Galerie du Four with Hervé photograph after 1952 Chandigarh sketch + city grid and High Court plans. // enlarged and colored = big panels // of the Hand // G[overnor's] Palace
Under the honorary patronage of the academy of Good Ideas // L-C honorary member of the [Good Ideas]

F26

Cap Martin, September 1952
India
November 1952

Chronology
See F24.

Begun on September 28, 1952, in Venice, F26 includes the first allusion to a possible publication of the pocket notebooks under the precise title of "sketchbooks" (822).

While he was in Genoa on September 30, Le Corbusier noticed a special arrangement of alternating solid walls and glazed areas, and questioned the reason for its use (823). The following pages are devoted mainly to his work at Cap Martin and its environs, including a design to cover the railroad tracks, stressing the need for a ventilated tunnel (828), observations on the still untouched site (827), and suggestions for a stairway leading down to the sea (829); modifications also are proposed for the Robert Rebutato house (832). Several analyses of the site (833–835) and a project for Le Corbusier's own cabin and work hut (836) are followed by a sketch done in August, showing an informal gathering in Cap Martin with Robert Rebutato and Yvonne Le Corbusier (838).

Le Corbusier read in the newspaper of a suit filed against him by the society for the protection of the French landscape in protest against the *Unité d'habitation* in Marseille (837). The inauguration of the Marseille *Unité* on October 14, 1952 — exactly five years after the laying of the cornerstone — was the occasion for a solemn declaration of thanks to all those who had encouraged or participated in the completion of this work (840–842).

The second part of the sketchbook contains commentaries on Le Corbusier's fourth trip to India, from November 11 through December 18. Flying over the Apennines, he noted the contrast between the speed of the airplane and that of man: "If we have earned our wings, we have kept our legs and our eyes 1.60 m. above the ground" (846). A visit to Ahmedabad before arriving in Chandigarh allowed him to put the finishing touches on the projects under way there (847–849). Some thoughts on life, and on the meaning of death: "it is a normal and reassuring thing to die ... without requesting payment in the credits column," exemplify Le Corbusier's constant alternation between action and reflection — with the latter providing a necessary perspective at moments of stress (850, 851).

The signs symbolizing the philosophy underlying the creation of Chandigarh are referred to again in this sketchbook (853, 859, 875; cf. F25: 764, 769), along with the account of an interview with the chancellor of the French Embassy in Delhi (855). American civilization, the final product of the machine age, is contrasted with Indian civilization, which is based on spiritual values. It seems that France and India "have similarities in the nobility of their perspectives" (856). Thus, for Le Corbusier, the *Unité* at Marseille is a success because it has called forth a collective soul, a "communal pride, a communal thankfulness" (857).

More studies done on the site at Chandigarh give a better understanding of the relief of the land (860), a technical problem in closure (864), the need to isolate the Capitol complex from the city (866), and the materials used for the High Court (868). A comparison of the costs incurred in the construction of the UN and Chandigarh (861), projects whose programs and intended users were completely different, stresses the fact that Chandigarh was realized on a much more modest budget than that for the UN.

Le Corbusier had instituted a schedule for his trips to Chandigarh (twenty-three were made between February 1951 and May 1964). To identify each trip, the architect carved a symbol into a rubber eraser, and this was used as a stamp to mark any document related to that visit. The stamp for the fourth trip is shown here (863).

Because numerous drawings from the four trips to date had been lost, Le Corbusier was surprised to learn that the plan he had managed to complete in four short weeks (February–March 1951) had been traced on the ground by P. L. Varma and accorded contractual status. "Thus a capital is born in spite of the derision of vanities or of points of view.... The one responsible for this positive act is, in fact, Varma, the man without personal ambition, smiling, ordered, with [his] eyes set on high [goals]," wrote Le Corbusier of Chandigarh on November 27 (870, 871). Two sketches of bulls prefigure a series of lithographs published by the Crommelynck brothers after the artist's death (865, 869).

820

Cap Martin // September 1952 // INDIA // NOVEMBER 1952 // a compressed-air drill // F26

821

Don Quixote Pléiade translation. // (by Cassou)
Bellew UNESCO // inauguration // Marseille // M[inistére de la R[econstruction et de l'] U[rbanisme]
read *Our Town* by Thornton Wilder // Theater dixit Marzoli (Gallimard)
send Marzoli drawings on Siena // on Venice / Hervé
"Symmetry" for Siena // Sienese *Tavoletto* = the pink house
Venice September 28, 1952

822

Strassova organize with Marzoli publication of sketchbooks (dixit Rogers) // with Marzoli: the 100 drawings of Buenos Aires
Girsberger: Tériade // Volume V // prints for prospectus

823

Genoa
vertical sheds // glass // brick // Port of Genoa // glazing // very nice // under construction September 30, 1952 // extremities west side of the port // September 30, 1952 send 1 draftsman to Savona (Italian Riviera) to study the reason for the protection of a wall (tramontane?) ?) using schist, and glass enclosure on the balcony (Barcelona-type) (in Barcelona find out about *raison d'être*

824

The director of the Danieli in Venice asked me to sign his guest book. He presents for this purpose the page containing Walt Disney, Lord Mountbatten Viceroy of India the last third was [Le Corbusier]

825

Roquebrune // hotel in T... // Nat 7 // . . .

826

servants' eating room // sleeping // closed off // apartment for Milan 226 × 337 // 226 // on the scale of the *cabanon* at Etoile de Mer
on roof // rendered as outline of peaks // ask Nervi

827

departure 5:08 PM from Cap Martin // Friday / or 5:50 PM at Menton // from Monte Carlo 6:58 PM — // Paris 8:55 AM Saturday // 24,236 francs // or 6:35 PM via M...
see along the coastal road toward Cap Martin, the little private inlet (the first) all bristling with white and rounded rocks: vegetation succulents + arbutuses + little pines. Above the road aloes and Barbary figs // Go see that again at opportune time

828

Monte Carlo M. Guérin // engineer // Le Signe // 120 Avenue des Champs Elysées // Balzac 1399 // did the calculations — see him
150 meters / Loans // with that we have passed // ... with Pastor // 70 m. walk for Delphei is all in concrete according to the architect's plan
the covering for the roadway includes 7 bays // and make a tunnel ventilated against mass of fumes
Architect's contract = can be broken // — but Monaco law requires plan countersigned by Monegasque architect // they will countersign —

829

Roquebrune stairway for going down to the sea next to Del Mare. // a = coarse gravel coating // b = very fine [coating] // That eases the eye and slows the pace

830

Film Venice L-C
the braying of the ass with Hambidge's lines, the great palaces, the bourgeois on an outing with brilliance and decrescendo.
atmosphere rustling with repetitive music Webster Albert + Mozart + Bach
the cry of the gondolier "ho!"
the heart fills with tenderness
passage of 1 train (at Roberto's place) // recollection of the vanquished Cid, the hum of war

831

the dedication for Pacioli (see book) // in front of UNESCO Avenue Kléber
the Series of geometric wood engravings with Bach, Palladio then a grating sound (of a train taking a curve) or of chains aboard cargo ships) then death: the classic, then the Beaux-Arts (brayings) alternating with Bach and medieval fugue, walls, Palace of the Popes Marseille north facade // schmaltzy music San Marco cafés + November 8, 1952 // Try (?!) Altagor "Phonic scenery"

832

October 2, 1952 // Cap Martin // Roberto
suspend from the ceiling a system for a hanging hammock etc.
plain // concrete beds // unified plaster frame all around // or on the wall opposite plain = screen for family film projection

833

. . . / diving platform // House 5 / House 4

834

House 3 // House 2

835

House 1

836

stone // 366 cabin // the sea // cabin
B / 1 screen against sun // C / a work room [for] Corbu

837

October 3, 1952 Nice Paris Sleeping car: *France-Soir* announces: the trial of Le Corbusier's Radiant City which should have been decided today has been postponed until December 3, 1952 following the death of M. Texier President of the Society for the protection of the French landscape.

838

October 3, 1952 after a sketch [done] in August

839

Read Homer / Leconte de Lisle // translation // Empedocles + // Fragment from Heraclitus

840

October 14, 1952 MARSEILLE
Honor. Joy. Pride. // to hand over the *"Unité d'Habitation Grandeur Conforme"* // world's 1st instance of a modern kind of habitation ordered by the State free of any regulation // 1st stone October 14, 1947 // inaugurated October 14, 1952 // concordance of dates totally fortuitous
I thank the French State for having initiated this experiment
— All the Ministers for Reconstruction +
— M. Claudius-Petit minister for years, courageous and clear in his unflinching sympathy
to my collaborators workers and contractors — those who have helped us

841

To my friends and direct collaborators all present here: my true spiritual family: the young men on my team admirable for [their] devotion Wog[enscky]—Ducret, my secretaries, my draftsmen, architects, and engineers without whose integrity such a work never could have been completed. They had the confidence the faith and contributed the passion which alone can overcome obstacles
The work is there: *l'Unité d'Habitation de Grandeur Conforme*
Erected without regulations — against disastrous regulations. Made for men, made

842

at human scale
Made also with the robustness of modern techniques and displaying the new splendor of raw concrete.
Made finally to put the sensational resources of the age into the service of the Home — this fundamental cell of Society

843

Delegate's office // minister + prefect // Sasportes // Urb[anization] Marseille-Veyre // + surroundings // *Unité*

846

Madame JOB // "507 Le Corbusier" // Marseille = postal address of the mother of my godson // (October 14, 1952 Marseille)

November 11, 1952 Air India 3:45 PM Flying over the Appenines towards Bombay. // F[ond] d[u] S[ac] // the earth is brown, the leaves have fallen. From 5,000 m., the valleys seem fatefully dead between the sharp ridges of the crests. In fact there are men and women there, blue sky from below, up there, the clouds have a form.

   If we have earned our wings, we have kept our legs and our eyes 1.60 m. above the ground
departure Paris 2:10 PM // arrival Rome 4:30 PM!!!

847

Ahmedabad November 14, 1952 // Sarabhai
make planks concrete formwork // 6 or 7 or 8" long // 15, 17½; 20½ cm. // use the smallest measurements since that covers up
Stone floor university // greenish gray // 4 cm. thick cut up 2' × 2' or 3' × 2', 1' × 1', 1½' × 1½' for . . . // is called "MORAKHA" // rugth
bricks 5 or 4 cm. thick with troweled "flush" joints (seen at the university)

848

November 15, 1952 / Municipal Corporation // General meeting
   In 1 assembly there is the opponent the negator, bilious, violent, and who collects
museum. on trusses // + X / ventilation // awnings for the monsoon // facade // rooms of the museum

849

Gautam's house // his house wall is made // 10 [×] 8 approximately // of headers // mortar joints // very good
What if we made the lost shuttering for the Moni vaults of corrugated Eternit? // ... corrugated sheet metal // bricks

850

Ahmedabad / Write to Rudi Jeanneret Berne // do study of after-dinner Indian condiments: wood twigs, bitters, violence etc. betel [leaf] (red // saliva). // The thing // of the tiger who cleans his teeth

November 17, 1952 5:50 PM Ahmedabad–Bombay plane // the night of the 12th–13th at the West End Hotel impossible to sleep because of time change I saw clearly: There are men, often vain, who manipulate the arts and thought or the pen and who ignore the physical laws and the slowness of humans to create to fabricate something through coordination, solidarity. It takes a long time. You must be patient. And after all you realize at the first turn (the stars) that you are not made to understand everything and that it is better

851

to do [at all] than to do nothing. And to know that one will die and that having lived a life, it's a normal and reassuring thing to die. — as everyone and as always and without requesting payment in the credits column to be transcribed page 2 or 3 of the Black Album II West End [Hotel] // 6.50 [f.]

852

Bombay. The sun touching the horizon around 6:05 PM Dusk will be over around 6:25 PM = almost no twilight.

853

the signs // A / the 226 in metal // at B an amplification in exposed concrete + the spiral
or // with square plan // the 4 cardinal points of the *brise-soleil*
. . . is necessary // useful shade // are achieved every 24 hours / and the . . . // . . .

855

November 19, 1952 Delhi // French Embassy 9:30 AM with Chancellor X (?) L-C in the complete bankruptcy of America (moral and living) we see the failed conclusion of the machine era No. 1.
   Asia, India appear with a symbolism of the heart — Christ + their own — cosmic (nature) — implanted upon a code of signs = freedom within a human-cosmic order — the Nehru interview (Album) rosebud on brown silk jacket. Harmonious office corridors + anterooms palace of Parliament beautiful architecture (Lutyens) the doors purple and gold. Visitors neat etc. the atmosphere cultured and refined

856

I think of Warren Austen // of Harrison. without morals // of this disorder [in the] USA
Who will benefit from the finesse of French *haute couture* or from the distinction of Gira? What is the valid standard from now on. Men's clothing too. M. Homais or Eden, or something else?
These are no longer intellectualized points of view, but different cultures (India, USSR, USA) France and India have similarities in the nobility of their perspectives. Society prohibited the color which belongs to light

857

Marseille triumphs: a soul immediately appeared. 1st step at the kindergarten: the mamas get to know each other: For and at the inauguration: a formal declaration of private and communal happiness, a communal pride, a communal thankfulness (a gratitude) (the women embraced me)
Delhi–Chandigarh road // jeep November 19, 1952

858

November 21, 1952 "We are ants" Thapar dixit. We do not have machines but arms. The human teams of the most notorious and perfect Taylorism but without machines: men, women. Children everywhere
— one can create Chinese // Florentine // or Vauban gardens

859

the instruments of progress and of culture // (differential) alternation // master of all // nuances // the 24 hours // the 4 *brise-soleil*

860

hill = = 226 // that puts us right at home at the Capitol

861

Attention // the construction of the UN Headquarters costs 65 million dollars
the construction of Chandigarh // 80 million rupees for the develop[ment] of the site and of the Capitol + social services, schools, police, hospitals for 150,000 inhabitants // 80 million rupees for the housing of 3,500 families = 18,000 inhabitants add the 2
total 160 million rupees = 32 million dollars
this allows Punjab to provide its government with a Secretariat of 4,000 people for 2 million dollars

864

Steel shuttering plates // 4' × 2 / 5' × 2
in India they work from 10:00 to 5:00 so the nice hours of the morning and evening are free

866

Attention! [On the] city side, the Capitol must be enclosed by a continuous glacis [consisting] of a horizontal embankment / (hide all construction of the city)
here horizontal glacis // very important // glacis // Landing // Court // magnificent view // a wall only 140 [cm. high]

867

a single line

868

for cutting // urgent // make two samples / planed // not planed
Materials High Court
Raw concrete made with planks 12 or 15 cm. // vertical / horizontal
gunite / whitewashed
Exterior floors hall verandahs // portico / = stone
Interior floors Courts brightly colored carpet

870

"Misery and military glory" . . .

My drawings made during 4 visits in Chandigarh (an enormous mass) I had them rescued from perdition gathered up as a wad of torn, crumpled papers in pieces. The dry climate having helped and the negligence of the caretakers and of those who have the responsibility for their supervision, they are all but crumbs now. We unroll them like the papyri of [Tutenkhamon], they crumble

The miracle is that the city had been drawn on the ground by Varma following my plan and that this plan done in a lightning stroke in 4 weeks (February March 1951) could have the value of a contract since I had had it endowed with 4 signatures Mayer Corbu Fry P[ierre] J[eannere]t

Thus a Capitol is born

871

in spite of the derision of vanities or of points of view in presence, it turned out after all. The one responsible for this positive act is, in fact, Varma, the man without personal ambition, smiling, ordered with [his] eyes set on high [goals]. // (November 27, 1952 // Chandigarh During this time museums dream of acquiring original drawings of L-C.

And Washington pursues me with its rancor UNO, UNESCO; and l'Ordre des Architectes in Paris

872

left / A / the sterile and false pursuit of an extreme truth = betrayal of man // right
see on back
G / time // contingency // N, etc. // M — from M to N, etc. // each day, each year, each society contributing the momentarily equilibrating solution
At G = time always new mobile
At H the variations of contingency
At I the place where man lives, always a momentary equilibrium

873

For the UN laboratory Chandigarh / Weissman // Corbu will seek a Western or Indian guy who will direct and supervise on the spot at Chandigarh the systematic experiments (perhaps the second from "non-Ahmedabad) (?)
on the other side / toward thinness / = toward the minimum of substance // = exhaustion
toward height and toward depth // in section. F

876

La Sainte-Baume // Saint-Maximin
Gira, write to propose [to him] Publication Corbu translation by Ahmedabad Cultural Center
Weissman / Rangoon // demand English stratospheric airplane then Air France
Paris / Karachi / Calcutta / Rangoon // Air F[rance] ??

F27

India November 28, 1952

Chronology
See F24.

Dated between November 28 and December 20, 1952, this sketchbook complements the preceding one, a portion of which was devoted to Le Corbusier's fourth trip to India from November 11 through December 18, 1952. The architect remarked on the important role played by engineers at Chandigarh, while wondering if the personality of Varma was not perhaps the real origin of this creative effort (878). He took notes about the quality of the temporary village (878), about a possible solution for working-class neighborhoods (883), and about the use of color on laborers' homes (885).

The application here of the Modulor, "the miraculous friend" (891), seems as always to have been decisive for the author, since it permitted the "realization without any mistakes of the reinforced-concrete plans of the High Court . . ." even though they were drawn "without one single dimension, except on a small section" (899). The Modulor will therefore be included among the "signs" for Chandigarh (902; cf. F25–F27). The architect sketched the signs again here (880), and described their power: with the aid of a sign, "thought takes a leap forward; it has liberated a space, an expanse from then on qualified (signified) by a term or mark instantly understandable by anyone" (895). He also expressed concern that the three senior architects did not understand his intentions (896).

This trip to Chandigarh is once more the occasion for on-site studies, including the creation of an earth platform near the Open Hand (886); courtrooms in the Palace of Justice (887); the rhythm of the facades and fenestration of the Palace of Justice, the Secretariat, and the Mayor's Office (888); and circulation (890). There are sketches for the Open Hand done from gouaches executed at Cap Martin (894), as well as notes about a sightseeing tower (902, 903, 920), land-use law (906), and a tree-planting grid (910, 915). The architect continued to think about the upcoming exhibition at the Musée National d'Art Moderne in Paris (919), and stated again the need for a book on his artwork (918–920).

There are numerous preparatory notes for a planned but never published book to be called "Le Fond du Sac." In these he analyzed the failure of the plan for Saint-Dié (889) — misunderstood in its time — and considered the phenomenon of creative maturity (896): "We become acrobats of invention, ideas, thought, doing our exercises each day, achieving an intensity of suppleness and richness. We hold back, we are ready, we are coordinated. It's the reward of age if one has not grown old: one blooms." He decides to make India the setting for his book, emphasizing human values and concluding with the signs (907, 908).

Flying over mountainous regions north of Genoa, on the way back to Paris, Le Corbusier notes that they illustrate the implacable cosmic "law of the sun" (914). Over the Alps, he avows the horror he has of these mountains, which, in spite of their reminder of "fatherly devotion" (cf. E23), leave him unimpressed (924).

877

INDIA // November 28, 1952 // F27

878

Chandigarh November 28, 1952

The civil engineers here have very important tasks (where is that Varma who inspires everything?)

The temporary village is occupied. It is worthy of masters. The laborers live sumptuously = solely as a consequence of a noble thought (Varma)

The gardeners plant trees, take care of them, hedges, flowers. There are rules: gutters water the plantings interior // laurels // street // flowers // flowering trees // laurels // the gutter fills with water from time to time

880

urbanism is a biological organization

883

"the sheep" are the solution of working-class neighborhoods // Chandigarh December 2, 1952
Definition of sheep // a / entrance // b / house // c / door onto the "sheep"
the street

885

Varma the laborers' houses must be painted white and blue

886

governor // the Hand // raised platform

887

High Court // courts

888

December 4, 1952 // High Court // + Secretariat // + town hall
air // glazing // air // office
glass // glass 113 // verandah // glazing
door

889

F[ond] d[u] S[ac]
urb[anization] Saint-Dié // 8 "unités" in 1946 But Marseille was finished in 1952 So the proof did not exist and the assholes could shoot their mouths off + La Rochelle the 6 Unités
the architecture (same problem as Marseille = 2 ozalid prints for the same fee He adds you can rectify [things] as you see fit I will accept everything!
To piss by the artery or to piss by the MMi? That is the question = Chandigarh urb[anization] // reserved lanes V2 Cap[itol] with the combination.

890

mixed / V5 // V2 Cap[itol]. / idiotic
bus route

891

at Chandigarh the Modulor is in my hands, the miraculous friend. I invent in 5 minutes the standard for windows and doors of the City Center + Secretariat + High Court + all the buildings from the cheapest // perspective // to the hypothetical outfitting of the Morgan bank Pierre is exhausting! = the best of guys!

892

cut [down] 2 poor mangos

894

In the Cap Martin gouaches August 1951 the hand has this proportion = very big with respect to base

895

The Signs! when the mind can conclude by a sign which henceforth will have for it (and for others) something like an algebraic value, then thought takes a leap forward; it has liberated a space, an expanse from then on qualified (signified) by a term or mark instantly understandable by anyone
This for Urb[anism] // [for] architecture // [for] painting // for dialogue // [for] exegesis // [for] essay [writing] Here →

896

Here at Chandigarh, none of the 3 senior architects has the least idea of the Sign. More than that, they bog it down almost frenetically: for the sake of Safety. SOS. Save our Souls!
— Failure of intelligence.
December 20, 1952 Rome Paris plane // 10 o'clock in the morning // F[ond] d[u] S[ac] // Passing (directly) over Genoa: We become acrobats of invention, ideas, thought, doing our exercises each day, achieving an intensity of suppleness and richness. We hold back, we are ready, we are coordinated. It's the reward of age if one has not grown old: one blooms And this goes from the worrisome detail to a certain view of problems and things

897

speech to engineers and architects of Chandigarh.
1 / Happy to greet all [of them] // 1st great experiment in collaboration = builders // = dialogue // dialogue = balanced solution = art wisdom and imagination
2 / Chandigarh CIAM group // architects and engineers // 2 delegates to the CIAM congress. // send them to me for explanation // Chandigarh Group awaited by the whole world but lazy, haven't budged.
3 — The Urb[anism] grid // — the Architecture grids // — the Climatic grids // = at night, fog upon the urbanism and the architecture of Chandigarh
you swim

898

with buttress

899

Modulor
Pierre dixit: Modulor permitted the realization without any mistakes of the reinforced-concrete plans for the High Court by the engineers The totality of my plans being without one single dimension, except on a small section 2 vertical lines of dimensions reproduce some L-C plans [for] Ch[andigarh] High Court including the little section

900

Question: a cow from Normandy comes as a tourist to see the cows of Chandigarh (in front of the architects' office, for example)
the problem is stated: the Normandy cow brings unhappiness. The Normandy cow goes on to Princeton The Farce of Chandigarh

901

the containers: "they save all the cans" // the supple and strong container
the "Zipper" of the trousers // Fernand is afraid that that will catch

902

the little lookout tower is 11 m. high. pink brick. Open at the top // very pure forms are necessary
the tower of the 4 horizons
the Modulor on the Esplanade // *Attention* Color // we could do concrete + ceramics.

903

Sheet iron // wood will dry out and will be easily removed // one unscrews [the screw] one disassembles one removes the plaque

905

the brick kiln. the draft is conducted over 100 m. of bricks being fired (2.20 [m.] high) the best draft obtains in very hot weather
firing 30,000 a day 12 days of cooling . . .
64 feet of coal from a / to b /
here the unfired bricks at t = vertical corrugated metal sheets
mound // empty ditch // air supply // etc. // 250' = about 80 m.
at birth
sheet-iron chimneys 10 m. [high]

906

that draws on an origin situated over 100 (in VO "the land ordinance (from Algiers '42) is made a reality in Chandigarh (Jane Drew) // guy-lines // request a copy of "plan addendum" with master contract constituting land ordinance.
"the passionate public employees" // Pierre Fry Drew // imagine them intervening at Courteline

907

the book // begin with the Thapar interview // Weiss-
man // UN $65 million // Chandigarh = 30 M[illion] //
(date) // Paris 1946 / Headquarters commissions // 1,500
plus part // same speech
F[ond] d[u] S[ac]
Today I invented "the orderly anarchists" aimed at Fry
who isn't one. He was thrilled by

908

the invention, confirming him in his certitude regarding
"anarchic order" // December 15, 1952
the 4 men from Nantes on October 14th, 1952 at the
Marseille Michelet canteen // *F[ond] d[u] S[ac]* // Chér-
eau // + the President // + G... // + Mme. Chéreau
F[ond] d[u] S[ac] // use India for the unity of place in the
book and apply to it the human values. finish up with
the Signs / a) cosmic // b) measure // c) choice // (receive
and give)

909

profile A // [profile] B

910

December 17, 1952 // Jane Drew + Pierre. / The young
architect (new) had promised me (at the sports party) to
provide me with information on activities (dances, vil-
lage theater, etc.) for Leisure Valley
On the road to Delhi we encounter troops with mustard
green equipment drawn . . . "new war" They are Mon-
gols [with] narrow eyes.
Attention in the tree grids, have we put palms?

911

On return Urgent // immediately consult the Paris bus
company to settle firmly the stops and routes of the
buses at Chandigarh // Tel. . . from Pierre to V. . .
This yellowish Stone from Delhi is not very beautiful
(mud color) Would be better [to use] the stone that
comes from Simla —
— S... Nehru's Palace Kaul // the corridor paving with
red and yellow design in these 2 stones is awful!

912

in the Hall of Air India office Delhi // the magazine *On-
looker* shows groups of these ladies wearing low neck-
lines: business, industry, police, diplomatic [corps] of all
nations. Caught in the raw light of the flash with worth-
less bosoms and eyes like drill holes and all that shit
surrounded by the advertisement of "Modern Times"
alas . . .
   All that after the Chandigarh Delhi road and after our
intense intimate preoccupations with decency, sobriety,
and . . . joy of living found in the truth of things.

913

December 17, 1952 // M. Kaul's study — at Chandigarh
there is a soul, and a soul forges itself there. The young
people who settle into 250 × 300, well
— Just as the young marrieds of the Phil. . . in the
Michelet *UNITE* will forge themselves a soul
Surely only adopt the raw gray-green stone from Simla,
and the other blue-gray [one]

914

Send Robert "Ambassador Hotel" // confirm (in English)
that my dream is to sleep in a modest hotel (Hotel . . .)
in the park
December 20, 1952 // Plane ... // Genoa on to Paris //
10:15 in the morning. we are flying over very hilly re-
gions / the northeast is white, the southwest is without
snow. The law of the sun is implacable a photograph
would make an impeccable cosmic map
F[ond] d[u] S[ac] // the towns and villages are on the
ridges over the whole country.

915

India. This country over which hangs uncertain fate:
water or drought. This landscape of clay carved by ero-
sion // the cosmic laws outside of Man [are] // The rule //
Man playing out his life amid this peril, without the
comfort of regularity
attention: Chandigarh trees // Avoid the trees uniformly
green and of a single kind as at New Delhi. On the con-
trary: make the trees bloom, arrange by colors, etc.
   Prepare to do plant-nursery work // (Varma write to
him)

916

ready to give birth! // Pig!
   December 18, 1952 // Palam Airport Delhi

917

December 18, 1952 in this season each village has its
crown of blue-green vegetable gardens in the midst of
the dry land of the fields all brown and yellow

918

Ahmedabad Hutheesing // plants very close to the tropi-
cal trees as at Tata's place, right in front of the win-
dows and on the roof garden
On return send Electa [publication] to Mme. Tata +
Mme. Currimbhoy + to the brother / address here at
the end
Put Sweeney to work on the Corbu book for Museum
of Modern Art // November 19, 1953

919

1 / 1948 mural photograph actual size
2 / *Poème de l'* < + / shown with all the pages
3 / Tapestries models + real ones
4 / urb[anism] // arch[itecture] // sculpture photographs
and drawings
5 / interior and exterior environments Michelet // + 24
[rue] N[ungesser-et-] C[oli]
6 / sculptures
7 / gouaches, silverpoints
8 / 24 paintings
9 / the 366 366 226 room // + the first 7 // all together
10 / Chandigarh Capitol
Exhibition Musée d'Art Moderne Paris 1953
ceiling // photograph 1948 mural // floor
the whole thing in exposed scaffolding + aluminum
plates + veneer + Isorel
at Tata's, Bombay December 1953

920

urgent / Send Xenakis on the Tour of the 4 Horizons to
end the *brise-soleil* question with exactitude
   Air India plane December 19, 1952 // 6 PM
— *Life* November 17, 1952 // International Edition // 1
article UN WORKSHOP // $67½ million // "After being
soothed throughout many earlier conflicts (France's
great Le Corbusier for instance, had to be talked out of
putting the Secretariat on stilts) the board went home
and left the job largely to Harrison."
Ask Skira Ach[ille] Weber or Tériade to do 1 book [on
the] painting and sculpture of Corbu for the Musée d'Art
Moderne exhibition

921

600 76–77 — TRAFFIC // MR. CHIMAN LAL
18½ hours Bombay–Cairo plane December 19, 1952.
From Chandigarh fervent, unsuspected, unconscious
chapel again came into contact with the world, French
Embassy by means of *Life* one issue and [*Paris*] *Match*
1 Issue = the fall into the banality of excitations, the
brutal appearance of the banality of curiosities. I have
eyes and heart still full of the power of the cows and
buffalo, of the birds, of the peasants, of the women on
my High Court site. It's a civilization!
   Yesterday evening, at Tata's home, in my bed, I looked
at *House Beautiful*. The whole thing in color and with
advertising. Awful and empty, hopelessly.
   This evening, it's *Life* with Harrison and his UN — a
despair of imbecility "We were not trying to make a
monument but a workshop" // My eye! It's precisely the
idiocy of the monumental that smothers us in that mess

922

F[ond] d[u] S[ac] // send to each one an Electa [publica-
tion] MRS. Y.A. CURRIMBHOY // 91 WALKESHWAR
ROAD // MALABAR HILL // BOMBAY
MRS. J. R. D. TATA // "THE CAIRN" Thelly Tata // AN-
STEY ROAD // CUMBALA HILL // BOMBAY 26 // *F[ond]
d[u] S[ac]*
ALTAMONT ROAD // BOMBAY

923

French Embassy // His Excellency Ostrorog // 2 Aurang-
zeb Road // York Road // York Place // Kingsway //
Queensway // Kaul // Tele. . . Barthelemi about visit [at
the] Ambassador at 5 o'clock.

924

Flying over the Alps. I hate the Alps. There is in them
only the randomness of peaks = arithmetic; of altitude
figures
   Then landslide, pile-ups of earth. We passed Mont
Blanc and some prisms which remind me of paternal
fervors.
   — And there we are above the sea of fog with a
green stratospheric sky and no more horror and chaos.
Alps = good for some [people] // December 20, 1952

925

INDIA // December, 1952

**India May 19
June 1953**

Chronology

1953

Ninth CIAM conference at Aix-en-Provence.

Fifth trip to India, May 22–June 20.

Construction begun on the Chapel of Notre-Dame-du-Haut, Ronchamp and on the *Unité d'habitation* at Nantes-Rezé.

Painting: *Arbalète* and *Taureau* series; *Icône.*

Sculpture: *Femme* number 12, polychromed wood.

Tapestries executed at the Ateliers Picaud in Aubusson: *Les Mains, Les 8, Trois musiciennes sur fond noir.*

Exhibition of paintings and sculptures at the Musée National d'Art Moderne, Paris.

On his fifth trip to India, from May 19 to June 20, 1953, Le Corbusier began his notes with a detailed plan for a book on his artistic work (928) and continued with studies of a specific theme, "the guitarist" (929–931), which was to inspire the *Arbalète-Londres* paintings, each one of which was a variation of the initial sketch.

In the light of their different purposes and of the different populations the buildings were to accommodate (932; cf. F26), Le Corbusier continued to be struck by the disparity in construction costs for the UN building in New York and for the Capitol at Chandigarh. The airplane trip provided a period of meditation: "I am in a state of perfect equilibrium, perfect serenity, almost elation, at an altitude of 6,000 m., amid the noise of the engines, alone in seat number 1 of the airplane ... oblivious to the fact that there are any guys behind me.... Here I am in Paradise, in the air like a bird — and with a chance of dying from it! But this is one of the causes of this inner silence" (934). The author also remarked on a chance resemblance (which some would like to see as intentional) between the drafting tools in his studio and the tools of the Freemasons, whose tradition "goes back to the construction of Solomon's Temple" (933).

The exhibition at the Musée National d'Art Moderne in Paris was to open in November. Two pages of this sketchbook contain ideas for the organization of this show (936) and for its themes (937), "products of a pictorial effort made every morning for thirty-five years ... indissoluble unity of the poetic event made manifest through the tireless creation of visual objects.... Drawing, painting, sculpture, books, houses, and city plans are, as far as I am concerned, one and the same creative manifestation, in different forms, of the visual phenomenon" (Petit, *Le Corbusier lui-même,* p. 112).

The idea for a Le Corbusier Foundation comes up here (939, 940, 963) in a project which favored locating the institution in India (940), a country whose intense spiritual force attracted the architect. A rough concept for the foundation, which would inherit his life work, was analyzed during a conversation he had with Bhabha Tata on June 20, 1953 (963). There is an indication of Le Corbusier's prior concern with this project; it was the subject of a note earlier to Tata.

A drawing of the moon (944) made at Chandigarh was used later for a window in the south wall of Notre-Dame-du-Haut at Ronchamp. Notes on many topics follow: the need for a model of the Capitol and its buildings (947, 950); irrigation of the parks (948); creation of waterfalls (949); design of the area around the Capitol (951, 952) with special attention to visual proportions (953); plans for planting trees (956, 957). A few pages (958–961) concern the unrealized project of a house for a spinning-mill owner in New Delhi and the climatic constraints on its design. Other pages show the architect's keen interest in the house of the Indian industrialist Tata: interior and exterior arrangements (962, 965, 968) and multiple levels (965, 966). About the design of a compartment on the train between Ahmedabad and Bombay, it is noted that "the dimensions seem to conform exactly to the Modulor ... complete comfort to chat among four persons" (964).

926

INDIA // 19 MAY // JUNE 1953 // G28

927

LE CORBUSIER // 35 rue de Sèvres // Littré 99 62 //
Paris (FRANCE) // May 9, 1953

928

the sculptural and graphic work of Le Corbusier

L-C. Declaration = 1 page	2
Fardoulis: Contacts with others.	8
Jardot: history, Calendar	15
Sweeney: reappearance of proportion in the major arts.	10
	35
250 photographs over 180 pages	180
Total	215

In color: a fragment from Marseille
        a view of studio 24 [rue] N[ungesser-et-] C[oli]
        a fragment [of a] 1923 painting or La Roche
        a recent one: T 100 red Figure
travel drawings // 10 // purist drawings 5– // [purist]
paintings 10– // arch[itecture] 3– // urb[anism] 3– //
paintings 1928–30 10– // gouaches 10– // arch[itecture]
urb[anism] 6— // mural 10– // occupation 10– // tapestry
10– // mural 10– // sculpture 10– // synthesis of Arts /
10– // arch[itecture] + urb[anism] 10– = 127 // right an-
gle 5 // sculpt[ure] 10 // nature drawings 1905 5

930

Paris Rome plane // May 19, 1953
after: London: // May 12

932

May 19, 1953 // Plane Paris Rome Athens via Bombay //
Excerpt from a letter from Weissman UN April 30, 1953
1° UN Headquarters cost $65 millions // + 2 millions // 2°
Chandigarh according to Thapar should cost $32 millions
(160 million Rupees) // this covers: housing for 3,500
families of public employees 15 to 20,000 persons // +
community and social services for 150,000 persons // +
the Civic Center and the Secretariat for 2,000 employ-
ees // (Capitol)
These figures have been given by Thapar at my tea at
Chandigarh Th[apar] + Weissman + Corbu in December
1952

933

I read in Dubreuil (*Travail et civilisation,* page 53 — on
the theme: trade-guilds, that the predominent sign
among Freemasons and Guild fellows (= 2 different
things) who claim to go back to the construction of Sol-
omon's Temple, are the compass and the square
"carrying a clearly symbolic meaning." Now, at my
place, 24 [rue] N[ungesser-et-] C[oli], I have a nail + 1
T-square + 1 square + 1 compass + one big
carpenter's or stonecutter's compass which I had
bought at the Bazaar of the Hotel de Ville in 1932 (mov-
ing in 24 [rue] N[ungesser-et-] C[oli], and which happen
to be grouped there, quite innocently. People attribute
to me any number of rites, symbols (metaphysics, Mod-
ulor etc.) Bézard, Véga and others. But I am an inno-
cent: I come upon

934

certain obvious notions. This is all
  I am on the Paris Bombay plane, 8 o'clock in the eve-
ning, having left Paris at 2:00 PM. I am in a state of
perfect equilibrium, perfect serenity, almost elation, at
an altitude of 6,000 m. amid the noise of the engines,
alone in seat number 1 of the airplane up front, obli-
vious [to the fact] that there are any guys behind me.
  My being torn away from the life of Paris, (fatefully)
was Homeric. And here I am in Paradise, in the air like a
bird — and [with a] chance of dying from it! But this is
one of the causes of this inner silence.

936

Ex November 1953 // velum (brown canvas) at 4.50 m. //
photo mural . . . 7 m. // box 226 // velum forming the
bulge (hanging) // a / background black cloth // 2 tapes-
tries on top // b

937

November 1953 / Editions de Minuit
Crossroads 1 / the bowl + Acropolis sketches 1910 +
Istanbul. Balkan Brush
Crossroads 2 / 1922 the City [for] 3 M[illion], the poetic
rise of the skyscrapers // purist fragments / Architectural
polychromy
Crossroads 3 / 1928 Centrosoyus model . . . // Liberation
[of] painting / poetic objects / relaxed relationships // Al-
giers urb[anism] 1
Crossroads 4 / 1940 sculpture // 23 A UN // + Hervé
MMi series for the Chandigarh Site = materials
[Crossroads] 5 / 1950 the sun (India) painting color for
buildings // bestiary.

938

1953 / the tapestries = murals // + Chandigarh raw con-
crete // + whitewash // + tremendous rugs and hang-
ings // + schist / XXVII–II
+ partitions interior hall XXV–127 // + north gable XXI–
35 // + stairway [*mach*] XXV–68 or XXI // 170 // + *pilotis*
XXI–37 // + concrete texture XXI–285 or XXI–111 // *at-
tention* 1 good photograph phantom M = Hervé XXI–
125 / fragment // + Acropolis Roof XXVI–334 // frag-
ment // (crop bottom)
the crossroads // current pages // texts // full page with-
out margin = a fragment // urb[anism] // arch[itecture] //
painting // sculpture // confronted // text
Crossroads (–1) La Ch[aux-]de-F[onds] nature
drawings // the stock is at Paul Rosenberg's place (Bos-
ton residue) // + Perret // + Eiffel XIXth century of
steel // request photographs from Paul R[osenberg]

938

Chandigarh and Ahmedabad // hot-water reservoirs on
the roof in sheet iron or concrete heated by the sun =
Hot bath from the single cold-water faucet in Tata's
home–*Attention* cement paving of the roof make tex-
ture [like] Bombay or Rome or Paris airports = rustic
striation done "by dragging". The cement seems very
hard = special (?)
At Jaipur there is natural schist (very rough) which is
very nice. Polished, it's awful!

939

Corbu Foundation // Gropius / Giedion // Tata // Sarabhai /
Thapar

940

New Delhi May 22, 1953 // see Bank of Punjab
Building // National Museum // Tata's lot Parliament
street hotel and Insurance office // thank Kaul see him //
French Embassy telephone // Matter of Ecochard Thapar
regulations urb[anism] + Five-year Plan // Thapar Cli-
matic grid City Center five-year plan // (L-C message) //
+ the 7V // + // — Give the L-C Foundation to India (in-
stead of the USA) Indian Translation and publication (ar-
ranged) for the *3 établissements humains* + *Manière de
constituer une assiette* CIAM. — Corbu arch[itecture]
Indian arch[itecture] // — urb[anism] Corbu urb[anism] //
— Ecochard organization // — Weissman Tyrwhitt infor-
mation

941

INDIA. SCHEDULE
Thursday 21. Bombay with Bhabha. cooling for sun //
Water on roof // *brise-soleil* // Tata. Industrial zone of
Chandigarh
Friday 22 in New Delhi — Thapar finalization
Saturday 23 Delhi Chandigarh–Varma

942
attention acoustics? // purist

943
hollow

944
May 26, 1953 // Chandigarh // the moon // it's the first time that I <u>see</u> a face in the moon

945
thin mattress with cotton type (made by hand) // at Fry's home // for Jaoul son, children etc. // brick substructure // white cement coatings // for Jaoul

946
glass panel // reconstitution in 4th wall with dwelling or office equipment // June 13, 1953

947
urgent: make a model of <u>Capitol</u> for a lump sum for <u>Varma</u> // June 13, 1953 // + separate models of the edifices // payable he says in . . . pounds in London

948
Morocco // Varma I have much money for the garden. The garden will make the city
Make in the part <u>irrigation lines</u> like at Ispahan or [like] the Arabs or [like] Patiala

949
make cascades (Patiala) in the park // + a City Center // make large verandahs 12, 14, 15 feet deep. // <u>Varma</u>

950
or / A // but / *attention* // erosion at A
one must immediately July make a model of the cubes of the Capitol (in wood) + of the hills (in plasticene) // adopted // on incline

951
June 14, 1953 // it is absolutely necessary to close off the total horizon of the Capitol by means <u>of horizontal hills</u> // <u>But</u> on the side of the Himalayas it's admirable let the cultures and the flocks run right up against a parapet. But watch out the goats will come gobble up everything
height // anti // goats // goats // 5 to 6'
Between the Hand and the G[overnor's Palace] there are very handsome mango trees // on the other side the garden is completely <u>naked</u>, but the view

952
but the view of the existing village is intact and beautiful. The personnel of the G[overnor's Palace] (officers, military men // aides-de-camp // etc. shall be combined in front of or beside // the mangos in the basement

953
80 m. long // 3 bricks // = 22 cm. // here it zigzags = good // with 3 bricks which enclose 80 m. of sand that gives order and scale

954
see whether the arrangements are pleasant on the base of 140 [cm.] at A // urgent. / Samper try a 4th wall on this base of 140 [cm.]
27 could be a complementary ventilation (but ask a specialist)
Avocado wood

958
Bharat Ram // 22 Curzon Road // <u>New Delhi</u> // Spinning mill owner // June 16, 1953 // little houses // Kitchen // A // B private lawn // home // entrance // in winter it gets so cold that the kitchens are nearby because everything gets cold

959
2 stories required // required height of rooms = <u>11'</u> eleven feet // the road // lawn // A // the development // B // Jaguar automobile // 4 Bedrooms with 4 Bathrooms // 1 Sitting room // 1 Dining room / + 1 toilet / + 1 box room // 1 service room — / Kitchen very close by + 1 store room // 1 pantry // 1 coal room for fuel // 1 strong room

960
he doesn't like a big bedroom / 12 × 15' // 11 × 16' second floor // 1 — / but one perhaps larger with dressing room // 2 other ordinary ones for the children.
ground floor // 1 guest room downstairs // Air conditioned throughout using separate Carrier units or 2 or 3 larger units. // settled on 6% = twice 3% without taxes and the guy can't get money out
the lady of the house seems a bit <u>sharp</u>.

961
dining room // ''big'' verandah // sitting room // can be closed off with glass or some other [partition], for giving <u>parties</u> (in winter = closed + sun)

962
rafters and paneling // pyramidal roof 4 [sides] // little wood framework with wood paneling // covering of ? // wood paneling // My room in Tata's home

963
Corbu Foundation // June 20, 1953 // Tata says: must be international. I had sent 1 note to Tata upon arrival May 20–21 (ask him for a copy)
  He advises: Create a corporation whose capital consists of the objects in the collection (L-C thus gets a share when the corporation sells L-C ... <u>etc.</u> ask Tata) There is a scheme which provides life annuity for Corbu and immediate family. (Otherwise law = <u>indirect</u> heirs and calamities) To be set up urgently.
In the game. / Matarazzo // Carneiro Costa // Sweeney / + Claudius // Sert. Gropius // Giedion // Rogers / and ask Chéreau Nantes // Montmollin

964
Air conditioned // = green moleskin
Ahmedabad–Bombay train ''air conditioned car'' // June 23–24, 1953 // the dimensions <u>seem</u> to conform exactly to the Modulor
  It's 1 complete comfort to chat among 4 persons morning and evening
you roll out a sleeping bag = 1 flexible mattress 4 cm. [thick] + 1 wool blanket // B = door onto the platform // D [door] to toilet

965
A stairway / B covered Passage / D Sunbreakers = operating rods in bamboo // sheetmetal panel // wood frame // C little garden / E garden. / G the gardener plants in plant-boxes

966
D = Sunbreakers // E = rain-breakers (monsoon) // it moves about on hooks // picturesque gardens everywhere

967
attention the sunshade generously perforated // 1° for the breeze // 2° for the plants // 3° for the beds

968
Thelly + Mrs. Tocmé // send 1 engraving.
Tata house. // a) automobile entrance // b Dining room + enclosed terrace // c = guest // d = private // g = service

969
June 24, 1953 // Von // at the Sarabhai home they sprout lentils in a plate of water and they serve that as vitamins B? or C?
an amount like that // actual size

G29

**Aix, Cap Martin
July–August 1953**

Chronology
See G28.

Begun on July 21, 1953 at Aix-en-Provence, this diversified sketchbook is devoted essentially to research in the domain of the visual arts. It is a reservoir of forms, and as such it illustrates the working of Le Corbusier's own creative method as he described it on the occasion of his 1953 Exhibition at the Musée National d'Art Moderne in Paris: "The basis of my research and of my intellectual production lies in the uninterrupted practice of painting. There one must seek the source of my freedom of spirit, of my intellectual generosity, of the independence, the loyalty, and the integrity of my invention" (Petit, *Le Corbusier lui-même,* p. 112). An obsessional, though controlled, fanciful musing is revealed more clearly here than in other sketchbooks, which are more directly focused on architectural questions. Only a few pages refer to the preoccupations of an architect: instructions to his collaborators about works in progress (973), analysis of the lighting in the Cistercian monastery of Thoronet (974), study of a housing scheme "en coquilles" and based on the 226 cm. module (978, 980), various lighting systems (979), landscaping of the railroad near Roquebrune-Cap Martin (983), sketch for a private dwelling (990).

The birth and growth of the theme that was at the origin of the painting *Je rêvais* show Le Corbusier's continuous modification of form to a final expression in which the point of departure is no longer perceptible. Le Corbusier's own crossed legs (982), drawn as he reclined, are the prelude to a series of variations (984–988, 991) that utilize drawing as well as coloring and collage (987) to express powerful forces. Executed with a great liberty of form and color, these sketches led to the large paintings *Je rêvais I* and *Je rêvais II,* both of 1953. An ink sketch on this theme seems, on the other hand, to have been done after the series in color (1007). Another series of drawings (1003–1006), more directly related to the bull theme, recalls the years 1943–44 (*Cirque vertical, New York,* 1943; or *Cheval de cirque,* 1944); its development parallels the evolution of "the human bestiary" (cf. F24). A detail of a purist painting (986) recalls the large *Nature morte aux nombreux objets,* revealing the continuity of a specific theme over the years since 1920.

Le Corbusier's artistic expression goes beyond two-dimensional concepts and carries over into the sculptures he executed in collaboration with Joseph Savina in Tréguier: illustrations 1000 to 1002 refer to a project for a pivoting sculpture, while 989 is a drawing of a sculpture already completed (*L'Enfant est là* no. 9, 1951; cf. H30: 1015).

970
AIX // CAP MARTIN // JULY // AUGUST // 1953 // G29

971
LE CORBUSIER // 35 rue de SEVRES/PARIS 6 // Telephone: Littré 99 62 // begun the 21st of July, 1953 // in AIX // Finished the:

972
Vincent // give a postcard showing the dimensioned section of the Cours Mirabeau in Aix[-en-Provence] with the photograph on the obverse.

973
1 / Sert / Comm[ission on] Urb[anism] // the climatic grid // L-C studio // Missenard.
2 / Wog[enscky] / Michelet ceremony
3 / Sert // Giedion // Gropius // Rogers // UNESCO // CIAM
4 / Samper // Venezuelan report Metz
5 / tele[phone] Deferre Marseille mayor // invite him to the terrace Saturday // Nursery School quid?
Bonnaseraf architect Caracas associated with . . . Negro Costa
Amadeo ceramics exhibition // former Arts Faculty near the town hall
Amadeo // confirm by letter with Mayor Deferre

974
Thoronet // July 26, 1953 // everything is 10% illumination // everything is single stone // Thoronet Abbey (Var)

975
Exhibition November 1953 // Antibes Picasso
box 226 / 226 all black // all white / very few pictures // [very few] drawings // but frames [in deep sections] // and photographs [of] urb[anistic works] blocking . . . great monochromatic effect

976
July 27, 1953 (Nocturne at Etoile de Mer — M... ... Monaco illuminated) // Robert: last year I made 20 bottles of wine from the grapes from my trellis. One day I hear a tremendous explosion. I say: it's the war starting! — My wife says: "The Russians are coming: I'm going to pack my bag!" I go down to the cellar. It was my new wine that was exploding
Beacci painter of buildings: August 1, 1953 — Those things are the underwater winds that raise the wave and cause the surging!

977
Pottcher broadcast. Radio broadcasting for Nice // Write Giedion address of the 3 // Lemarchand put rhodoïde [plastic coating] on doors 9th CIAM festival // Radio Diffusion Française // M. Fabré / Société Générale des Emissions de Nice // port of Nice
Write to ask Friedrich Pottcher [about] the CIAM recordings Marseille

978
cacti // triangular grasses like Algiers

979
Prouvé window 1956 + Prouvé aeration
balcony
August 22, 1956 with Boesiger // diameter 295 and 366 // 5 cm. shell concrete + glass wool + wood veneer lighting with glass [pieces] in concrete

980
dwellings like shells [based] on 226 [-cm. grid]

983
or cover Nat[ional highway] 7 near La Turbie // N559 7 bis / old Monaco road = departmental road 52ª // SNCF? 1058 // CBR // M. Pascal surveyor for land registry

990
bamboo laths // cables // formwork of rocks and lime

992
matroil / light raw sienna light yellow or light ochre // pink // dark cadmium yellow // the whole thing very light including the modeling

997
August 4, 1953

998
the blue and the pink very light

999
I was dreaming . . .

1002
¼ turn // ¼ turn

1003
August 6, 1953

1004
August 6, 1953

1005
August 7, 1953 // it must be violet light cobalt

1006
here violet light cobalt // August 7, 1953

H30

**Cap Martin August 1953
Paris December 1953
Airplane Delhi January 16, 1954
Amritsar-Chandigarh
January 19–31, 1954**

Chronology

1953
See G28.

1954
Sixth and seventh trips to Chandigarh (January 17–February 21; November 9–December 11).

Completion of the Millowners' Association Building and start of construction of the Shodhan and Sarabhai villas, Ahmedabad.

Governor's Palace project, Chandigarh.

Start of construction of the Jaoul houses, Neuilly-sur-Seine.

Assembly of the construction shack (workspace) at Roquebrune, 15 miles from the *cabanon* in Cap Martin.

Publication of *Une Petite maison* (Zurich, Girsberger).

Painting: *Je rêvais, Taureau VII, Taureau VIII, Taureau IX,* and *Taureau X.*

Sculpture: number 14, *Eau, ciel, terre,* and number 15, *Femme dansant.*

Tapestries executed at the Ateliers Picaud in Aubusson: *Gentillesse* and *Nature morte.*

Exhibition of the *oeuvre plastique* at the Berne Kunsthalle and a general exhibition in the Villa del Olmo, Como.

This sketchbook, dated 1953 and also 1954, continues the research documented in G29 and records Le Corbusier's sixth trip to India from January 17 to February 21, 1954. Further notes on this trip are to be found in notebook H31 (volume 3).

On the first two pages (1011, 1012), the bust of a woman seated before a table is the pretext for a study in line and pure arabesque, whereas the following pages (1013, 1014) take up the theme of vacation units related to several projects: "Roq et Rob," "Rob," *Habitat en croûte.* Sculpture no. 9 of 1951, *L'Enfant est là* (1015; cf. G29: 989), is sketched with emphasis on its spatial quality; in 1961 Le Corbusier decided to double its dimensions (sculpture no. 21, second version). Studies for a "human bestiary" reappear (1016–1018, 1019–1021) in association with the bull theme. In preparation for his trip to India, Le Corbusier listed the materials he would need for his artistic activities there (1028), "since it is immensely beneficial to stand free in front of oneself and to open the floodgates of one's inner forces, which in this case are personal, wholly individual, intimate and without obligations" (Petit, *Le Corbusier lui-même,* p. 171).

Prior to a meeting with Nehru, the architect noted his principal concerns: the contract for Chandigarh, the setting up of a national planning office, the recent creation of an Indian School of Modern Architecture, intended to set for the world an example of cohesion and unity (1032). The following pages are focused more directly on projects under construction: the Palace of Justice (1037, 1038), various arrangements (1045–1048, 1054), the setting of buildings, characterization of the landscape through "entities: forest, plains, walled areas" (1041–1044), traffic separation (1055).

Le Corbusier observed Flag Day festivities from the point of view of a colorist (1040). Realizing the need for a kind of "intensity" to stimulate collective memory, he proposed the development of a "memorial" at Amritsar (1050–1052, 1054–1056) to serve as a symbol of Indian independence. "The space must be emptied so as to give it aridness and drama.... Make this the sacred place...."

1008
CAP MARTIN // August 1953 // PARIS // December 1953 // DELHI PLANE January 16, 1954 // AMRITSAR–CHANDIGARH // January 19–31, 1954 // H30

1009
LE CORBUSIER // 35 rue de SEVRES // PARIS 6 // Telephone Littré 99 62 // Begun at Cap Martin // August 15, 1953

1010
train 3 08 for Monte Carlo

1012
August 1953

1013
winds // toilets grouped by 4 // = not symmetrically 2 by 2 but each one independent // the gargoyles = easy. // 7 × 7 = 50 square meters
gargoyles // good // 100 square meters or 200 square meters // = larger houses // bad // good gargoyle // bad

1014
[upper] floor

1015
November 1953

1016
November 1953

1022
reinforced concrete // shuttering visible // glass // glass // can be opened // removed // folded back // thus: a + b remain closed against wind // c open to drafts // b / could be stationary

1023
for the inside masonry we could use pebbles from the beach
urgent summon Darnand here for hostel en croûte [shell construction] Delhi
go [to the] notary Monte Carlo // adjacent lot + my current share // prepare deeds // see Pastor first
no iron anywhere. Everything in wood // bronze and wooden hardware // ask Emery secret of locks // Casbah or Kabyles — // December 27, 1953 // Cap Martin

1024
Christmas New Year's 1953–54 prepare 1 Carnet [de la] Rech[erche] pat[iente] on the Unité [over the] holiday — publish and put the 5 [units] on sale // Editions de Minuit? // Take care of the L-C Foundation members? // On return check whether Yv[onne] signs text
Tell Wog[enscky] to summon Labbé Nice // to prepare ozalid prints with openings "doors windows"
yes Jean send 1 Domus here for Pastor Monte Carlo take to India January 14, 1954 // Summaries Esp[ace] ind[icible] // Editions de Minuit

1025
for the [European] Coal [and] Steel [Community] // Philippe Serre
public space // the element in sheet iron folded in one operation
Write Bouxin the travel agency not in agreement = tours badly done. Furnish an apartment (Michelet) // give 1 booklet folder // pay 100,000 Corbu (Strassova) // Series [of] Marseille Postcards [published by Vincent] Fréal
sign // Boesiger begin Volume 6 Michelet

1026
drawn iron tube 160 mm. [in diameter] used for draft of furnace F (ask Jane Drew English system) // white for lighting // attention // good surface with fixed glazing // it's dark in the cabanon in wintertime // should double the north windows // sheet iron pan for ashes

1028
take along Black Album 2 // Henri order 3 sketchbooks // size(!) // box of pastels // colored crayons // sketches of ancient arts etc. // tele[phone] Strassova [18 M] Girsberger // Museum of Modern Art

1029
Attention return [from] India. // Investigate which colored paper black // . . . // vermilion // green // blue // was used for the Fernandel poster Public Enemy Number 1 / Fence [at] 161 Boulevard Malesherbes // buy [some] and make paper graphic designs [for] tapestries

1030
A / road // Rail[road] // water (Durance? // = 1 hour by plane from Geneva via Rome // January 16, 1954 Air India

1031
it must be [Alpilles] falling on the plain with stream and meander // this drawing is 1 detail of the preceding one the villages are all on the ridge as in . . . // water // earth // wide Thalweg // Zone A // Earth

1032
Nehru // 5:00 PM // January 18, 1954
A / the Chandigarh Contract / a / continuation [of my role as] Adviser // b Construction of the Capitol // 3% everywhere // Lutyens 12% // I am not opening the file [on the] Governor's Palace without signature [at] 9%.
B / A National Office for Urbanism // Doctrine // on the 3 établissements humains // L-C Adviser. Office by Ecochard and his team in Delhi // take along: 1 Governor's Palace Plans // 2 Chandigarh contracts
C / Indian School of Modern Architecture = / Ahmedabad // Chandigarh / J[eannere]t // Fry / Drew // + urb[anism] Ecochard // = it's in the works // objective: give cohesion = an example to the world "of Unity" // bylaws / Mayor // Hutheesing / = exception for experimental building sites

1033
January 18, 1954 Assurance [Company]
service road = back // = facade Governor's Way // Parla Avenue = facade // Co... = facade
We build on pilotis, we enter into the buildings from all sides through pilotis // New Delhi
the supervising architect is the uncle of the young man replacement [for] Doshi
10 million rupees = 700,000,000 francs // allocated but it could be more expensive // Foresee stages × 3 times the cost of the masonry // 70 feet high = 2 billion @ 3% = →
Contact with M. Shah (BK) Director General Manager of New India Assurance Company, Limited // Mahatma Gandhi Road // Bombay // refer conversation with M C... in Delhi January 1st.

1034
There exist in Delhi 4 old fortified military buildings with gates of (volcanic?) stone // it constitutes the ground of Delhi. // brown, gray etc., mixed, with which one could do "works" similar to Nantes Rezé!
2 Billion // 2,000,000,000 // [÷] 3 = 60,000,000 // = 60 Million

1035

January 18, 1954 Nehru // send him *Les 3 établissements humains* // + *May* 7Vs
Track down the propositions [of] Giraudoux 1939 + Latournerie in order to recover the precise term

1036

sheet iron // grill // fireplace // Maxwell Fry // Hotel Chandigarh

1037

Malhotra / January 21, 1954 // High Court / Start up the fabrication of ceramic [elements] // *brise-soleil*

1038

6 employees // upper-level employee // idem // judges below

1039

a / door // b / rolled mat for closure // c / blue awning below = indigo = fixed color // e / yellow tubes = poles for stretching the awning

1040

observed: Flag festival January 26, 1954: // very pale blue sky: the little paper flags colored purple, carmine, yellow, ultramarine, green violet swim adorably in that pale blue which can replace the traditional white as background // the flag // orange // black wheel // white // cobalt green // very handsome in the very pale blue

1041

National Park // in the background . . . // plan // the end of the park // view A // view B // C / walls 226 [cm.] high // esplanades // = plazas for various festivals according to the hours of the sun // the park

1042

a brilliant metal // + color // stainless steel // = bayonnette!
think of the "obelisks" // view upon arrival crossing the river, before Chandigarh // pierced // verandahs protected with canvas of various colors = t // apartment
see "Black Album 2" page // private stairway for climbing up to the roof // an apartment [of the] Governor or another

1043

the wheel. // etc. // various // either glass on cement or shiny ceramic = that snaps in the sunlight

1044

passage // National Park // create entities: forest of palms // [forest] of this // [of] that // plains, areas enclosed by walls

1045

M / make 1 wood template on the spot of the gargoyle (protruding)?
M / are there parapets library? / empty = better
M / check the height of the Hand using a stake in place the earth + grass rises obliquely behind // covered parking lots from A onward = leaving AB free

1046

January 27, 1954 // V2 Capitol // interior niches [of the] end wall High Court. / facing = gunite // concrete // try gunited ridges = rough // 1 hollow
Pr[abawalka] // Leisure Valley bridge // V3 Erosion // square brick piers not rounded

1047

entrance High Court // *rues intérieures* Capit... // A = luminescent + projector

1049

the duct // A = the electic panel (switch?) // B = the 2nd flight of the stairway // C1–C2 the duct // T = pipes passing through exposed

1050

Amritsar "MEMORIAL" // 1919 // April 13 = Indian calendar = New Year's Day
January 29, 1954 // Amritsar // entrance of the English General a–b to be preserved as is = + loggia b // there were (and still are) some big trees // the ground was bare // They propose to open 1 [of the] two side entrances (I do not agree // P the well in which many victims were drowned (to be preserved but remove the architecture which has been added since
the trap must be evoked = locked enclosure // the general bringing in his troops and slaughtering 2,000. The space must be emptied so as to give it aridness and drama

1051

The ceremonies of "National Week" must be made possible // April 13– // — Convey solemnity by emptying out // — But preserve and arrange places from which you see the sacred spot // And locate, evoke Indian Independence
Have a *Campo Santo* of Independence with the men and the events evoked and perhaps the power of //
No??? / past Hindu civilization (?) // (The great principles, ethics.
Make a survey of all the old trees. Make this the sacred place of Indian independence
the various houses which may become modern tacky // to insure the surroundings / here the place [for] a wall // trees closely spaced and clipped at the top

1052

clipped trees (behind // the variable silhouette of the houses // the wall // 1 hour later tour of the Golden Temple (Sikhs) // B3 // B1 // water // G // B2 // answer to my intention for Memorial, i.e.: a pure square of water + the temple in the middle. Borders B1 B2 B3 B4 are accidental silhouettes.

1053

yellow // white

1054

the traffic circles of the V3 33 cm. [high] (not height of the sidewalk) Then that makes volume
Ground and theme, all in red stone (?) = Memorial January 1, 1954

1055

The [*noria*] for (Memorial) // (bronze mast + the source (well) of the massacre water flows henceforth without cease.
1 write Varma letter = Governor's Palace // 2 [write] laborers' villages // call attention to my '51 plan // 3 V2 Capitol by units // 4 City Center // Imperial Bank // 5 V2 station / commercial agencies // 7 the gates of the city 9 the first extension south of the market hall // 8 No! = the new sectors will swell the first stage // 9 Central Market + sectorial market (Bogotá) // 10 the V4's have been sacrificed

1056

Amritsar
perhaps the water will flow from the wheel in a closed circuit with the well
the [*noria*] is evoked by the 3 non-connected elements see also sketchbook 1954. February 1 Chandigarh page 35

Saturday / have plans deposited in Paris Hôtel Napoléon after 8 o'clock // Kalka

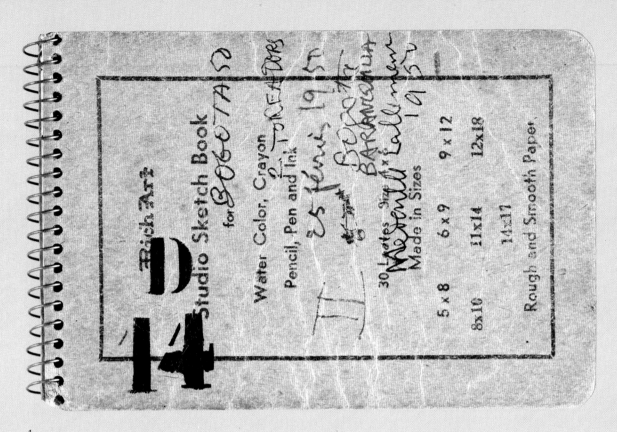

1
BOGOTA 50 // 2 TOREADORS // II / 25 février 1950 //
Bogota // BARANQUILLA // Médaille Lallement //
1950 // D14

2
"Fin d'1 Monde" // les 172 intervales du modulor //
voyages interplanétaires

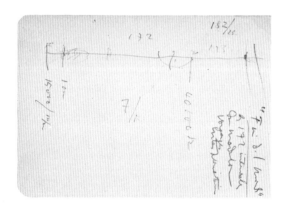

3

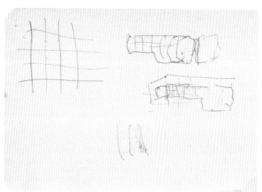

4
cellule 226 // bonne épaisseur // (8 cm. le min.
verre // panneau plein ou en lattis // ajouré éventu-
elle ... // en bascule avec levage Système Wanner
verre fixe

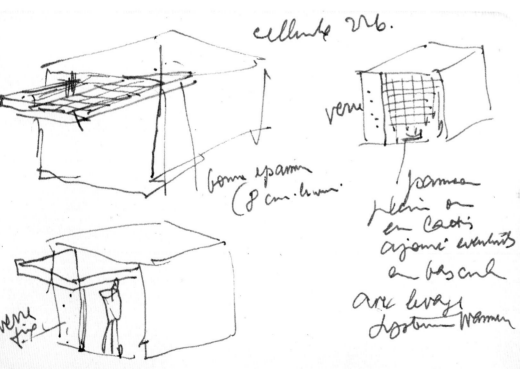

5
Marché de Baranquilla // les g^{ds} Ecoles ont tué la vie
et la culture profonde // (bâtiment du marché avec
colonnes Corinthiennes polychromes en travées.
Magnifique // autre marché avec toiture fer vaste +
tôle d'éternit peint gris ou ocre rose étonnant

6
de légereté et d'efficacité // la sortie // les casitas // le
ciel // le bal / à Puerto Colombie
Ce sont les nègres de Baranquilla // qui donnent la
note juste // La vie
Tout est peint magistralement. les pauvres types en-
voient leurs peintres / dans nos académies

7
Exploiter les richesses naturelles dues aux forts
contrastes
1 Régime des eaux = fleuve pompes, jardinage ∥ irri-
gation à l'arabe
2 Régime ombre soleil = créer les conditions phy-
siques (centre de physique ''à la Claude''

8
le palmier ∥ boussole

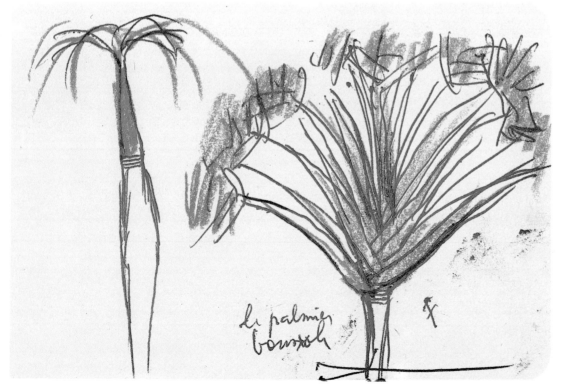

9
ENRIQUE ALVAREZ // Soledad // Aeropuerto = // B /
QUILLA-

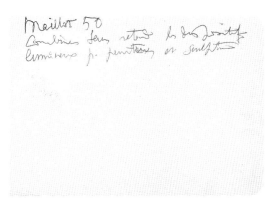

10
Maillot 50
Combiner sans retard les dispositifs lumineux p. pein-
tures et sculptures

11

12

avec honoraires de Baranquilla acheter une ferme
environs de Paris p. être tenue par dessinateurs à tour
de rôle et Corbu + Yv, y aller de temps à autre (pour
tel ou tel projet) J'ai promis à Wiener de lui consacrer
une petite pièce "ad perpetuum".
Attention // promesse sentimentale et solennelle

13

les kidknappers :
Elberto Gonzalez - Rubio architecte // celui du MIT
Boston : Apartado Aereo 126 // Baranquilla (Colombie)
Son ami Roberto Mac Causland // Calle 75, Bolevard
Norte // Baranquilla.
Le maire // Alcade : Ernesto McCausland M. // Alcade
de Baranquilla // Carrera 53 N° 70-161

14

Attention Piscine Marseille
  Celle de Baranquilla est revêtue de carreaux de
ciment vert "baryte anglais) valeur 50% = assez sou-
tenue, ce qui rend l'eau verte et profonde et
d'apparence propre // avec lignes noires 10 cm car-
reaux de ciment

15

Bogota. / 1 centre civique // 2 quartiers ouvriers / ver-
sants // plaine // le feu // le foyer // 3 le Marché // =
chantiers CIAM d'expérimentation

16

Baranquilla : 1 technicien de Baranquilla me sera
envoyé en mai et juin

17

Architecte Rotter de Bogota auteur de l'édifice postal
gouvernemental de Baranquilla (centre civique)
  très bien (beau béton et inspiration)

18

Baranquilla / Magdalena / île / obtenir 1 façade sur le fleuve

l'eau par un canal amené au centre civique // le centre civique // une liaison avec l'île qui appartient à la ville pour établir centre sportif avec piscine + ''1 parc national'' // attention aux moustiques! ''terrible!''

les collines avec réservoirs à pompes p. irrigation // l'irrigation par quartiers / et centre des parcs civils

21

la réunion à la Mairie (ancien petit hôtel acheté récemment. // C / le bureau du maire // B / le plan de la ville // A une chromo (très belle) d'un Christ en croix, viril) sur fond noir.

19

Baranquilla n'était rien. Subitement le moderne surgit // le Rotter + le M. C... // La Mairie est une baraque - elle deviendra 1 palais

les rues de 20 m sont folies, innombrables. sans entretien possible : établissement // canalisations // trottoirs // arbres // gazon // asphalte // entretien // tout crève dans les quartiers pauvres

22

orientation / 80% venant du nord // 5% [venant] sud (tempête) // 15 / south west // Nord / Sud // Bon / la brise (le vent) // est l'ami!

20

alors, classer les routes autos (transit et distribution) + chemins de piétons. Irriguer planter arbres + palmiers. Ça devient une oasis, une ville d'été du M'zab.

Mais attention aux moustiques?!!

Sert hispano arabe, l'homme de l'irrigation

23

Retour Paris / Voir Scheffner pour éditeur Albert et offrir Albert 1 édition

72·⅓ = 24	Bogota		
56·⅓ = 18.6	Baranquilla	M.	
128	42.600 à 300 =	12.900.000	80 = 161.000
− 42	$	: 80 80	fr suisses
86$		490	
× 30		480	
25.800 000		100	
à l'atelier			
= 25 mois de travail			

Ducret // Etablir comptabilité spéciale p. chaque affaire et gérer les recettes séparément de façon à avoir une lecture et mettre de l'ordre

24

Acheté N York p. Albert // [p.] moi / un Webster // Chicago // Electronic Memory // à la Liberty Music Shop // Madison Av. // angle 49ème
entendu des conversations immédiates à l'Ambassade de France

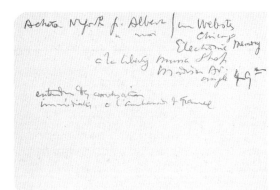

25

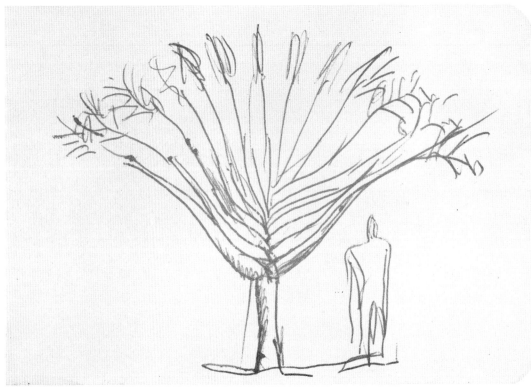

26

Bézard / Canada / à 15 km de Montréal // il y a de quoi cultiver des grands espaces
S'adresser au ministre de l'Agriculture à Ottawa, lui exposer son travail.
 voir la femme canadienne d'un architecte colombien // vue soirée chez Solano arch //
le 3 mars 50
Ambassade Australie // M Rice service emigrat // 14 rue L[as Case] 30 Mars 50
Ortega architecte // Carrera 7 N° 32-92 // Appartement 501 // Bogota

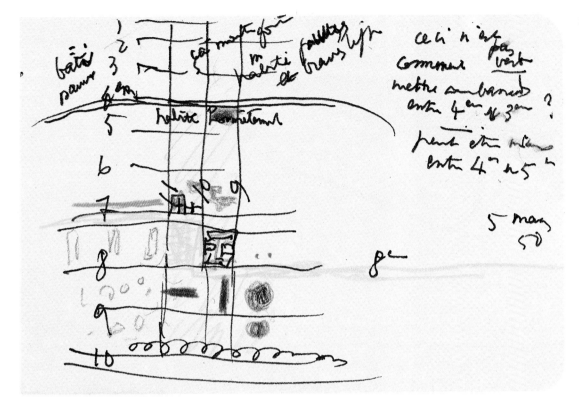

27
bâti pauvre // ... // ça monte fort // un // habité pauvres
et braves types // habité honnêtement
ceci n'est pas vert // comment mettre ambassade
entre 4ème et 3ème? // peut être mieux entre 4ème et
5ème // 5 mars 50

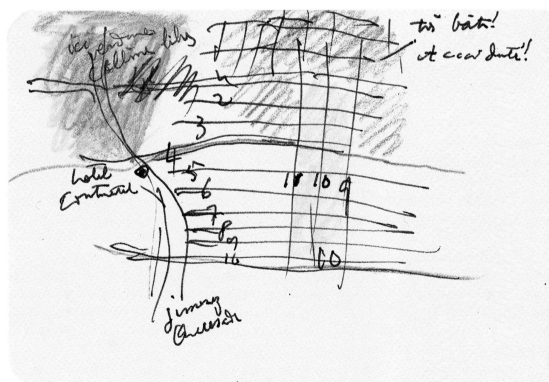

28
ici verdure // collines libres // très bâti! et accidenté! //
hôtel Continental // Jimenez // [Quesada]

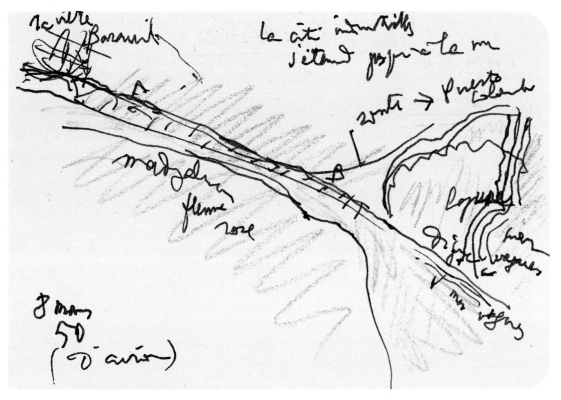

29
la ville Baran[quilla] // la cité industrielle s'étend jusqu'à la mer // route / Puerto Colombie // Magdalena fleuve rose // lagune // digue // mer // vagues // mer vagues 8 mars 50 // (d'avion)

30
à Miami les tuiles des villas sont maintenant <u>blanches</u>

31
MIAMI FLORIDA // FRANK WATSON = ARCHITECT // TELEPHONE 96478 // ADDRESS // 1532 du PONT BLDG // MIAMI FLA.

32
envoyer Zeckendorf double rapport Warren Austen

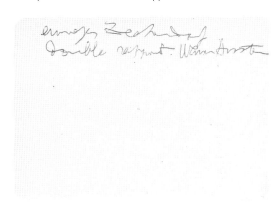

33

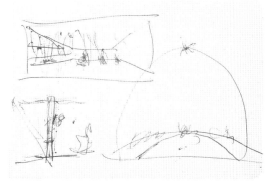

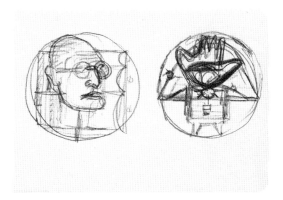

34

35
j'ai fait cette composition pour Lallement Sculpteur Bˣ
Arts chargé par la Monnaie de graver ma médaille

36

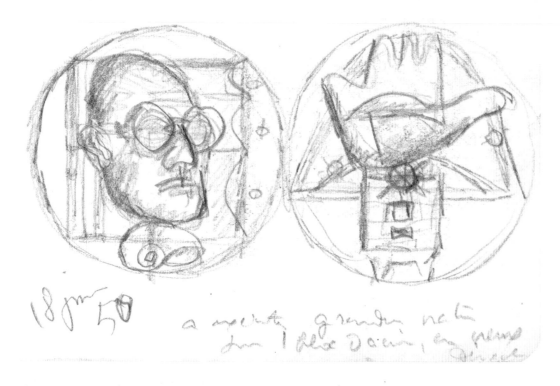

18 juin 50 / à exécuter grandeur nature sur 1 bloc
d'acier, en creux direct

37

D14

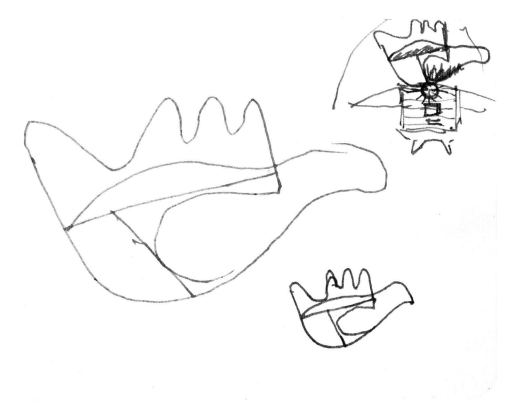

rouge // cobalt clair // ocre d'or

40
La rentrée par Orly, Banlieue n'est pas reluisante.
L'Individualité française y accomplit le miracle de
l'horreur et du désordre Quel déballage! Poubelle! En
ville les immeubles Bˣ Arts apparaissent étranges et
étrangers à leur mission : loger.
  Dôme des Invalides! // Napoléon! // — hélas / =
échelle autrefois // ...

41

11 mars 50 // Grosvenor chèque 50$ // à inscrire //
bagage suppl Air France / 33.30$ // 12 Mars Douane
Orly / 4.500 francs

42

8 mars 50 à bord Avion Air... Miami — N York 20
heures
le cinéma sonore. Un documentaire sur Mexico finit
en armée marine, aviation de guerre, chars d'assaut
etc.
  Puis du Walt Disney : l'éléphant + Canard Donald—
avec chant des armées russes de 43–44 (magnifique
chant) et un esprit de propagande en pleine tension
USA

43

un étang avec végétation aquatique exactement circu-
laire // à 200 ou 300 mètres // vallée du Magdalena

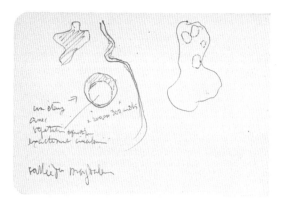

44

7 mars 50 au Palais du P^t — reçus par le Président
pendant 1¼ heures (de 4¾ à 6 heures soir) dans un
beau bureau (commandé autrefois par l'ancien P^t San-
tos qui était un francisant) Le Maire présent + nous
Fin d'un monde : le 8 mars (Miami Airport) je vais pis-
ser (dans le pissoir modèle en céramique en verre)
J'ouvre la porte : Rêverie de Schumann commence.
Je pisse en rêvant!

45

livres // 590 × 2 = 12 m² de [long]
Faire étudier à l'atelier

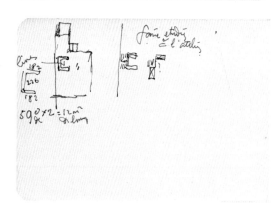

46

Chez Martinez — les 2 toreadors ont des mains
d'artistes. le Portugais : Manuel de Santo (le noir)
l'Espagnol Manuel de Gonzalé (le rouge) le Portugais
me dit : c'est une question d'harmonie (Tuer le tau-
reau) Le Sevillan a la tête animale capable de tenir
tête à un taureau. chacun a tué hier 2 taureaux — Ils
sont petits : 1,60 m. pas plus! Ils sont tout petits,
mais des hommes! Ils ont tué hier 4 taureaux!

47
La panoplie des Magazines // USA // à l'hôtel Continental Bogota
A part Times, où on trouve du texte, — un texte —
c'est une salissure écœurant de publicity mêlée à tout.
Un magazine à l'air d'une poubelle C'est décou-
rageant Idée? jamais
Il y a véritablement du talent dans les architectures de
Bogota : une absence de B^x Arts qui ouvre les portes
à un certain esprit d'architecture

48
Fernando // Martinez / 79198 // Siete nove uno nove
occe

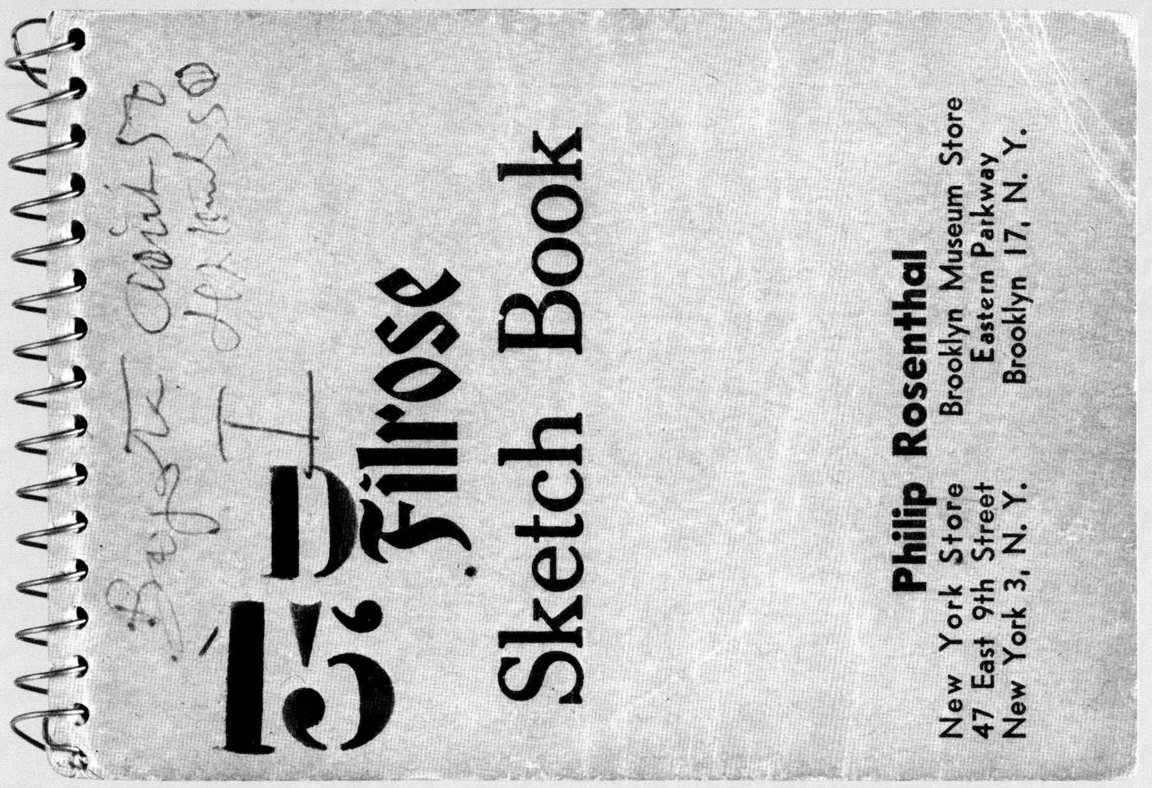

49
Bogota Août 50 // Septembre 50 // I // D15

50
N. Y 30 août 1950 // U N Building
SOS = Save our Soul!

51
N Y prisme / 236 / Maquette Harrison 1950 // le cro-
quis Corbu 1940 dans UN HeadQt Reinhold // 6 parus
Life 1947 // texte Harrison ... // les ... // L-C [com-
mente] // par bâtim ...

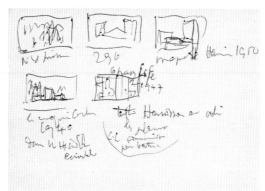

52
dans l'horreur de ce NY hirsute l'UN apporte son ar-
chitecture de V R. V–R Ce mot dit tout!

53
non pas // Brise-soleils Mobiles (Zeckendorf à Den-
ver) // mais Brise soleil fixé (St Dié, Marseille)
La loi : c'est le soleil qui bouge à travers journée, sai-
son, année.
le brise soleil ne doit pas être une mécanique, mais un
organe dans un organisme

54

Dixit Zuleta.

''Pourquoi Corbu serait-il communiste? Le monde
entier lui a fait un parti. Il a lui même son parti!
N.Y 29 août 50

Le chewing-gum, — les vieilles dames riches veuves.
l'impuissance des hommes. La fabrication sans répit
— le délai de 24 heures devant soi le trou! l'absence
d'âme, la lumière de morgue derrière les glaces
bleues du gratte ciel de l'UN, l'air conditionné en plein
août. Artificiel partout, loin des conditions de nature.

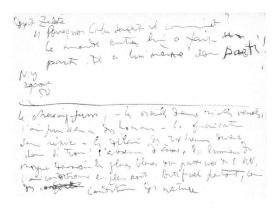

55

56

57

58
Les méandres du fleuve Bogota dans la savane, con-
firment les croquis de ''PRECISIONS'' // malgré ce
qu'ils ont d'apparemment faux // il y a 1 // + 1
autre // + 1 autre méandre // l'un sur l'autre
1 Sept // 50 Savane Bogota arrivée

60
petit café indien ''Ranchito'' // Calle 18 / 7.5.87 //
Carrera
tel Martinez Fernando 93658 // la maison Obregon

59
3 Sept 50 / Telephone L-C à Ambassadeur de France
à Bogota
L-C : vifs regrets votre invitation pour le 1er Sept m'a
été remise le 2 Sept à 13 h. à mon hôtel. D'ailleurs, le
1er j'étais encore en avion.
l'Ambassadeur de France : ''Vous restez un certain
temps ici? // Bon, je vous ferai signe à l'occasion! Au
revoir Mr.''
Textuel

61

Une herbe importée du Japon fournit un tapis d'une
épaisseur et densité extrêmes, véritable mousse pro-
fonde. Elle est désormais indéracinable (ceci pour
toitures sur voûtes etc Ste Baume)
Demander graine à semer à Bogota
altitude 2700 // les collines au dessus de la Carrera 1.

62

Je suis Calle 11, plus haut que la carrera I // quartier
indien très pauvre.

Tout à coup 1 énorme pick-up. lâche dans le silence
le Danube Bleu de Strauss, à pleins tubes

Il pleut; dans ce vieux quartier espagnol les balcons
et avant-toits servent d'abri. Ils servent aussi de brise
soleil. — C'est le pick up <u>rue</u> d'une église et cloître.
Puis prédication. Puis une chanson indienne

64

63

65
à établir sur un négatif (éclairage nocturne // répertoire de la vie quotidienne.

	x rouge.
autos service	règle : les V1 V2 V3 =
garages	transports rapides // ne
ateliers réparation	doivent pas fixer le
vente de voitures	piéton // on admettra
	ici : c'est rouge

	x bleu clair
cinémas	les V4 deviennent
bibliothèques locales	''Main Street'' // de
clubs de quartiers	quartier. // Sur leur
	parcours se // trouve
	le centre du quartier //
	= bleu-clair

	x vert clair
cafés	Sur leur parcours
	on trouve // vert clair
	+ jaune // + brun +
	violet

	x jaune
Commerce de quartier	Les V5 peuvent
ravitaillement	recevoir du // jaune
marché	
épiceries, boucheries,	
boulangeries	

	x brun
artisanat	

	x violet
police	
dispensaires secours	
pharmacie	

66
Arbelaez // lui faire 1 schéma des contacts automobiles d'après le plan // Centre Civique Salmona interdire les lumineux sur le toit des Buildings

67

Laugier / l'Expo Universelle 1955 Paris // p. briser le dilemme // actuel URSS–USA: // employer // la force psycho-physique-technique des ressources machinistes. Aux idéologies exaspérées et déformées par les intérêts, les orgueils, les vanités, succède une action constructive à but humain, laquelle a pour corollaire seulement, les principes des idéologies mis ici en condition de servir.
Bogota 9 Sept 50

68

Universidad LOS ANDES

7 sept. 50 // Claudius : // 1 local de rencontres (c'est un couvent de soeurs // des Filles Perdues // sur le flanc de la colline, cyprès fleurs, montagne et savane) D'une architecture rudimentaire très forte, les ateliers et salles et salons et bibliothèque sont taillés la dedans. Dans des maisonnettes très rudimentaires (3 siècles) les professeurs ont leur logis.
  C'est une petite université créée pour échapper à la politique et aux prêtres

69

Elle enseigne l'architecture (petit nombre d'élèves) // (profs Gaetano + Pisano) // l'électricité // la physique // la chimie etc
Les professeurs sont des jeunes le doyen est jeune. Ils donnent un diplôme reconnu
Claudius : ouvrez l'École du logis, avec diplôme du logis, reconnu par l'état, des professeurs jeunes. un nombre limité d'élèves. "Une Science du logis"
  Etablissez le calendrier des cours : Paris // USA // URSS // italie // Espagne // France
Mettez en contact avec les métiers.

70

Demandez Wiener ou Arbelaez une copie ou photostat aux frais du MRU p. Claudius, du rapport répertoire juridique pour le plan de Bogota —
Claudius lui expliquer le systême : // unité // Plan Pilote Corbu + 2 consultants // Plan régulateur W + S — + Corbu consultant // Office du Plan équipe CIAM + Faculté // officielle + Andes

71

Francisco // Gamachio // Guttierez

72

Plan Bogota // Planter les 4 Bornes // [les 4] Portes / est // ouest // sud // nord
Retour / acheter / Art égyptien // chez Art et métiers graphiques éditeur // important

73

74

75
Ce sont les paysages charnus
la vue sur le Sud depuis Montserrat // 3000

76
en plan // non pas ceci mais

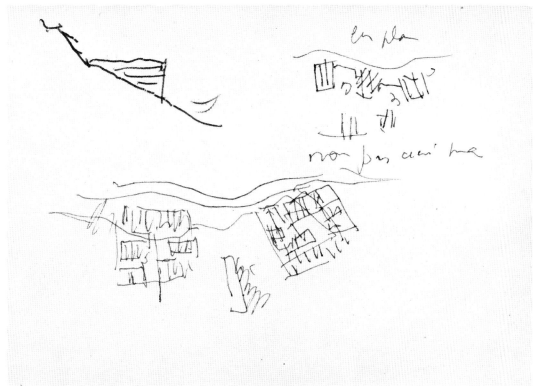

77

1 / Vu du Monserrat 3000 m, c'est le destin le plus extravagant! Pourquoi une ville ici, pourquoi une grande ville? Parce que c'est une capitale. C'était (une) capitale au sein des Amériques! autant au mitant des Andes // central // qu'au bord de mer, // périphérique Capital = dépôt de la puissance du ''cachet'' royale (Madrid) trésor à mettre à l'abri des entreprises

  Mais en 51? Quoi? Pourquoi? de 50 000. / Silence // ordre et méditation. // habitants à 1 Million. Explication : L'argent. L'argent c'est USA : travaux forcés, production débouchés. Désespérante situation. On fait bien des guerres avec ça : on peut toujours faire des villes, des grandes villes avec des canalisations, des // utilités = Importation Colombie, Exportation USA

78

2 / Dans la ville, ils sont fous, serrés sur leurs trottoirs, écrasés par les autos d'USA; ils s'affairent. Ils ont, devant le nez, le mur de la non-conscience.

  Le couvent ''des Filles Perdues'', sur le versant créant silence et pardon. Aujourd'hui c'est l'université des Andes, dans cette batisse précaire et digne : instruction, esprit Mais dedans la ville??? Messieurs, c'est pour quoi faire?

  Alors, nous les urbanistes, nous vous proposons et apportons des intentions élevées. Vous en subirez, sans le savoir, le bienfait // 15 sept [60]

79

3 / L'imprimerie et la photographie et la photogravure, ont explosé en ces temps. L'imprimé imprime tout et l'avion a apporté. Le Corbusier à Bogota est absolument naturel, dans l'ordre des choses présentes (contemporaines). Sur les versants, où ne sont guère que les Indiens encore, ou les pauvres, déjà les maisons, les logis ordinaires sont ''des temps modernes'', ici plus que n'importe où. Il n'y a pas eu de transition. L'espoir c'est qu'il n'y a pas eu ici le temps que se forme une classe moyenne à idées moyennes à propriété moyenne, — résistance obstinée, farouche

80

des pays vieux de beaucoup de siècles, et riches et
pauvres de cette raison même.
 Une auto d'USA 1950, c'est ''un signe de
considération''. Pour rendre accessible ces accès de
vanité, il faut fabriquer en série, gde série. Quand on
fabrique en grande série, on produit, tous les jours
follement. Çà déborde. Quand çà déborde, çà va
ailleurs, à Bogota par ex., à Ismir, à Stamboul et Pera.
Et c'est alors loufoque, hors de toute mesure et
besoin en disproportion. Çà fait des taxis Buyck ou
Chrysler, par là-bas, ailleurs, dans le monde. Et ce
n'est pas une richesse apportée, // c'est une
disproportion

82

Il n'y a dans notre plan de Bogota que des chambres
carrées, car il n'y a que business, affaires, logis. Il
manque la coupole sous ses formes diverses qui
marque le siège de l'esprit ou des dieux.

83

Pisé + voûtes catalanes — // chez Pisano Bogota
1 cintre unique // hourdi // à joints croisés au ciment.
au plâtre

81

17 sept 50 / un tableau extraordinaire au Musée
National de Bogota : // la mort du général Santander
(environ 220 × 140)

von / Nutrition quotidienne // le type d'Australie prend
chaque jour, une fois par jour // V Y – SYNERAL // vita-
mines (complete) / black // + minérals ([complete]) /
white

Organiser Sté des Edit Corbu // avec Bouxin / (...) // à
Paris // 1er livre = fin d'1 monde // à distribuer par bon
éditeur

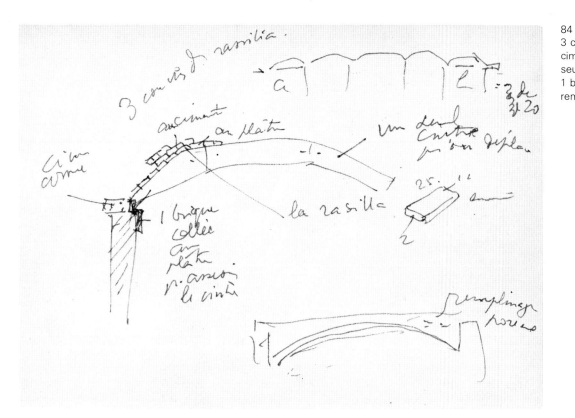

84
3 couches de rassilia. // a / b / = rond de 20
ciment armé // au ciment // au plâtre // la rasilia // un
seul cintre qu'on déplace
1 brique collée au plâtre p. asseoir le cintre //
remplissage poreux

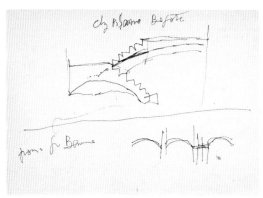

85
Chez Pisano Bogota // Pour S Baume

86
19 sept 50 / Bogota / Le Maire // Trujillo Gomez
 1 les travaux sont faits à l'instigation de la
Communauté : le Plan Pilote et le plan régulateur
 2 Principe général : Valorisation par les 3 dimensions
 3 Estimation de la valeur due pour ''le service rendu''
(= notion française.)
 4 Nomenclature des ''Services rendus''; par
classes // a) habitat // b) bureaux // c) manufactures //
d) industries // e) commerces, diverses catégories //
g) divertissements etc
 5 les grands travaux d'urb de bien public nécessaires
à la communauté provoquant des bénéficiaires
divers : / les bénéficiaires sont de 3 sortes //
a) l'ensemble de la communauté // b) ½ communauté
½ les personnes affectées // c) les groupes limités des
personnes affectées
 6) les dépenses doivent être récupérées sur les 3
catégories ci dessus :

87

a/ — // b — // c —

7 Qui évaluera le ''Service rendu''? Une ''junte'', de valorisation qui existe déjà

8 la valorisation frappe des des terrains = (surfaces) mais elles) sont comptabilisées tous par la multiplication des étages (''terrains // surfaces artificielles'') recouvrant ce terrain.

9 les coefficients de valorisation différents selon les classes (voir 4) par ex. : p. bureaux coeff. 10 // habitation 4 ou 3 ou 2 // commerce 20 ou 15 ou 8 // etc

10 tous propriétaires etc touché par les valorisations

88

du plan pilote (ou régulateur) S'il ne peut ou veut pas payer, il doit vendre son terrain ou entrer dans le syndicat dont son terrain représente une partie pour passer à la réalisation de la III dimension.

11 Le plan pilote a découpé la ville en diverses classes d'estimation de valorisation

12 Chacune de ces classes peut se découper / en éléments urbains entiers entrainant la constitution d'un syndicat de réalisation

13 Chacun de ces éléments urbains constituant les organes nécessaires au fonctionnement complet : les surfaces avec leurs diverses affectations, les volumes bâtis, les dégagements (les surfaces libres) au sol, les accès, (voitures, piétons etc.) / les services communs etc // Chaque élément urbain // doit être complet; il sera délimité, estimé à sa valeur et assuré d'une totale réalisation

89

14 Une taxe unique serait instituée et versée dans ''le Fonds pour le progrès urbain'' Fond rotatif, se renouvelant chaque année, indéfiniment. (produisant par ex. 8 milliards de pésos, permettant de financer 150.000.000 de travaux annuellement

Il s'agit exclusivement de travaux représentant des améliorations générales pour le bien public

(le Cadastre à Bogota représente aujourd'hui 2000 millions de pesos)

15 Conclusion. une telle valorisation ne peut exister que par l'existence du plan pilote et regulador.
Ecrire Mme Hélène Vasquez Medellin.

90
20 sept 50 // Casas Baratas / le 60% des population de Bogota = indigent // le problème a 4 faces
  1 <u>sociale</u> (ethnographique presque) reconstitution des traditions valables, humaines, essentielles + l'organisation moderne // voir Rivet musée de l'homme + livre jeunes Ethnographes
  2 Une <u>technique</u> apportant les matériaux la machine // et la main
  3 <u>Une mesure</u>
  4 Une <u>économie</u> / finance // délai // emploi des forces et ressources // présentes

91
le <u>familial</u> = centrifuge / les services communs // centripète / la vie familiale
La sociabilité // la rue suspendue // 2 lits // la porte sert d'aération // loggia // salle // loggia // 2 lits // galerie // la rue // le terrain
eventuellement feuillage // rue // salle // ch // ch
20 sept 50

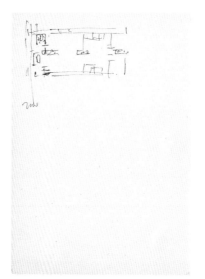

92
rue

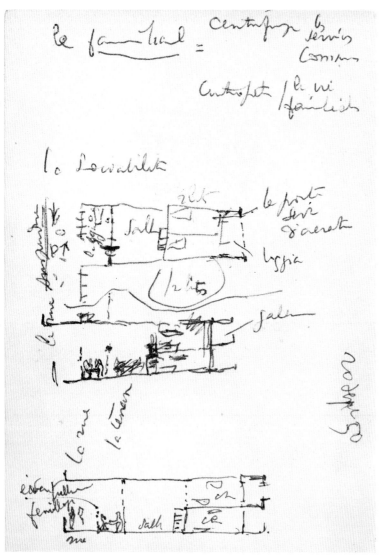

Bogota // 20 Sept 1950

Bogota
20 Sept 1950

95
Retour // Dorothy Todd // Sur les 4 Routes // Edition
Dobson // 1947 // NRF téléphoner

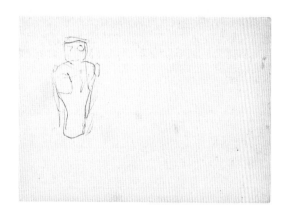

96

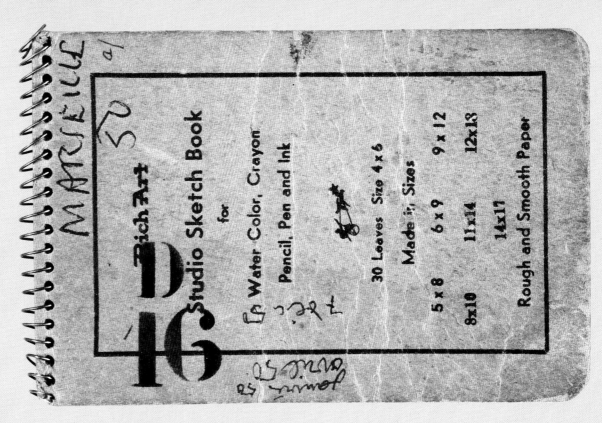

97
MARSEILLE // 50 / a/ // janvier 50 // avril 50 // 7 déc
50 // D16

98
1 Nogent / Perreux / Bry / S Marne // Noisy / Champs /
Noisiel // Lagny / Chessy / Coupvray // Esbly // Quincy /
Meaux / Clay / Nat Paris // acheter clef roue

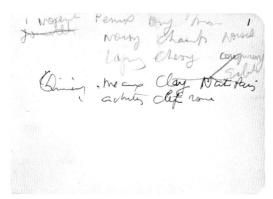

99

100
(à cause balcon) // Sécurit = prob St Gobain // glace à
l'intérieur

101

102

5

103
le vieux Port // il faut Sauver // A B C. // centre civique
vue prise depuis derrière les Lecomte

104
Hotel de ville nouveau
voir Jardot // L-C chargé par M^{ts} Historiques va sauver
la Charité de Puget

105
ND Garde // ministre arrêter ces constructions // vieux
port // centre civique jeux // port // St Jean
Place de la Bourse // charité

106
C... Directeur du Port d'accord p. pont
Marie / dr Cie Transatlantique // p. un paquebot a visité
Michelet
25 avril 1950 // Marseille

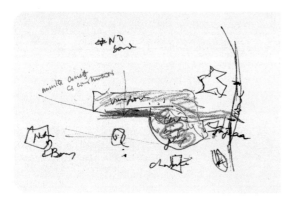

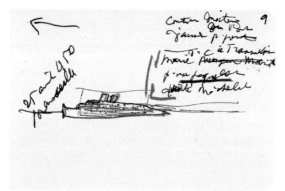

107

P. de rues extérieures façon Puget Charité

P. de rues extérieures façon Puget Charité

109
1 2 3 = centre

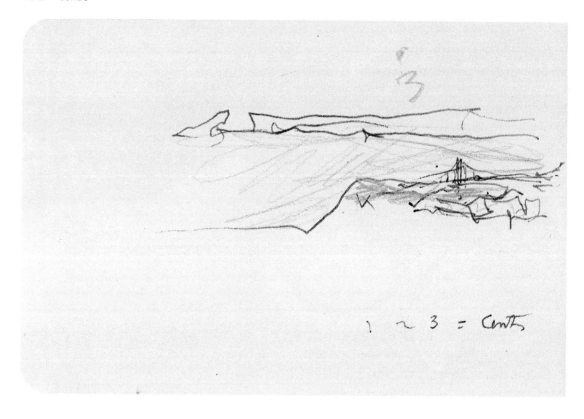

110
civique // m = nouvel hotel de ville // 1 = foire (La
Foire) // 2 = théâtre plein air // 3 = jeux. Pharo musée
colonial etc // 4 = autogire station

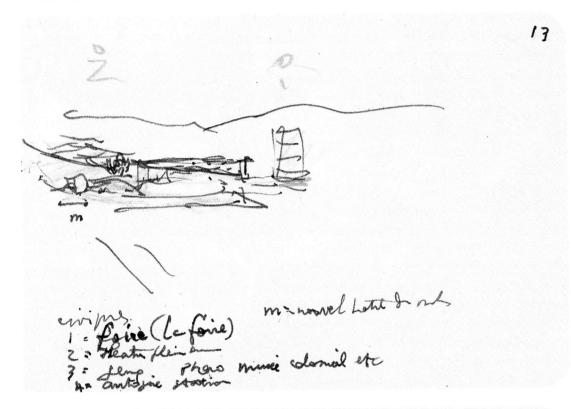

111
plaque // dédicatoire

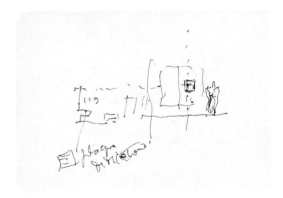

112

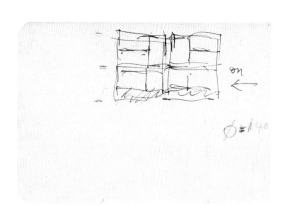

113
ou // ∅ = 140

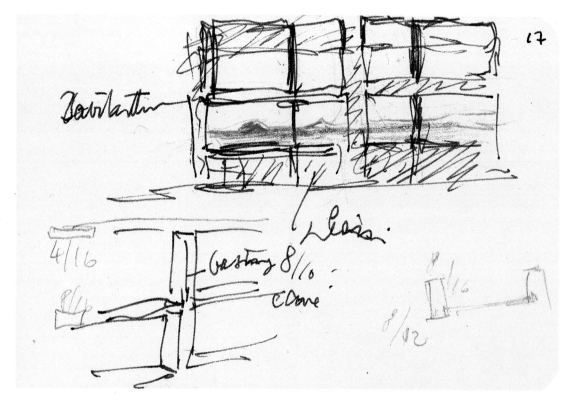

114
Ravitaillement // plein // bastaing // carré

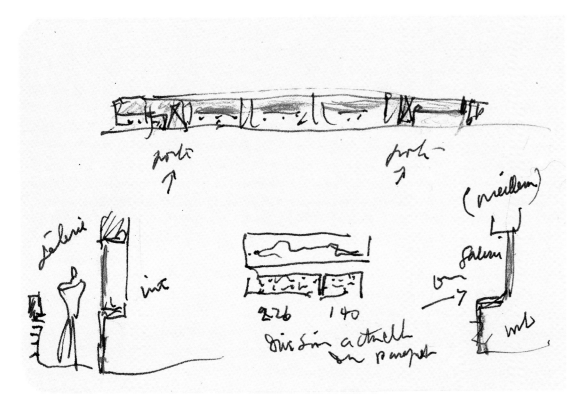

115
porte / porte // galérie // int // division actuelle du parapet // (meilleur) // galérie // ou // int

116
Crêche // claustras parapet // 1 porte à chaque extrémité

117
Atelier établir une perspective développement d'1 loggia p. faire les essais de camouflage

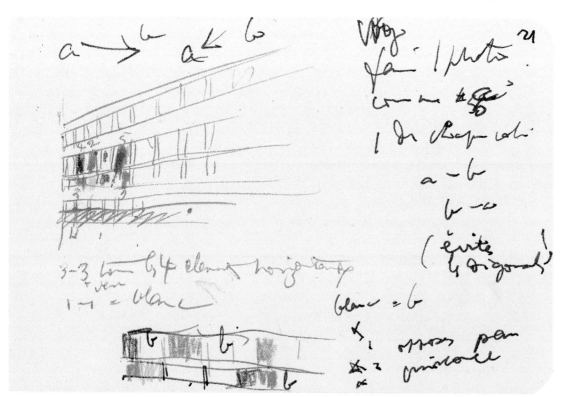

118
Wog // faire 1 photo comme ça 1 de chaque côté // a - b // b - a // (éviter les diagonales!)
3–3 tous les 4 éléments horizontaux // + vert // 1–1 = blanc // blanc = b // 1 opposer pan // 2 quinconce

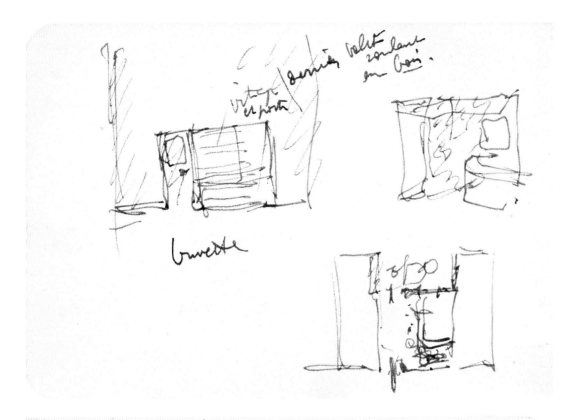

119
vitrage et porte / derrière volet roulant en <u>bois</u>. // buvette

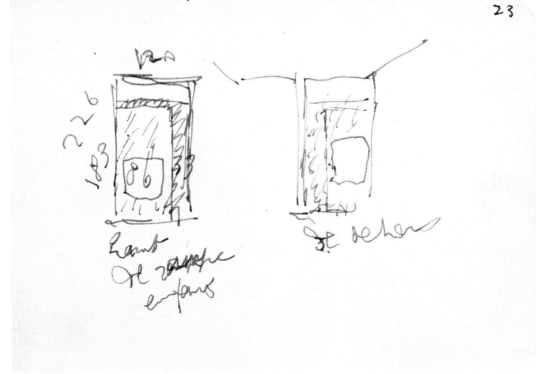

120
haut de rampe enfants // de dehors

121
plan // laisser ouvert // le bureau cult physique

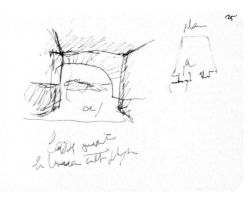

122

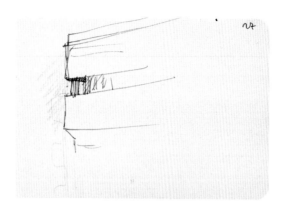

123

7 déc 50 / Paris Exelmans // appartements <u>très bien équipés</u>. chauffage air pulsé conditionné
nevadas + hublots ouvrants sous plafond // salle à mgr // étage
commander la première série de 200 salles de bain
ch // escalier // ch. / ch // à rez de ch

124

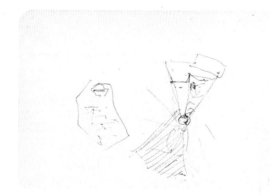

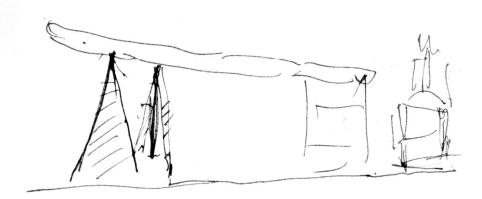

127
Duval // Cathé // Sauver l'espace et l'architecture // laisser libre // rue // 1 seul côté

128
Duval // Cathé // gds arbres admirables

129
25 déc 50 // Noël 50 // Marseille // l'enduit sous brise-soleil, projeté rustique pour que couleur bleu rouge ou verte soit profonde

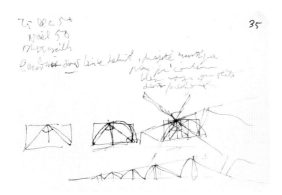

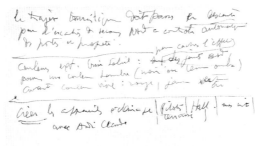

130
Le trajet touristique doit passer en descente par l'escalier de secours Nord = contrôle automatique des portes et propreté.
Couleurs ext. brise soleil : pour cacher l'effet des joints Bod, passer une couleur sombre (noir ou terre ombre) avant couleur vive : rouge, jaune vert etc
Créer les appareils d'éclairage avec André Claude / Pilotis / Hall / rue int // terrasse

131
côté nord // hall // abcd, droit hall, sera vitré glace claire pour laisser passer la perspective // côté sud // attention casse vent?

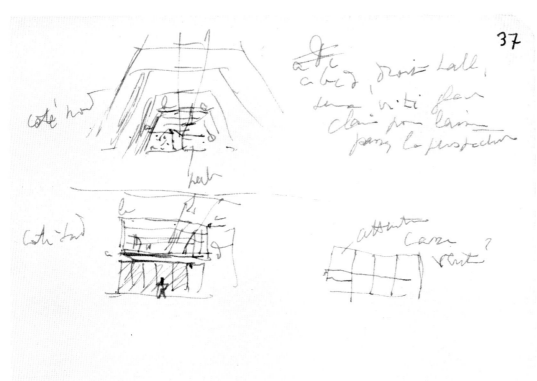

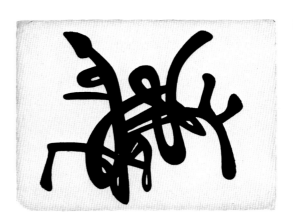

132

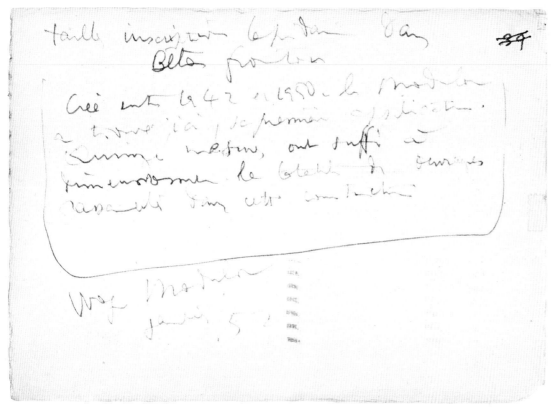

133
Tailler inscription lapidaire dans Béton fronton
Créé entre 1942 et 1950, le Modulor a trouvé, ici, sa
première application. Quinze mesures ont suffi à
dimensionner la totalité des ouvrages rassemblés dans
cette construction
Wog Modulor // janvier / 52

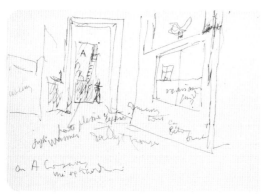

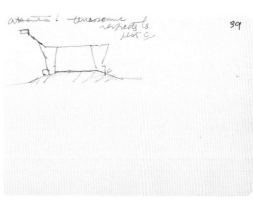

135
attention! terrassement respecter les plots C

134
ascenseur // Maisonnier Quid ? // conserver tout ça
béton brut
porte pleine et légère // Syst. Wanner // dallage rouge
en A Conserver vue extraordinaire.

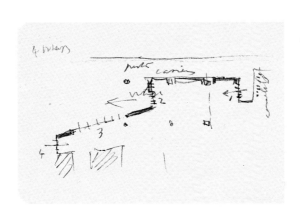

136
4 vitrages // piste // casiers // gymnase // vitrage

137
vitre // ventil // ascenseur // vestibule // club

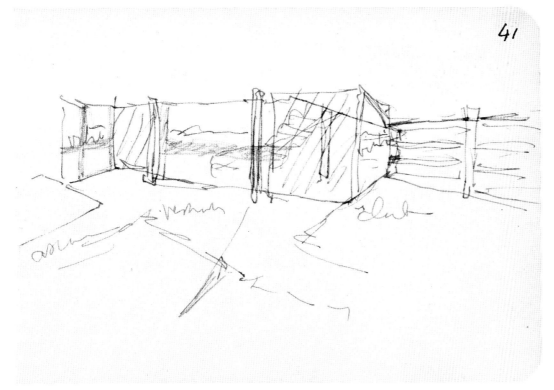

138
Nord // rue intérieure // adopté 26 déc 50 // c =
Locataires
rouge / vert
orange / bleu // jaune / rouge
vert / orange
bleu / jaune
rouge / vert // orange / bleu
jaune / rouge
vert / orange
bleu / jaune
niches

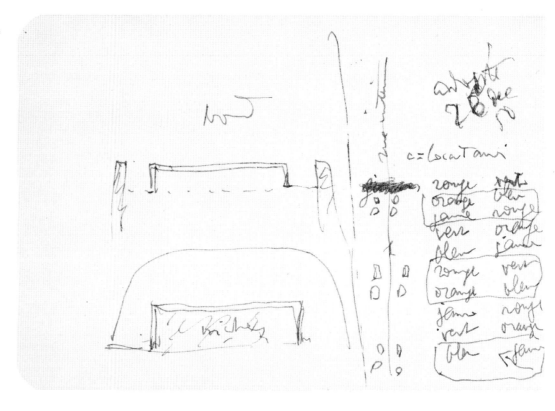

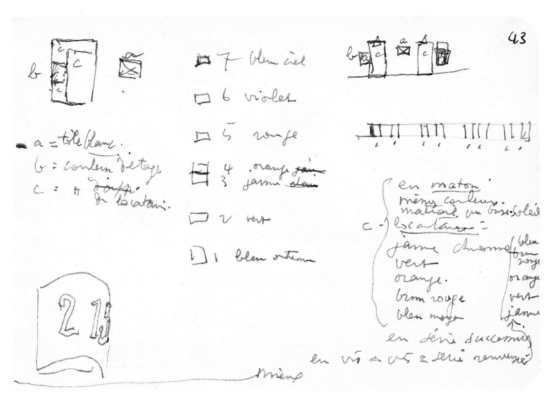

139
a = tôle <u>blanc</u> // b = couleur d'étage // c = [couleur]
de locataires.
7 bleu ciel // 6 violet // 5 rouge // 4 orange // 3 jaune // 2
vert // 1 bleu outremer
C/ en <u>matone</u> // mêmes couleurs, // matroil, que brise-
soleil // <u>locataires</u> = // jaune chrome // vert // orange //
brun rouge // bleu moyen // en séries successives // en
vis-à-vis = série renversée // bleu // brun // rouge //
orange // vert // jaune
mieux

140
photo à prendre

141

Attention! les trous carrés de la tour des ascenseurs
sur le toit doivent apparaitre bien <u>noirs</u>, nets
On pourrait autoriser les voisins à venir au marché par
l'escalier mech seulement (défense d'entrer par le Hall
le grillage // vertical // escalier secours doit être décollé
des limons // (partager le vide

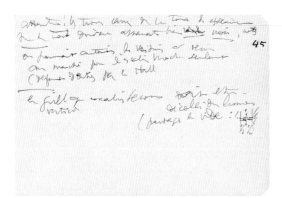

142

Art Urb Unesco / 27 déc 50
On commence par circulation <u>cuisine</u> Marseille
2 [par circulation] appartement [Marseille] // [par] rue
int // [par] verticale // [par] horizontale // définition des
V1 V2 V3 V4 V5
eau chaude // eau froide // trajet des odeurs // air // ... //
calori ... électri // lumière à volonté // poubelles
Parcellement du sol unités tours, grand rue // résidus //
réalisation du // tissu urbain.
Les 5V = irrigation du territoire // Urb à 3 dimensions :
les volumes bâtis // les 4 Fonctions // les densités // les
3 Ets humains // 1 carte d'Europe
(voir les décisions Congrès Bergame
Signer L-C sans diplôme d'arch [sans diplôme] d'Urb

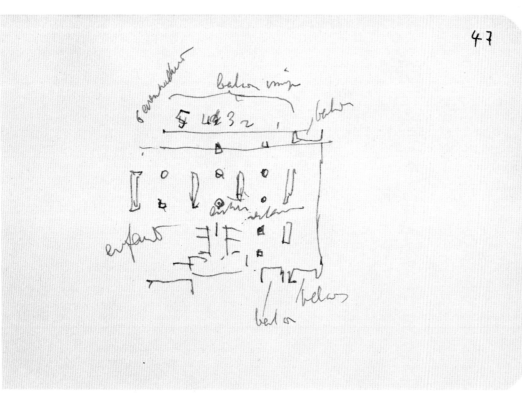

143

eventuellement // balcon unique // balcon // enfants //
entrée // vestiaire // balcons // balcon

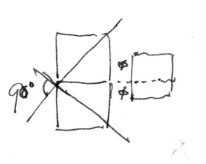

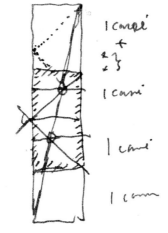

144

De 1923 à 1950 Le Corbusier n'apparait pas une seule
fois dans ''Cahiers d'Art'' Zervos Dans Histoire de la
Peinture, Skyra // 1950 // Jeanneret n'est signalé que
comme idées et polémiste et zéro comme peintre.

à partir de 1950 L-C rejeté par les peintres de profes-
sion, ses amis, montrera qu'il est du tome suivant :
vers une architecture // synthèse - arts majeurs // créa-
teur des formes // et liaison d'une // nouvelle époque :
urb et arch // à chacun sa place!
14/1/50 (enquête de Lhote vers 1937 : Est-ce vrai que
vous avez la haine de la peinture?!

145
Justin et Maisonnier // fin 1950 // 1 carré // 1 carré // 1
carré // 1 carré

146
Strassova // Hachette // Marseille Michelet
1° 100 cartes postales // en couleur et noir
répandues dans le monde entier :
+ Les Editions de toutes sortes : Collection MMI
social, technique plastique etc

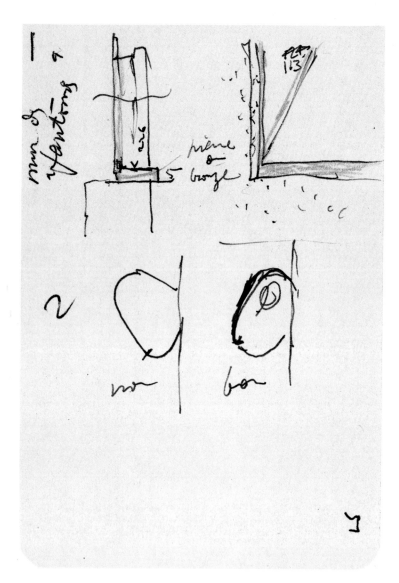

147
mur des ''fantômes'' // pierre ou bronze // non // bon

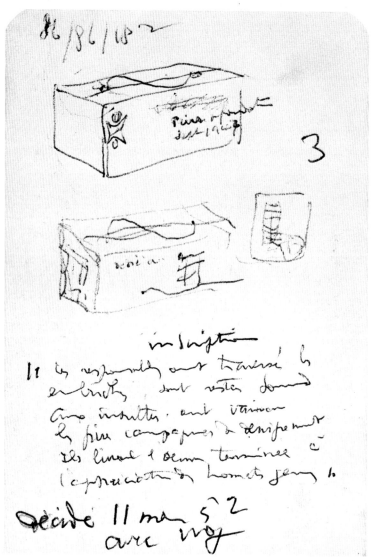

148
Pierre de fondation Sept 1947 // Dédié à
inscription // ''Les responsables ont traversé les
embûches, sont restés sourds aux insultes, ont vaincu
les pires campagnes de denigrement Ils livrent
l'Oeuvre terminée à l'appréciation des honnêtes gens''
Décidé 11 Mars 52 avec Wog

Rich Art

Studio Sketch Book

for

Water Color, Crayon

Pencil, Pen and Ink

16 fevris 1950

BOGOTA

30 Leaves Size 4 x 6

Made in Sizes

5 x 8	6 x 9	9 x 12
8x10	11x14	12x18
	14x17	

Rough and Smooth Paper

150
17/2/50/Bogota
Mr Arbelaes // Tel 21023 // dr du Plan / travaux publics
M — Pisano au plan // leur envoyer ma sténotypie du
Conseil Economique sur Halles Centrales le journal
officiel

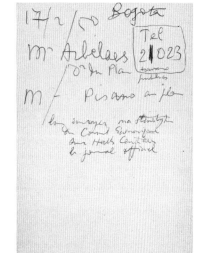

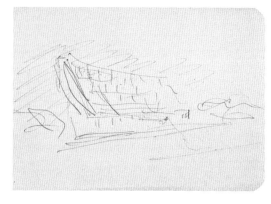

151

152
Bogota // Carratera del Sul // dessin depuis ici //
extrémité de la limite urbaine // ouvriers

154
toute tentative hors limites urbaines devient <u>satellite</u>
et devra s'administrer elle même

153
Créer 1 zône soupape pour Bidonvilles équipés som-
mairement isolés par des zônes vertes avec délais lim-
ités à 20 ans à l'<u>intérieur</u> du périmètre = les an-
ciennes zônes de Paris fortifs
Ceci concerne 1 point capital de la population de
Bogota avec équipement + services sociaux

155

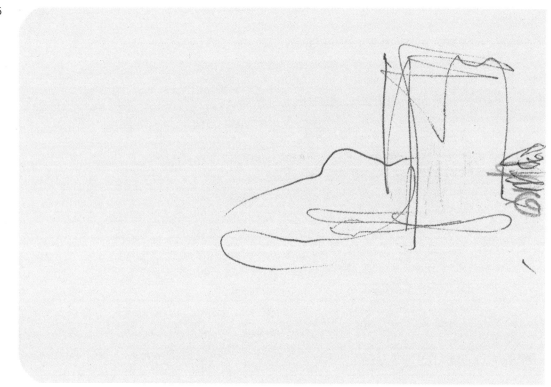

157

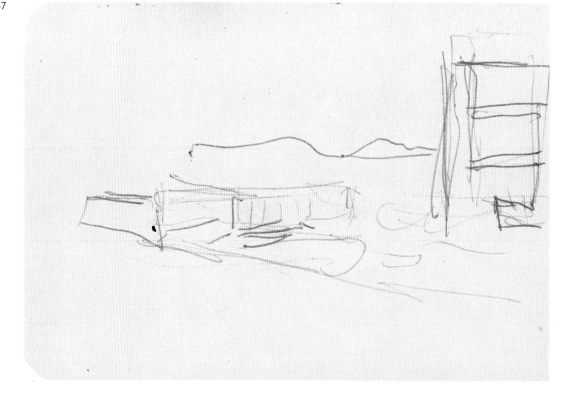

156

158
relevé jusqu'ici

159
Délimitation d'une zone historique
D'urgence / classer historique le <u>front total</u> de la ca-
thédrale + l'hinterland paysage abc
+ St Ignacio // S Ignacio

160
immédiatement fixer 1 statut d'architecture servitude
[d'architecture]

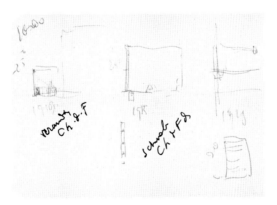

161
1910 // véranda // Ch-de-F // 1915 // Schwob // Ch de
Fds // 1910

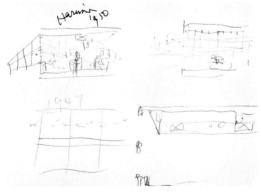

162
Harrison 1950 // 1947

163
four à briques

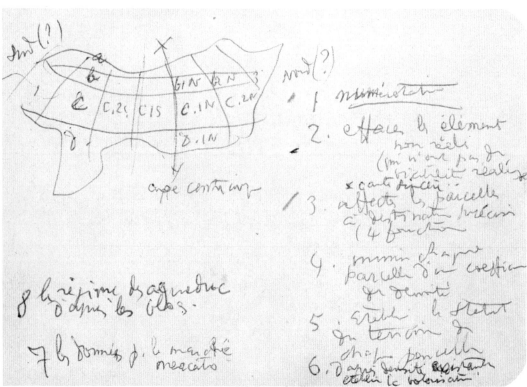

164
Sud (?) ‖ Nord (?) ‖ axe centre civique
1. <u>numérotation</u> ‖ 2. effacer les éléments non réels
(qui n'ont pas de viabilité réalisée ‖ x carte sincère. ‖
3. affecter les parcelles à destinations précises (4
fonctions ‖ 4. munir chaque parcelle d'un coefficient
de densité ‖ 5. établir le statut du terrain de chaque
parcelle ‖ 6. d'après densité existante établir la valori-
sation ‖ 7. les données p. le marché mercato ‖ 8. le
régime des acqueducs d'après les blocs.

165
Rapport Corbu plan directeur / PARIS
faire recherches par un jeune légiste Ascoral, au min-
istère MRU, les lois existantes permettant le groupe-
ment des terrains pour entreprise commune
récolter les lois suédoises // anglaises // italiennes //
françaises

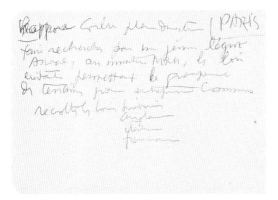

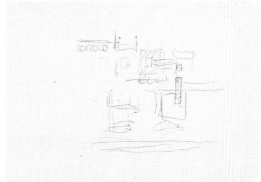

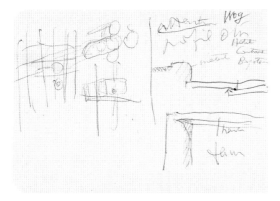

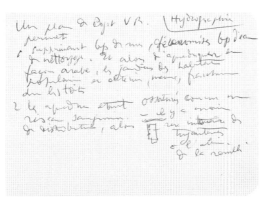

167
attention / Wog // profil ... // Hôtel Continental // Bo-
gota // Metal // haut // faux

168
Hydrographie
Un plan de Bogota VR. permet
1 supprimant bp de rues, d'économiser bp d'eau du
nettoyage. Et alors d'acqueduquer en façon arabe, les
jardins des habitats populaires et obtenir, même,
fraîcheur sur les toits.
2 les aqueducs étant ossaturés comme un réseau
sanguin. — il y a moins de distribution, alors / rue
intérieure des tuyauteries à l'abri de la rouille

169
attention attacher grande importance à organisat... //
populaire

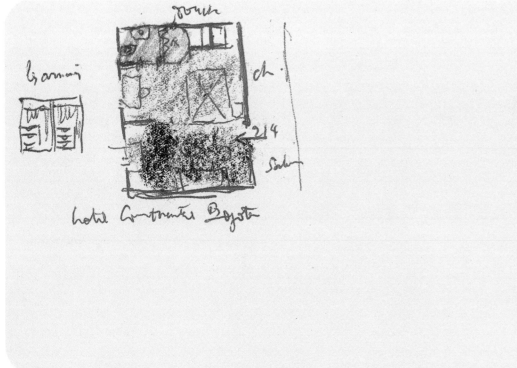

170
douche // les armoires // ch. // Salon // hôtel Continental
Bogota

171
la Plaza de Toro // confirmation des anneaux 200 m de
la Ste Baume

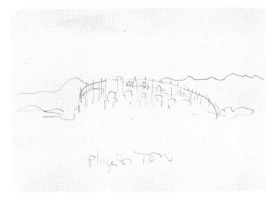

172
Plaza de Toro

173
Pour populations primaires // pisé façon Bogota ou
Trouin // ou // Système Ismir préfabriqué

174
Maillot sur un des longs murs imposer les couleurs
pures, de série (de bateau par ex) / mur de sortie
(pour Trouin) // les pans de verre, en gros cadres béton
épais ou en chevrons

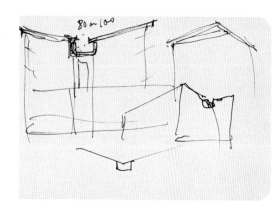

175
80 ou 100

176
CIAM // ''Un chantier d'expérience à 3000 m à Bogota''
avec // Hoje // Gaetan p. types Sert + Corbu // Barcelone // Murondins // Trouin // Semi provisoire // Robert Cap Martin
Trouin pisé + Cap Martin précontraint
types 1941 (retrouver)
Type Marseille = bouteille // Sert Tumaco. // transitoires Ginsberg

177

Office du plan Bogota la maquette de la région est
faite de feuilles de liège comprimé bien lisse de
1½ mm + la colle chacune
environ 1 m 20 × 80 cm. (çà se taille au canif)
P. St Dié Duval // P. Piscine Marseille / demander Rit-
ter les plans des lampadaires hauts de la 7ème devant
le musée // 30 m? très fuselé // 4 lampes
à vendre par la Coopé de Marseille pour ménages
enfants // grille fer // Maille 30 × 15 environ

178

PARIS // revoir le plan Bogota avec 1 / marchés et sat-
ellites bien définis 2 / avec lotissements horizontaux
populaires
Envoyer Perruchot une ''Grille CIAM'' à cause des In-
structions (l'homme)

179

la forêt vierge dessinée par 1 médecin à Bogota

180

La nature se venge! les ponts et chaussées font talus
et remblais = unis. Bogota 28 février 50, il pleut fort :
le Quesada Jimenez (torrent couvert) coule dessus! Le
macadam, en furie. tout le monde barbote dans 30 cm
d'eau (voitures + piétons

181

Attention pour les plans à petite échelle, le zonage à
indiquer par des ronds // commerce // habitat // indus

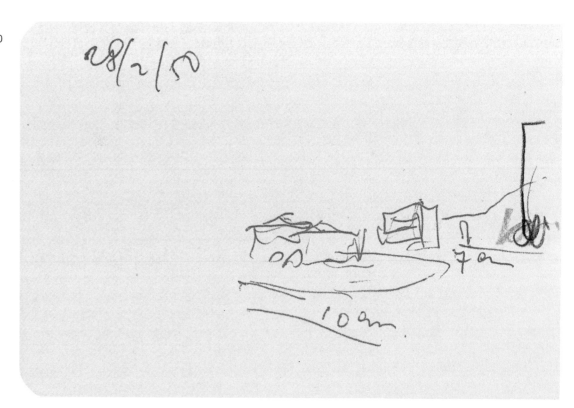

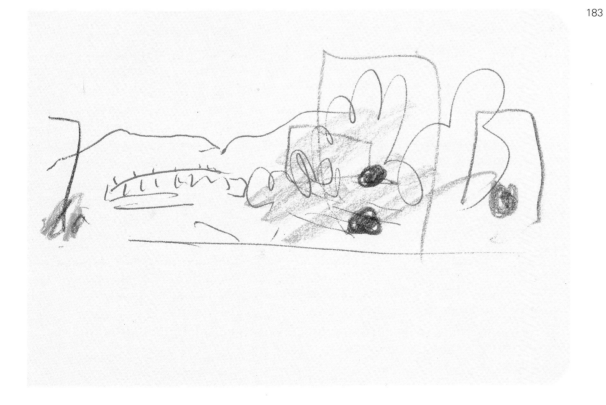

184

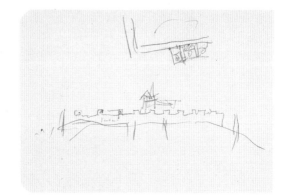
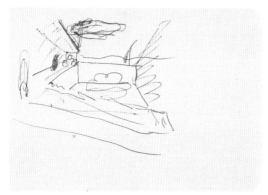

185

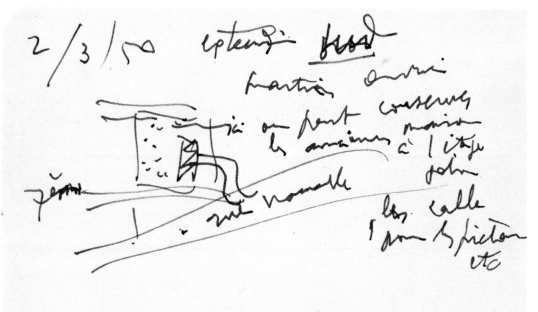

186
2/3/50/ extension <u>Sud</u> // quartier ouvrier // ici on peut conserver les anciennes maisons à 1 étage jolies // 7ème // rue nouvelle // les calle pour les piétons etc

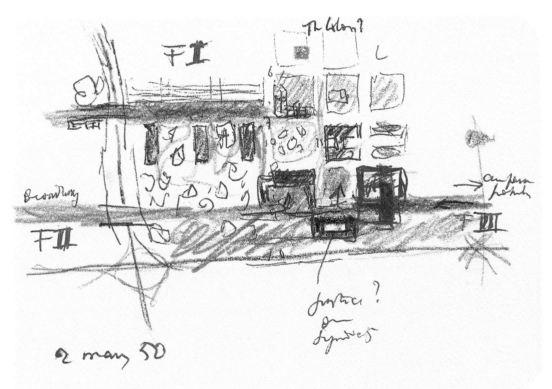

187
A Zone <u>rurale</u> // modèles grands établissements à mo-
torisation élevage maïs blé maraicher // régional
élargir et planter les thalwegs comme réserves cam-
pagne p les dimanches
Montagne au dessus côte // 270 (?) // = réservée parc
national

188
Th Colon? // Broadway // au parc populaire // Justice?
ou Syndicats // 2 mars 50

189

3 mars 50 // Recteur Université Dʳ déclare que faculté de médecine cherche à construire un nouvel hôpital (pour études) au Sud Ouest, contigu.
vient des bourgeois // 45 cm. / 26 cm. // vient du centre excellent

190

point bas mauvais p. égout
en B serait meilleure place (Corbu?) qu'en A. pour l'hôpital

191

p. ''Fin d'1 monde''
Université Le Doyen faculté Architecture a 30 ans. Je lui dis : Non, je ne fais pas de conférences. Mais quand le plan pilote sera là, voilà 1000 thèmes pour vos élèves : les élèves se passionnent vont au fond du problème, ils informent — l'opinion s'y intéresse — les professionnels seront préparés par les jeunes et un corps de gens de métier ouverts sera formé!

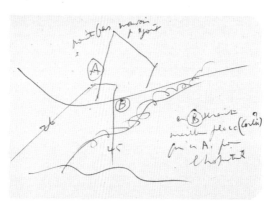

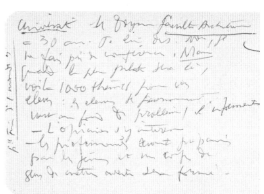

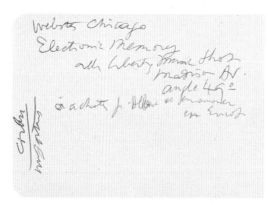

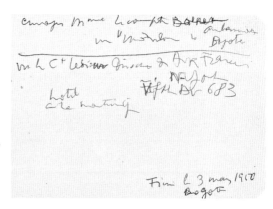

192

M Eduardo Mejia // Facultad Architectura // dean de la Faculté Arch = jeune architecte type Corbu
Je pourrais sur le plan pilote établir des programmes de concours d'élèves et en même temps p. les B Arts à Paris.
mettre Nicolas dans le coup et faire le match entre les 2 facultés.

193

Webster Chicago // Electronic Memory // aller Liberty Music Shop Madison Av. angle 49° à acheter p. Albert et en amener en Europe
Corbu // important

194

envoyer Mᵐᵉ Lecompte Boinet un ''Modulor'' / Ambassade // Bogota
vu le Cᵗ Lesieur Directeur de Air France // N-York // Fifth Av. 683
hôtel // à la Martinique // Fini le 3 mars 1950 // Bogota

195

1 Mars 50 Cabinet du Maire. Rien de plus inénarrable que la déconfiture de l'ing USA (Chicago) Conseil des Ch. de-Fer Colombiens, présentant son projet de gare mirobolante et gigantesque pour 3 râleux en puncho!!!
 Sa gueule de fumiste fatigué par trop de rêves faits en souvenir de la conquete USA du Far West chemin de fer avec locomotives, buffles, et vamps des bars de la marche vers l'ouest

196

5 quais // 10 voies // 3 // rampes! // Cote 2700 // gare // 45 km // Chemin de fer orgueuilleux // Cote O // Magdalena
le 2 mars 50 // vu au Nord de Bogota à 80 km etc, la voie unique zigzague dans les solitudes, sans trafic, Déserte! // et pour finir la voie Nord à 90 cm de large et celle d'ouest un yard // les loco ne peuvent // passer de l'une à l'autre

197

''La fin d'un Monde'' // ''ou la Délivrance''
une langue unique toutes les langues séparent. heurtent // l'anglais imposé? Jamais. — // le mot indicible n'existe pas en anglais!!
Reproduire le texte ''des Instructions'' // Grille CIAM. (important)

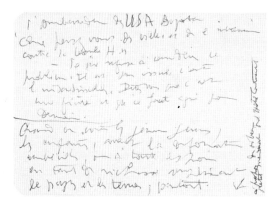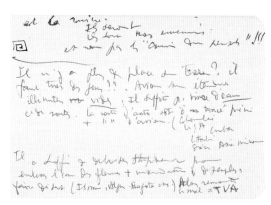

198

Quand on voit les montagnes sur la ville, les arbres
dans la ville, ou là où [on] est en droit de les imaginer
<u>dans</u> la ville, <u>de</u> la ville, — Le Matin, le ciel et la créa-
tion humaine remis en contact, alors qu'Alger, comme
Bogota chaque jour ont fermé leurs fenêtres et leurs
rues au paysage offert, comme St Dié qui a dit non et
la Rochelle autant, on sait où est le crime : C'est
l'imbécilité, forgée par les écoles, les églises, les cel-
lules en faveur de l'argent ou de la vanité

199

l'Ambassadeur des USA Bogota.
''Que pensez vous des villes et de l'urbanisme contre
la bombe H.''

— Je me refuse à considérer le problème. Il est
sans issue, c'est l'insaisissable. Dites vous que c'est
une fièvre et qu'il faut agir pour demain.
Quand on voit les jeunes gens, les enfants, avant la
déformation imbécile, on a tout espoir en tant de
richesses remplissant les pays et les terres, partout. //
à propos du si beau petit mendiant de l'Hôtel
Continental

200

et la ruine. // Ils seront ils sont nos ennemis et non
pas les ''amis du peuple''!!!
Il n'y a plus de place sur terre? il faut tuer des gens??
Avions sur étendues illimitées <u>vides</u>. Il suffit p. vivre
<u>d'eau</u> et de routes. La route d'auto est d'un tracé
précis // + [la route] d'avion. (Colombie // USA //
Cuba // Italie // Grèce / Asie Mineure
Il a suffi de déboiser stupidement pour enlever l'eau
des fleuves + inondations, dépeupler, faire désert
(Ismir, Alger, Bogota, etc.) Alors remonter le mal =
TVA

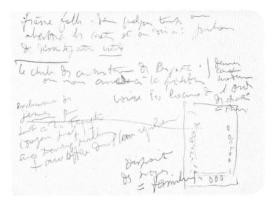

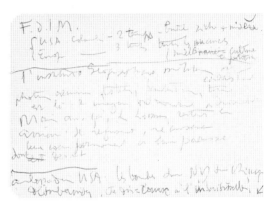

201

L'office du plan, le service hydrographique nous
montre les profils du fleuve Bogota // 2800 m // ici Bar-
rages // 2600 m // = 2000! // ici quels barrages possi-
bles! // 600 m
alors je pense désintégration atomique : ceux des
mines de charbon // ceux des machines à vapeur //
ceux de l'électricité hydraulique // [de l'électricité] ther-
mique // etc : tous les trusts et conseils
d'administration sont placés devant l'abîme

202

fièvre folle : dans quelques temps on abattra les
cartes et on dira : parlons de désintégration utile
le club des architectes de Bogota / dernier confort
moderne // on nous amène à la présidence // voir les
locaux de l'Ord des Arch à Paris
exclusivement des jeunes qui sont à la Γaculté (doyen
prof) + avec travaux publics + un office du plan régu-
lateur // disposition des sièges = familière

203

F.d.I.M.

USA. Colombie — 2 temps — brutal riche + misère
Europe ——— 3 temps toutes les nuances (millénaire
culture et politesse
L'institut Géographique militaire et cadastral photos
aériennes, totales, fantastiques, tout est là : le moyen
de travail admirable Mais avec çà, les hommes restent
en arrière, se refusent, récusent leurs coeurs perma-
nents et leur paresse sont devant
Ambassadeur USA. Les bombes sur NY sur Amérique
désurbaniser. Je dis = Course à l'insaisissable!

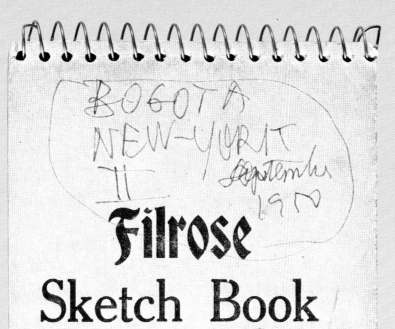

BOGOTA
NEW-YORK
II
Septembre
1950

Filrose
Sketch Book

Philip Rosenthal

New York Store   Brooklyn Museum Store
47 East 9th Street   Eastern Parkway
New York 3, N. Y.   Brooklyn 17, N. Y.

205
aqueduc en réalité // eau // coupe // le pont
Le murondin St Dié est déjà du luxe
a / déplacer les ''...'' au // dessus maison Arbelaez
B les mettre en bas.
c / en c / beau logis
d / dégager Egypto // p. mettre ...uardo
brevet // 2 types

206
8 h matin // a - montagnes // b = nuages ronds // c -
nappes lisses de nuages // d / trous bleus unis lisses
sur les profondeurs
Tout est bleu et blanc

207
le type traditionnel à patio

208

8½ matin tout se <u>soulève</u>, aspiré par le soleil, la terre visible bleue, le fleuve rose. l'horizon blanc des nuages, les montagnes bleues

209

nuages // nappe lisse blanc // ciel // 2 nuages violents // la plaine // compact de brouillard
8 h ¾ heures

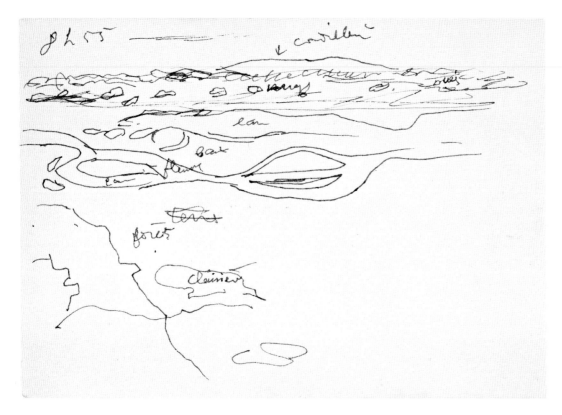

210
8 h 55
cordillère // nuages / nuées // eau // banc // fleuve //
eau // forêts // clairière

211
Retour / Paris // Bogota // envoyer à Mme Paupe
librairie Française Bogota 1 croquis p. tapisserie à exé-
cuter elle même

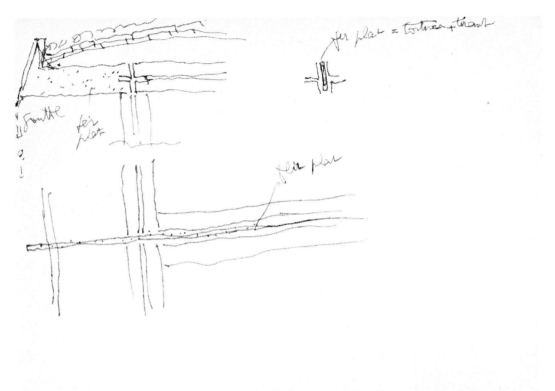

212
fer plat = toiture + tirant ∥ goutte ∥ fer ∥ plat ∥ fer plat

213
Il était Polonais, aviateur de guerre, venu à Miami
''pour trouver 1 logement en 1945 à cause de la crise
des logis''.* Il est ingénieur d'aviation (de l'avion
forme) L.C — Ça doit être intéressant, çà doit faire de
beaux dessins? — Lui : oh pas très maintenant ... Sa
femme intervient : — Mais bientôt, <u>avec la guerre</u>, ce
sera magnifique! — Elle est Lyonnaise. Très gentille,
douce et française.

 Voilà le mot est là. Ils y pensent tous, tout le busi-
ness, s'est amarré là dessus. Wall Street ne vit que
de çà : la grande presse, la Corée. C'est un nouvel
age d'or qui s'annonce. La Guerre, ils n'en ont pas la
moindre notion d'horreur

*prisonnier évadé a fait de la résistance à Lyon, puis
Lisbonne Intelligence Service

214
Retour : réclamer Wattson coupe et plans de son
garage de Miami // à 3 étages // (pour Marseille) // +
docu cité universitaire

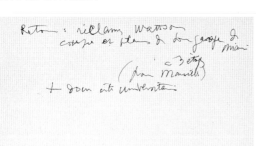

215
tous chics types, feu, idéal, qualités professionnelles
Très artistes. Me considèrent comme le chef de l'arch
moderne. Batissent très honnêtes mais excentricités
p. gens riches. Le social n'est pas en jeu ici
Trip Russell // 2301 S. Miami Ave // Miami 36, Florida //
Frank E. Watson // Leonard Adamczewsky // Herbert
Johnson // Robert M. Little // Igor B. Polevitzky

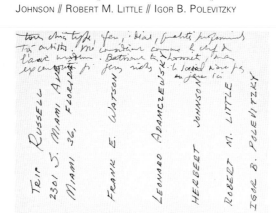

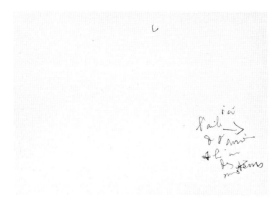

216
ici l'aile de l'avion et l'un des moteurs

217
L'avion Miami NY
a / photo NY // b / [photo] Miami // tous deux sont peu
rassurants

218

Un reporter photographe américain vous invite, vous oblige à sourire, à rire. Il faut être heureux, en avoir l'air : OK tout va bien, les chefs sont contents!!!!

219

Machiavel dit il y a toujours 3 sortes de gouvernements qui se suivent + 3 demi (transitoires) = 6 formes de gouvernement // : // 1 le monarchique // → 4 le despotism // 2 l'aristocratique // → 5 l'oligarchie // 3 le populaire // → 6 la licence
Machiavel // page 86

220

Ma doctrine de V-R est de nature ''démocratique''. Née de la considération du bien public, elle fut discutée pendant 20 ans–30 ans dans les ateliers, les magazines, les congrès etc. Elle aboutit à l'état de doctrine c-à-d d'un impératif pouvant se mettre au travers des intérêts ou des goûts, ou des habitudes. Sa mise en pratique implique des périls.

  Les assemblées démocratiques ne les porteront pas volontiers vers la réalisation : partout éclatent des conflits. Il faut une puissance de caractère, un goût de la difficulté, de la bataille, du risque. Il faut non plus des débats, mais de la force de la rapidité, toutes qualités d'un militaire, d'un général en temps de guerre. Il faut être maître du temps, des forces, concentrer et commander. (Etape qui suit l'attitude démocratique s'étant diluée dans les papotes des commissions (utiles au délibératif, inaptes à l'exécutif) // L'heure de Bogota plan pilote

221

Tout ce que l'individu peut réaliser par lui-même, ne cherchez pas à le faire faire collectivement.
Le collectif intervient là où l'individuel échoue

222

Les 24 heures de l'économie américaine obligent l'USA à déborder à imposer, à dominer le monde. Ils doivent évacuer la production et préparer la place (la présence) pour celle de demain (24 heures) (voir grand cahier de voyage croquis Bogota la dissertation économique de Miami 25 Sept 50)
Qui va payer ces marchandises? Aucun de ces clients forcés n'a d'argent. Il faut donc donner (= prêter, Marchall etc.) et prendre des garanties (concessions, territoire etc. impérialisme.) Créer une atmosphère de tension, tendre à la guerre ...... la guerre nécessaire, la sainte guerre, la guerre de la liberté, la guerre du profit formidable et de la liquidation momentanée (contrainte) des fièvres sociales. Tout çà est de travers. Et aqui, on fait payer cela : les

223

armes pour les Grecs (liberté!) pour les Turcs (liberté) pour les Français (liberté) ce sera les Américains. Les TAXES, les impôts féroces, écrasants. 40% du gain enlevé automatiquement, implacablement
Et à cause de cela : travailler encore plus, en grande série, produire bon marché, Inonder les marchés, en Europe en Turquie, partout. Alors la France la Turquie fermeront leurs usines (vieil outillage) et chômage et soldats et guerre PROVIDENTIELLE pour tous. Chers Américains (comme les Suisses) vous

224
n'avez et n'avez jamais eu la moindre notion de la
guerre vraie et cruelle et longue sur le sol, dans les
familles, la faim, la crasse, la pénurie, la contrainte et
l'étouffement de la liberté

225
— Je suis parti de Paris sans chapeau en complet
gris. J'ai enlevé mon veston à Miami. J'ai fait la pêche
aux gros poissons sur le Gulf Stream, j'ai fait cirer 4
fois mes chaussures, j'ai fait repasser 3 fois mon pan-
talon. J'ai passé 6 semaines en comités (3 langues)
parlant à des particuliers véhicule : 3 langues) passé
par l'Islande, le Groenland, vu des ice-bergs. N. York
les tropiques l'Equateur. Je n'ai pas brossé une fois le
col de mon veston

226
12.35 h au lieu de 12 h 30! on arrive à Idle Wild : On
se lève de sa place, le pick-up de l'avion vous attaque
à plein tube sentimental une de ces goualantes Holli-
wodiennes à faire pleurer d'attendrissement
le bagage est instantané.
le taxi est là magnifique voiture neuve et propre.
Et les parks ways parfaits s'étirent vers Manhattan!
''Ballade des Pendus'' de Moses!
Chauffeur très sympa. Gagne sa vie sans combine

227
Je n'ai eu à faire ni aux policiers ni aux douaniers : là
est l'ennemi du monde moderne
Triborough Bridge - Moses, gde oeuvre highway +
pont. Par dessus le parapet le panorama de la cata-
strophe féérique de Middle town à Down town
 le Gratte ciel de l'UN.

228
La ville // le parapet
Cette ville gigantesquement / puissante et agissante //
aux mains ... et au cerveau fragile, prête à défaillir
dans la guerre!!

229

s'informer : les Housing // Pieter Cooper // 14 Street //
+ Stuvesant // Combien de logis // hauteur // prix //
immenses entreprises!
Nous voici 14 Street (Dans Babylone et les escaliers
en façade // B...
Le Gratte ciel UN depuis Roosevelt drive est formida-
ble : un monde nouveau

230

à Miami : Beaux Arts = Calamité et rigolade
plaisanterie

Supposons qu'une guerre ''chez eux'' rendent les
Américains verts, maigres et sales (non-lavés) toute
cette force optimiste se dégonflerait d'un coup. Le
rouage serait ensablé. On verrait toute cette ''gent''
de $, fondre et s'écrouler, // ceux du trade // et
demeurer les vrais, ceux du travail

231

En descendant vers Down Town, c'est atroce : le
Chaos. les fenêtres? = Denrées marchandises et
bureaux. En séries. Le rouge des peintures sur bri-
ques, couleur brique. Ocre rouge brun.

J'ai travaillé dans l'avion de Miami à N.Y de 8 h 30 à
12 h 35 au dessus des nuages, dans cette solitude
unique que donne l'avion. Et lu Machiavel avec
attention.

232

Le P^t de l'AC. des Sciences et des lettres de Moscou
m'accuse d'être le tenant du Capitalisme. — N-Y Wall
Street Down Town est romantique mais inadmissible,
temporaire, en porte à faux intolérable désormais. J'ai
installé entre 42 et 47 Street la V-R qui est le con-
traire, la victoire sur le chaos dissipé

233

Résolution trop molle et tardive (Machiavel) USA et
France 1939 ... grave conséquence l'USA intervient
trop tard et ignore les désastres de la guerre. De plus
l'or afflue, l'argent, les équipements. Tout grossit et
enfle.

Aujourd'hui personne ici ne sait ce que coûte une
guerre au coeur des hommes et leur goût p les
affaires de la guerre conduira peut être le feu sur NY.

234

Nivola // la mort de la peinture // Décadence complète
Il faut que la peinture soit vendue au m² avec bon
coefficient — le crépuscule complet, la chute
actuelle // le marchand, // l'argent // la Bourse!!! // mort
Le quartier Broadway 4th Street — Lafayette St. plein
de marchandises, camions, cacophonique ancien style
(style ancien business) est cafard. On en a mare à
regarder celà! La rue est triste, Brume 10 h matin.

235

Tuller, Crayer, Ferris / 63 Wallstreet NY. // Wh. 42296
Signer les 3 procurations (?) imprimées // joindre 1 Ch
de la French Air Corp du montant à engager
A les bénéfices spéculatifs sur titres ne payent pas de
taxes
B— mais les taxes sont comptées sur les dividendes.
donc Tuller réalisera plutôt A que B

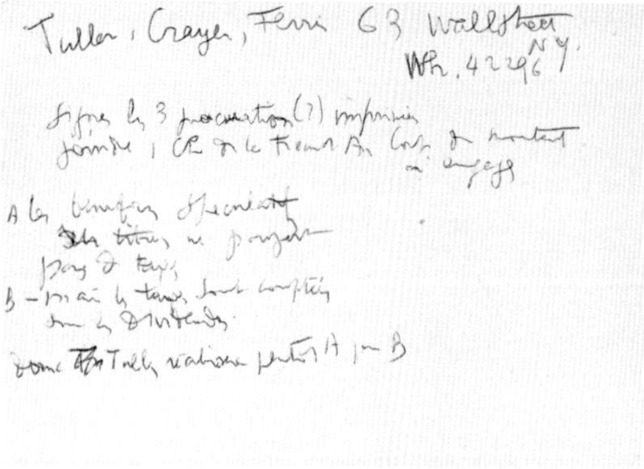

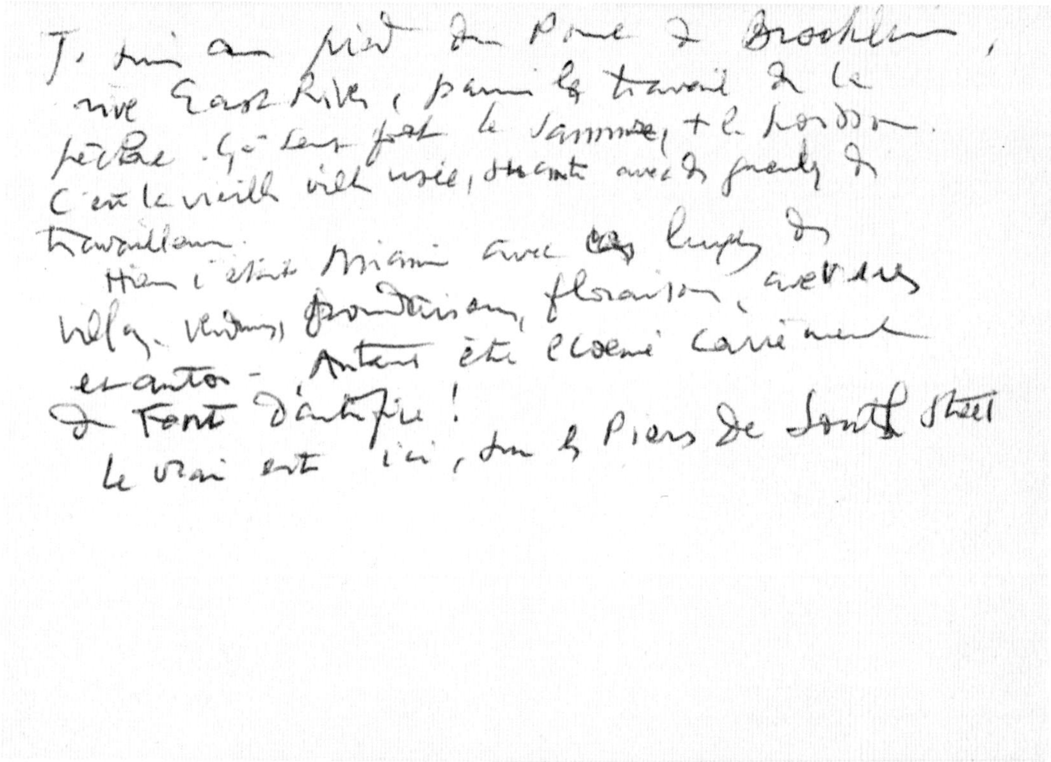

236

Je suis au pied du Pont de Brooklin rive East River,
parmi le travail de la pêche. Ça sent fort la saumure, +
le poisson. C'est la vieille ville usée, suante avec des
gueules de travailleurs.
  Hier c'était Miami avec les luxes des villas, verdures,
frondaisons, floraisons, avenues et autos. Autant être
écoeuré carrément de tant d'artifice!
  Le vrai est ici, sur les Piers de South Street

237

Si livre Corbu sur peintures murales voir les croquis
Chx de Fonds qui se trouvent chez Paul Rosenberg
(retour Boston) = ornements, sapins, plantes

Retour Harpers Bazar (Nivola dixit) faire un reportage
Von Mme Corbu par X le photographe qui a fait le re-
portage)

photos anciennes avec Bauchant avec Jeanne Léger
Foire à Neu Neu.

238

Retour pour Nantes + Paris // Ducret + Wog venir à N
York voir chantier UN + Washington Squ + Zechen-
dorf etc

Çà vaut la peine du voyage (éventuellement accom-
pagné d'1 ing. d'entreprise désignée p. l'exécution
organisation du chantier // coordination // tenue de
chantier // matériel de chantier, etc // monte-charges
etc.

239

240

De 1947 à 1950 le personnel du Grosvenor (tous demeurés) à grisonné, bouffi, tassé, écrasé. Les dames du desk élégamment antidouairières, se dérobent désespérément. Ceux de l'Ascenseur sont foutus, écrasés près de la tombe. Près de la tombe! Les hommes y arrivent à 45 ans.

 Un gigolo comme moi (63 ans) ça n'existe pas aux USA. (ou à peu près)!!!

241

Il y a chez Paul Rosenberg le dossier ''résidu Boston'' 1903 04 05 // 07-10 // etc = précieux documents qu'on pourrait compléter par demande à l'Ecole d'Art de la Chaux de Fonds qui a peut être aux archives des dessins signés Charles-Edouard Jeanneret (autour de 1905) + des plaques gravées et ciselées de 1901 —

242

Retour, arranger aff. Bally

Important : trouvé chez Paul Rosenberg dossier Boston, ''le Discours de Bridgwater'' sur la Re-formation de la conscience individuelle.
(à faire faire 1 photostat par Paul R et publier tel (c'est de la machine à écrire)
''Fin d'un monde'' (en préface)

243

L'Harmonie : / (Suite Bridgwater) // mettre toutes choses en harmonie : faire régner l'harmonie sur toutes choses! Et, ce faisant, faire éclore // faire éclater le phénomène poétique. // Et cela est une entreprise collective
Poésie! // Individu // responsabilité // adresse à inconnu

244

à l'un des rouages essentiels du pays - - le guidant //
... doivent être nourris de poésie

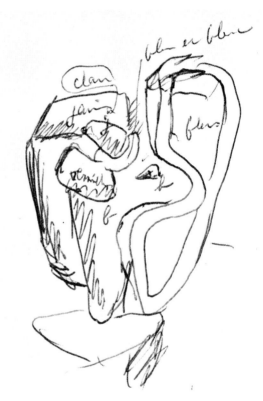

245
bleu et blanc // clair // jaune // bleu // vermillon
dans le dossier Boston (Paul Rosenberg) il y a des
dessins plume et couleur // Série Savina // Sculpture //
excellents

246
Paul Rosenberg - reçoit visite de M. Mellon // [P-S] :
Désolé je suis occupé avec M L-C. // Mellon : Excuse
me, je reviendrai,

Chez Paul. à 3ème Etage dans l'enfilade du salon à la
française, avec des tableaux très rares et des meubles
(Louis XV) avec bronze - pure France. Lui dit : Ici
règne l'esprit français'' Et il a raison. Conversation de
1½ heure; le vieux renard qui s'était fait lapin est

247

aujourd'hui un <u>sage.</u> Il m'a <u>épaté</u>! Je lui ai demandé
<u>des conseils</u> :

1° Il fera excellentes photos de mes tableaux

2° On m'a montré croquis d'Italie (Sienne cathédrale
avec notes à la plume, le tout sous verre = G^{de} allure,
digne de musée

3 Expo Paris musée d'Art Moderne. Cassou.

  a / 25 toiles des meilleures de toutes les périodes,
pas une de plus, et choisies par moi. Paul enverra des
siennes. (Le nom Corbu suffit à lui-même. (dixit Paul
R)

  b / J'ai raison de mettre comme condition de chan-
ger la salle (hauteur 2 niveaux + variété de couleurs et
valeurs éclairage (par André Claude) Tons de murs
sombres parfois (tel ''ombre Paul R galerie = ombre +
Sienne brûlée // valeur : 50%

4° Je peux entreprendre publication d'un livre sur mes
murals, mais à condition de le faire signer →

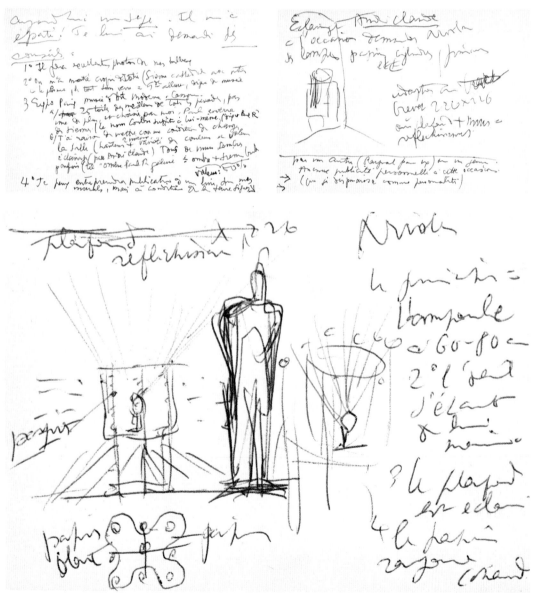

248

Eclairage <u>André Claude</u> à l'occasion demander Nivola
ses lampes papiers cylindres prismes etc. // adapter au
brevet 226 × 226 où plafonds + murs =
reflechisseurs

→ par un autre (Raynal par ex) ou un jeune. Aucune
publicité personnelle à cette occasion. (que je dispa-
raisse comme personnalité!)

249

plafond // refléchissant // papier
papier blanc // papier
Nivola // le principe = l'ampoule à 60–80 cm // 2° l'oeil
s'écarte de lui même // 3 le plafond est éclairé // 4 le
papier rayonne (chaud

250

Je fais 1 mural chez Nivola // 30 sept. // Nivola a
étendu sur le parquet plus de 100 feuilles de journal. Il
n'y a que de l'advertising partout partout! Je n'arrive
pas à voir une ligne de texte. Il y en a pourtant, noyé,
perdu à chercher. C'est le Daily News Il y a plus de
100 pages et c'est un seul N°, celui de Friday Sept 15
à éclairer / 1 le sol direct // 2 rayonnement // 3 le plaf
(direct)

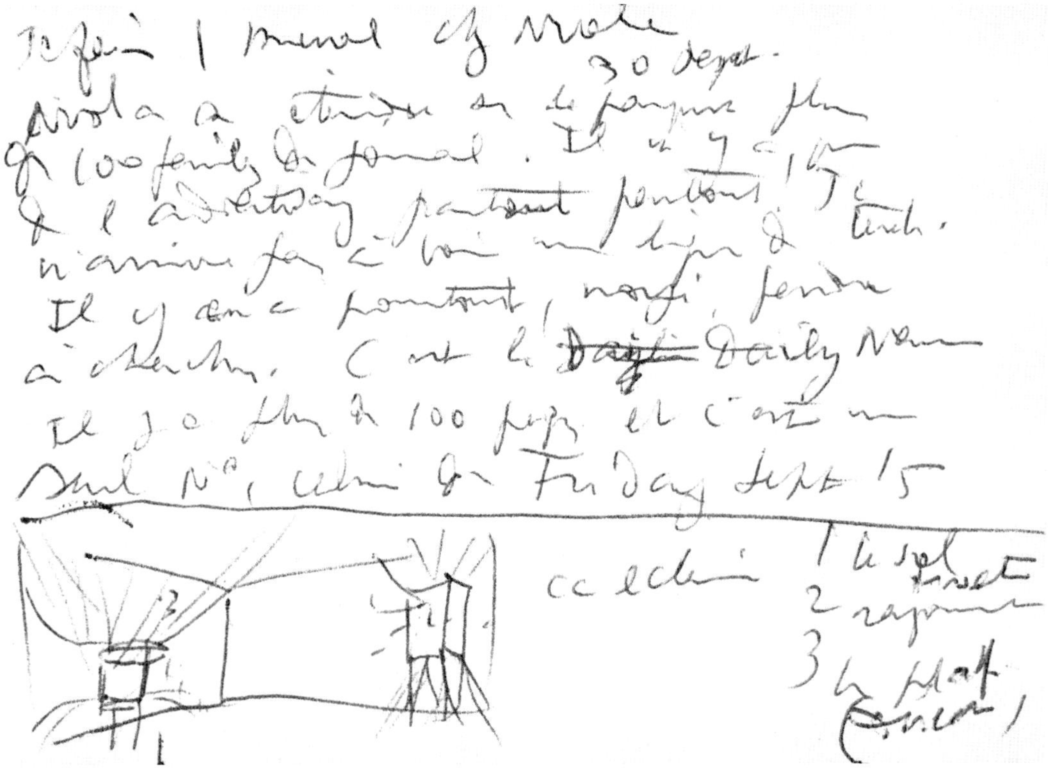

251

''Dianetics'' par Hubbard D[r]
Madame Lucia Willcocks amie de Léger par euphorie
des ergamines // En parler Reboul — // cancer, névrite,
arthrite
livre tout nouveau 3 mois
Ozenfant lui a présenté il y a 15 ans, chez lui à Paris
un architecte Zaleski (?) // (ou un nom analogue) //
''auteur de sa maison'' — (''Si magnifique'' dixit Lucia)

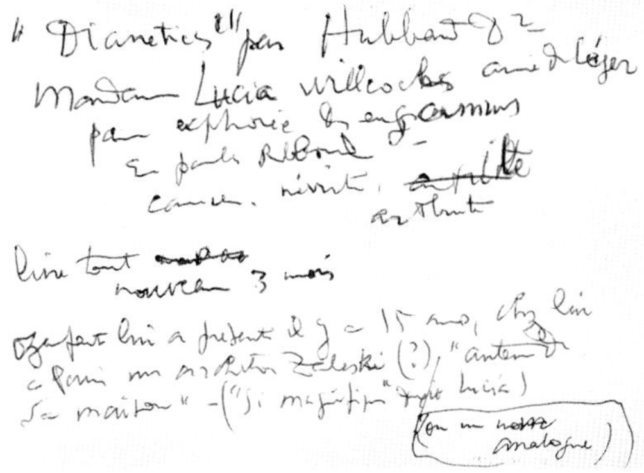

252

Un livre : les Murals de Corbu et sculptures.
1 Vézelay 35 // Cap Martin : // 2 icône // 3 entrée // 4
divan // 5 bar // 6 pilotis // 7 amis // 8 extérieur amis // 9
Pav. Suisse CU // 10 Etoile de Mer // 11 Nivola // 12
Nivola // 13 Atelier 35 Sèvres // 14 Sert à faire // 15 rue
Le Bua
Kodachromes // Bois op I (24 NC) // [Bois op] II 35
Sèvres // [Bois op] III 24-NC // [Bois op] IV 24 NC //
réclamer montage 8 Kodachromes à Denise René.

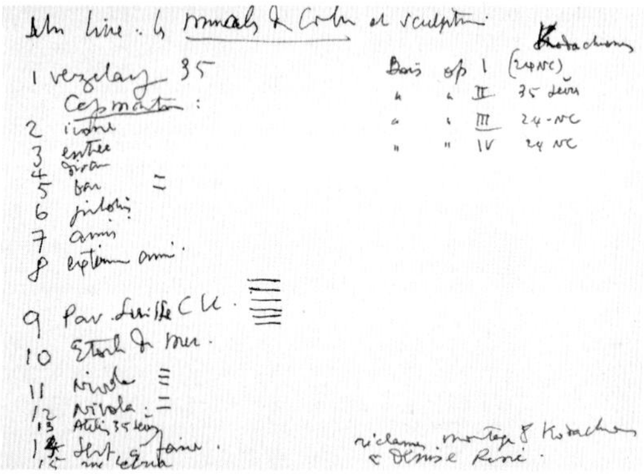

253

Edition Librairie Corbu. // La Librairie française (Rocke-
feller Center)
possède : 4 Girsberger // 1 3 Ets H // 1 Manière de
Penser l'urb // et rien d'autre // ni Plan // ni Arch.
d'Auj // ni Raynal Hitchcock // etc

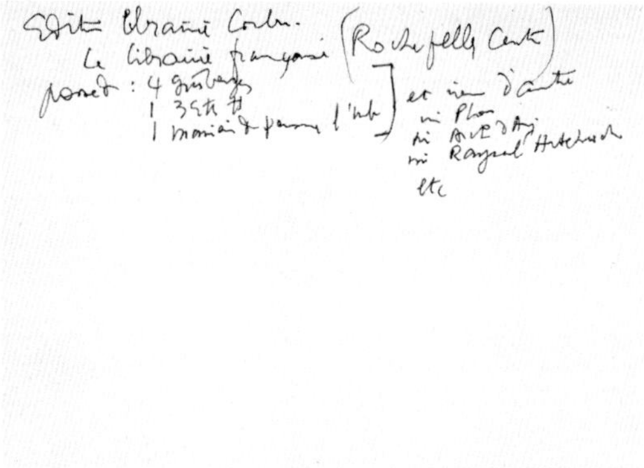

254

Relire Carrel, ''L'Homme cet Inconnu''

Negutchi (N York) 2 oct 50 me dit que les Japonais
comptent sur moi, voudraient que j'y aille etc. Les
contacts avec brevet 226 — 226 — 226.

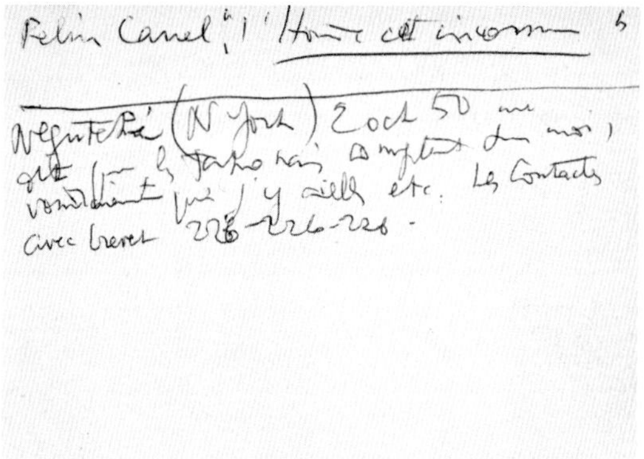

255
Le Brise soleil eut // rayonné de joie
Gratte ciel UN - 3 oct 50 // 20 heures // Queens
Bridge // Soir // = lunaire // les diamants de NY sont ici
perdus // car Harrison a posé des // verres bleus
 Partout ailleurs les gratte ciel irradient ''lumineux''.
(Et pourtant la luminescence règne partout : Preuve
que Harrison a semé le cafard avec ses verres si
fortement bleus

256
4 oct 50 // Brevet // 226 — 226 — 226.
avion N Y Paris altitude 6000 m température −22° vi-
tesse 520 km // 1 verre de bière // quand on verse la
bière, la mousse remplit les ⅔ du verre. Globules
toutes semblables: Mais au bout de quelques instants
— apparaissent quelques globules plus grandes enser-
rées par les autres : La totalité de la mousse est com-
pacte, se tient, du haut en bas de la masse par l'effet
d'une juste proportion entre la membrane et le volume
des globules : il y a unicité des efforts = une seule
forme de structure

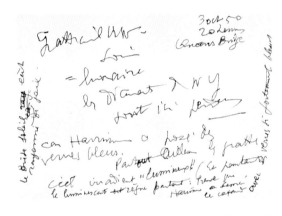

D16''

258
Carlos Arbelaez ... // 57665 // Sert

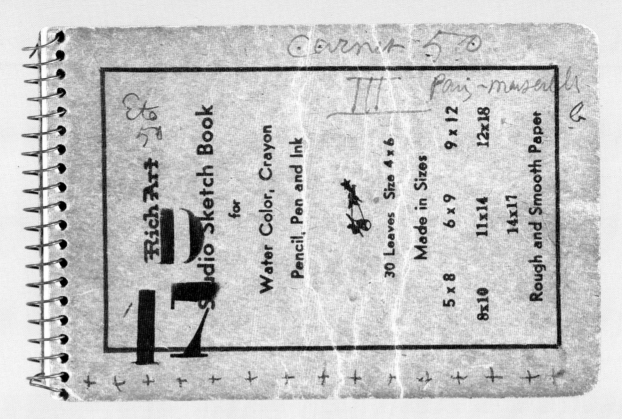

259
Eté 50 // Carnet 50 // III Paris—Marseille b // D17

260
Gandal

261
Eté 1950 le brise Soleil de Cité du Refuge de Armée
du Salut : Evolution du brise soleil proposé par
Pierre J^t
tôle / tôle // Ça passe

262

263
8 au moins

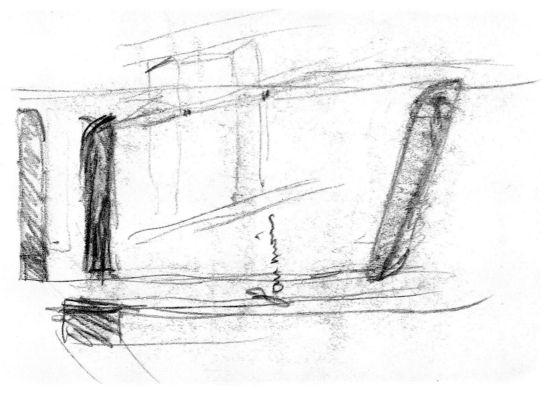

264

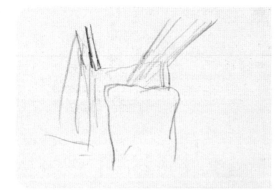

265

266

267

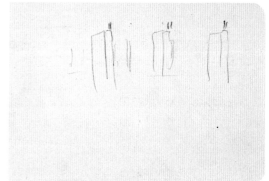

268

269

270

271
"La pierre amie de l'homme." // p L-C 1
Pour Jardot D^r des Archives photogra // de France)
19 mai 1950
la pierre

272
Colline plus grande // église plus petite // Depuis le
train Paris Bâle

20
mai
50

le chapelle
de Ronchamp.

depuis train Paris Bâle

273
20 Mai 50 // La chapelle de Ronchamp. // Cimetière //
Depuis train Paris Bâle

274
abat-son // chaire

abat-son
chaire

275

276
Marseille Michelet / 17 août 50 // laisser ouverts les 3
joints de dilatation
oui // non

277
Dessin à faire // 1° Aris, piscine + colline // 2° profil
parapet int. terrasse // 3° trous de la Tour // 4° paroi
Nord culture physique

278

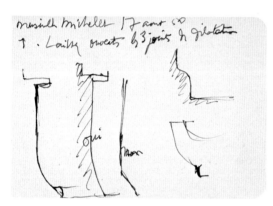

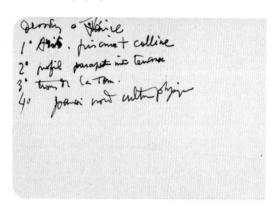

279

280

281
Chantier Michelet

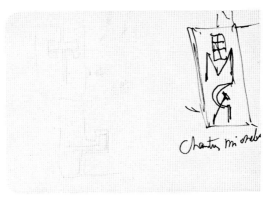

282

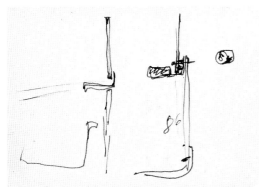

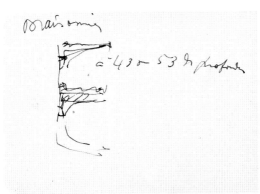

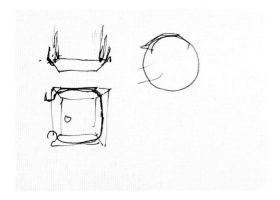

283
Maisonnier // à 43 ou 53 de profondeur

284

285
le Modulor en dorure à la feuille sur <u>pierre</u> // ou sur
bronze // 1234 1 feuille fondue

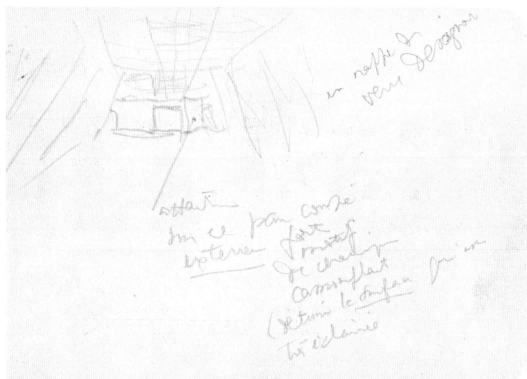

286
en nappe de verre désigner
attention // sur ce pan coupé <u>extérieur</u> fort motif de
céramique camouflant (détruire la <u>surface</u> qui est très
éclairée

287
Candilis // nettoyer au sable ou à l'acide les galets
escaliers secours
les rampes toiture solarium + escaliers en <u>bronze</u> et
pas en fer
revoir paroi Nord cult physique

288
vue de la travée IVème
attention // Sauver cette vue admirable des mon-
tagnes // à l'arrivée autos

289
maintenir libre

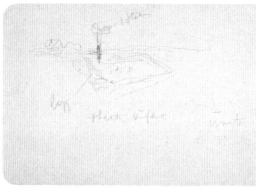

291
1 statue ∥ bon ∥ théâtre enfants ∥ unité

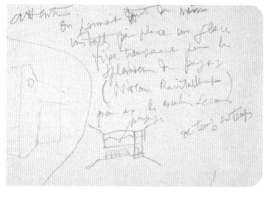

292
Attention : On pourrait tout de même installer par place une glace fixe transparente pour la splendeur du paysage (Niveau Ravitaillement)
par ex : les escaliers secours ∥ paysage ∥ de temps en temps

293

la toiture à 5–6 heures
niveau 15? // il y a ici membrane qui ferme la rue inté-
rieure // ascenseurs / secours

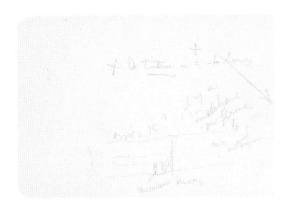

296

ou comme Sud // il faut sauvegarder 1. 2. 3 = le
pourtour pur dans la lumière

294

1 Ciné : prendre systématiquement pendant Sep-
tembre des vues des paysages encadrés à tous les
niveaux : conditions de nature // (avec bp de ciel //
[avec] pas du tout de ciel
2 Hervé idem // + prendre des vues des cellules vides
blanches et béton
15° Etage (actuellement vide de dépôts) et sans gra-
vats) entre 4 et 6 h soir, des 2 côtés = / Est // Ouest //
soleil // avec les parapets brise soleil, le tout sans
menuiseries, sauf les plateaux sapin sol

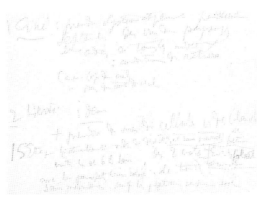

297

Toiture // il faut que du hall des ascenseurs en arrivant
au sommet on voit l'escalier A

295

Candilis prévoir un circuit touristique avec divers
points stratégiques (visiteurs ne devant pas déranger,
mais voir du bon point de vue) // cult physique // res-
taurant // crèche // clubs enfants // hall

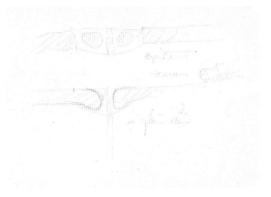

298

existant // terrasse / joint // dilatation // à faire ainsi

299
revoir les <u>casemates</u> jardin toit // Nord, prévoir des gra-
dins // Sud [prévoir] des belvédères sans danger
Préparer p. dallage solarium une plaque dédicatoire
décrivant l'historique en bronze

300
Attention les brise soleil ouest "mauvais". // Sont
faussement prévus
Sud // bon
faux // ils sont tels actuellement!

301
4 Nov 50 ROB // en a / casier livres, lunettes // réveil //
etc // tabac
b / table // c / fenêtres 53 × 53 ou 53 × 86 avec bar-
reaux et grillage cuivre moustiques.
dispositif éléctrique contre cambriolage
1 verre fixe // 2 fenêtres coulissantes // 86 226 // 3
porte pleine

302
Musée Archéologique // Delhi // cité Linéaire Rezé //
Nantes
1 paquebot Marie
20 Mai 52
— Marseille Port Charité
— Urb Ismir
— Palais Mexico —
— Chateaubriand Bresil
— Prince Sangusto Bresil
— Matarazzo
— Bogota Centre Civique
— 226 / 226 / 226
— Bombay Bahkra Atomic Nehru
— Urb Lisbonne
   Alger Viaduc Tombarel // Zehrfuss

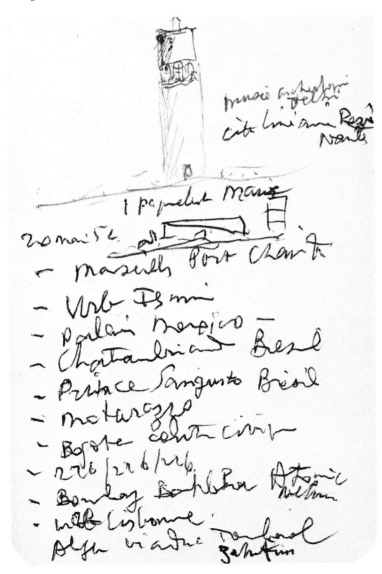

303
Scrafitti // Michelet // l'unité Michelet est farcie
d'érotisme, signes et scrafittis d'une virulence totale,
partout sur les poteaux et les murs

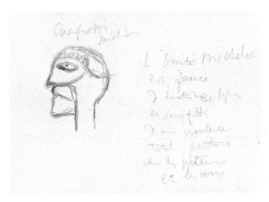

304
Claudius // Jacques Rivet // Laugier // inter = sur Mon-
aco // Montrer l'album dessins

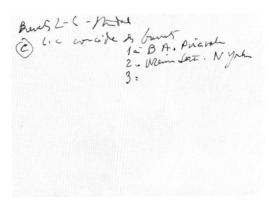

305
Brevets L-C — Standards // © L-C concède ses bre-
vets // 1 à B A. Pinavole // 2 — Wiener Sert. N York //
3 =

306

JAC // organiser : // nourrir // le déjeuner sur les trot-
toirs // 70.000 culs sur les ''bordures Haussmann'' //
les hauts parleurs = bouche et oreilles modernes

307

l'isolement : toute la France est ici + la Suisse, le
Danemark la Bulgarie l'Allemagne l'Angleterre, etc.
La réaction contre les sans Dieu // ceux / avec Dieu //
Et Krishnamurti précisément prêche à la salle Pleyel
après 25 ans de silence
Depuis 14–18, les soldats paysans ont vu les villes //
En 39 de nouveau // Maintenant ils vont en civils.
Demeurent : la condition paysanne // la terre :
annuelle // la condition industrielle // : les 24 heures

308

l'agitation, le frémissement des palmes // Poésie sur
Alger / Attention // impressions mettre des // signes
plutôt // que des chiffres // aux figures.
Maillot 50 // C... Sculpteur <u>plomb</u>

l'isolement paysan? // Ils sont 70 000 ordre impeccable
des ... spontanés // p... // des amis Travaillent comme
les Kolkoz ou les Bolchevicks

Fin d'un monde / 12–14 mai Parc des princes // Le
Congrés de JAC (jeunesse agricole Chretienne) //
70 000 // avec évêques, chanoines, curés et filles et
garçons : fini le cul terreux. Tous les filles en tailleur
et cheveux ondulés. Marie Claire // Garçons comme
tous les citadins — // les chars allégoriques : à la
page.
le salon // boudoir // le cabinet de travail

309
[AH]MEDABAD // FEVRIER // 51 // 51 // INDES / 1er
Carnet // RONCHAMP // E18

310
THIS SKETCH BOOK BELONG TO LE CORBUSIER
ARCHITEKT IN PARIS (adress in India : Mr Thapar
New Dehli

311
Mme Wog // Avant départ : donner les archives dessins
et plans effectués 1922 50
Bouxin 1 S^{té} d'Edition = Ascoral // VR // Crès // St Dié //
UN Corbu // Bogota
attention 24 NC // atelier // verre lux fer
Albert : qui est Teleman? // musicien

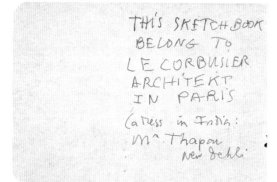

312

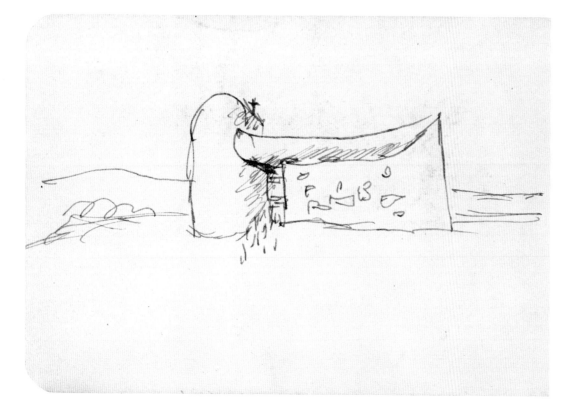

9 juin 1950

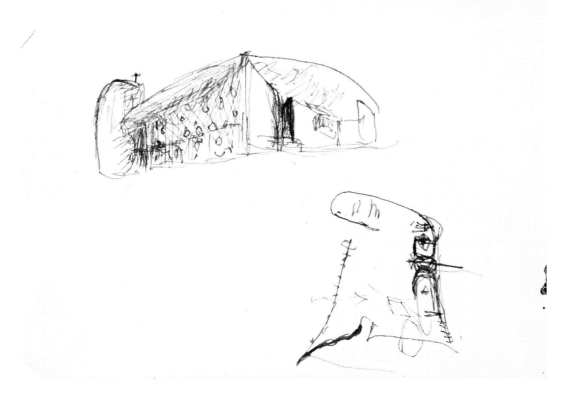

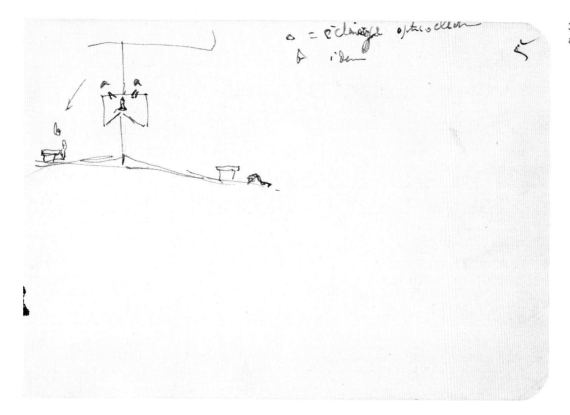

315
a = éclairage opticoelectr ∥ b idem

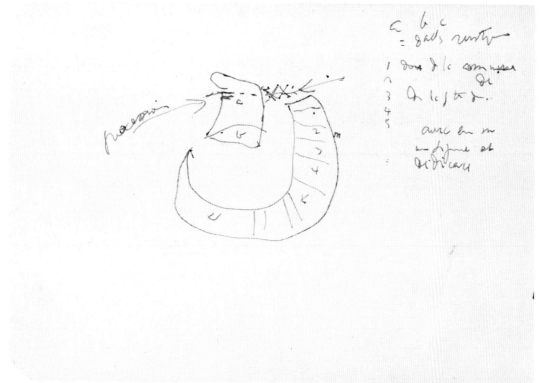

316
procession
a b c ∥ = dalles rustiques ∥ 1 don de la commune ∥ 2 / de ∥ 3 d la S^{te} d. ∥ 4 ∥ 5 avec en m une figure et dédicace

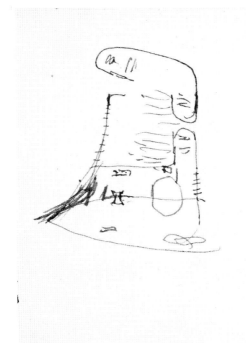

317

318

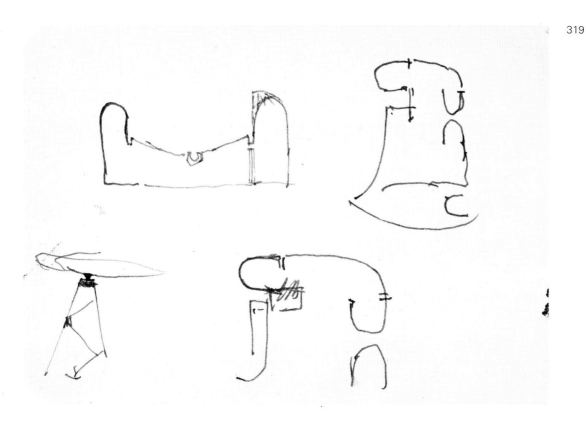

12 _ février 51   11

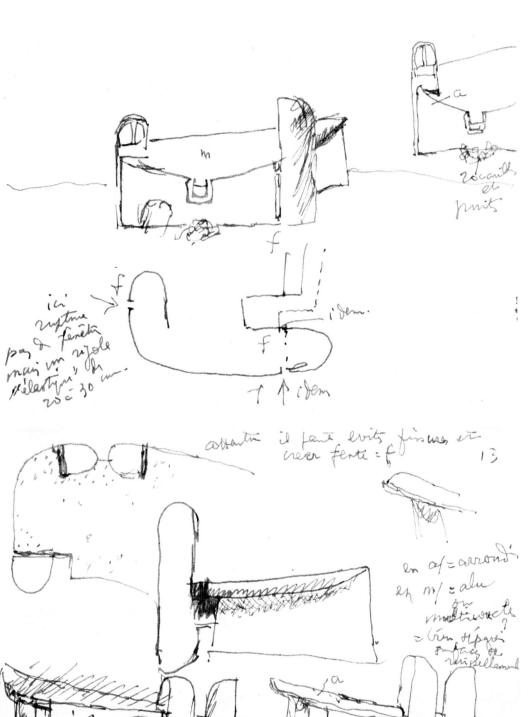

321
a ∥ rocaille et puits
ici rupture pas de fenêtres mais une rigole ''élastique''
de 20 à 30 cm. ∥ idem ∥ idem

322
attention il faut éviter fissurer et créer fente = f
en a / = arrondi ∥ en m / = alu ou multicouche = bien
séparés? surface de ruissellement

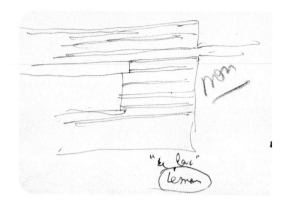

323
NON // "Le lac" // Leman

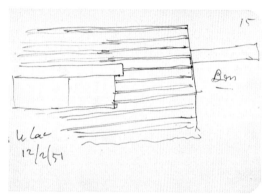

324
Bon // Le Lac // 12/2/51

325
Paris 15 février 51 (?)
1 saut de ski // 20 février 51 survolant la Crète

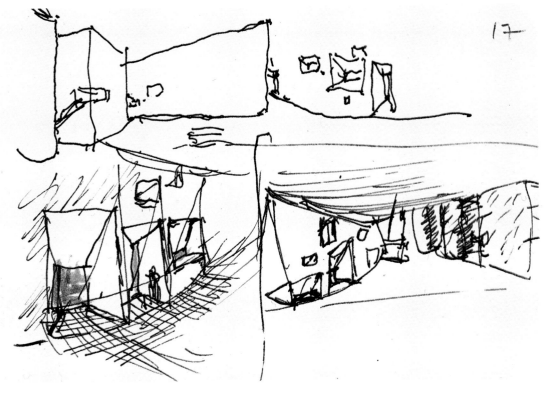

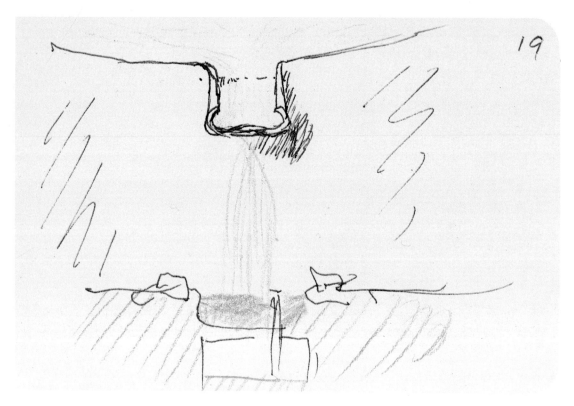

19

329
Dehli New // p. nous, se souvenir de la proposition N°1
UN 48
les instruments astronomiques de Dehli
Ça aplatit définitivement les meilleures qualités de
l'Anglais Luytens
Ils désignent la voie : relier les hommes au cosmos …

330
l'exacte adaptation des formes et des organismes au
soleil, aux pluies, à l'air etc — ce qui enterre Vignole
— le cylindre sommital = 140–142

C'est la route de tous les temps : l'egyptienne, la
perse, la grecque, la juive
— les animaux permanents : la vache le buffle gris
sombre, l'âne (petit), le mouton, la chèvre le porc. —
les charrois, le portage sur la tête : dignité temps,
attente — Avant le big money!

332

331
Patiala // 25/2/51 // <u>soir</u>

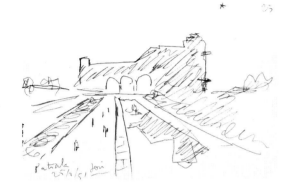

333

334

100°	212
37°	100 moyenne à Chandigarh
0°	32
Centigrade	Fahrenheit

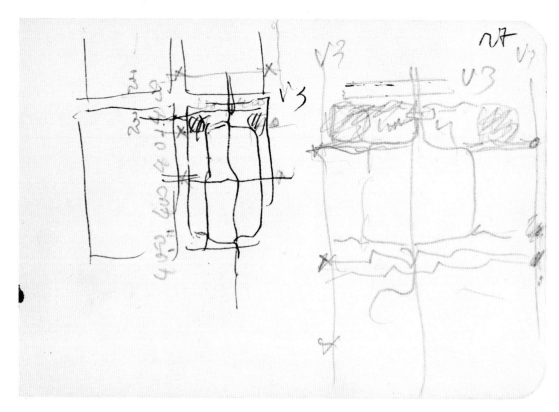

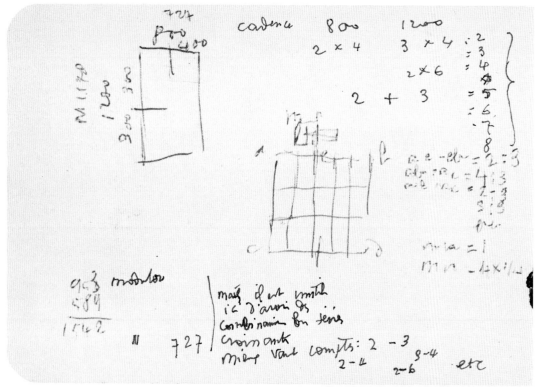

336
cadence
Modulor // [Modulor] 727
mais il est inutile ici d'avoir des combinaisons en
séries croissantes Mieux vaut compter : 2–3 // 2–4 /
3–4 // 2–6 / etc

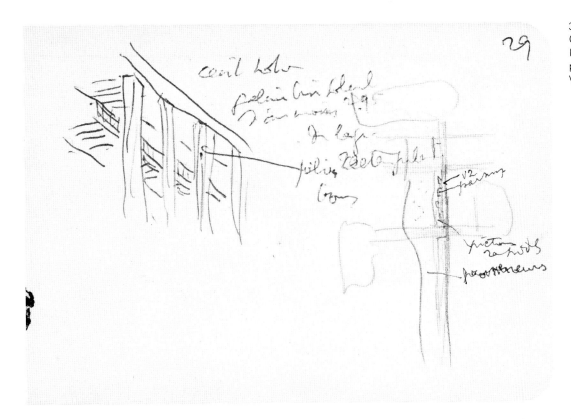

337
Cecil hôtel // galerie brise soleil d'au moins 2,95 de large
piliers rectangulaires // bons
V2 // parking // piétons rapides // promeneurs

338
Canon à Ciment Créateur de murs isothermes

339

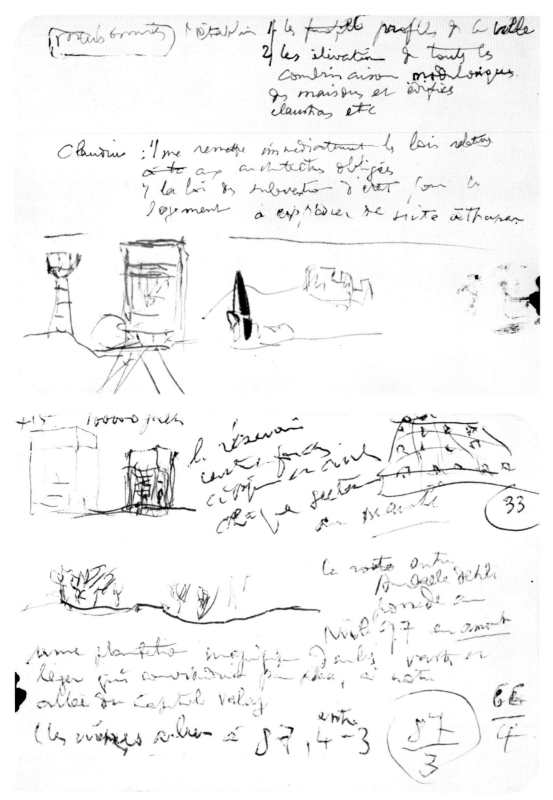

340
(Maisonnier) établir / 1 les profils de la ville
2 les élévations de toutes les Combinaisons modulo-
riques des maisons et édifices claustras etc
Claudius : 1 / me remettre immédiatement les lois
relatives aux architectures obligées
2 / la loi des subventions d'état pour le logement à
expédier de suite à Thapar

341
+ 15 / 100 000 gallons // le réservoir central fonction
civique en aval chaque secteur du marché
la route entre Amballa Dehli posséde au Mile 97 en
amont une plantation magnifique d'arbres vastes et
légers qui conviendrait par place, à notre allée du Capi-
tal Valay // (les mêmes arbres à 87, // entre // 4–3

342

<u>Urgent</u> / rédiger statut du terrain // 1° Définition et de-
scription de la Capitale // 2° Zonage // 3° Catégories I à
VIII // 4° les 7 V // 5° Organisation d'un secteur [Son]
administration

il faut compter avec la cochonnerie de l'habitant.
  Eléments des maisons : ce qui reçoit l'oeil
le 19 sur la Jeep Chandigarh–Dehli

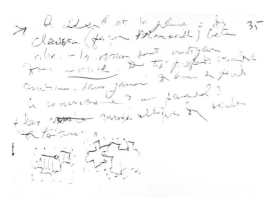

343

Le soleil et la pluie = des claustras (façon Marseille)
béton vibré.–Les murs sont mitoyens donc <u>invisibles.</u>
De très profondes verandahs continues, sans jamais
de murs en façade. Le couronnement? un parasol? +
les rampes obliques des escaliers de toiture.

344

à New Dehli, le Gouvernement / <u>l'axe</u> // est désespé-
rant (longueur + pelouses // vides) // pour les V2 A
(Gare) Chandigarh, il faut mettre les piétons dans les
vallons, chemins sinueux et arbres pittoresques.
offices // piétons // autos à droite

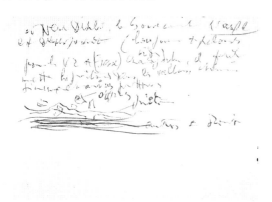

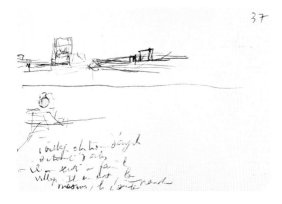

345

1 Village = le trou d'argile entouré d'arbres — il a
servi à faire le village. Il en est la mesure, le contenant

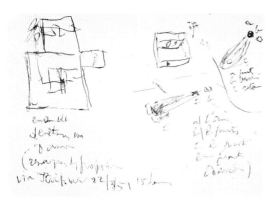

346

ensemble de cultures vues d'avion (remarquer les pro-
portions // Via Jaipur 22/3/51 15 heures
a puits // b bassin // c retour
a / l'âne // b / le puits // c / la piste en pente (d'avion)

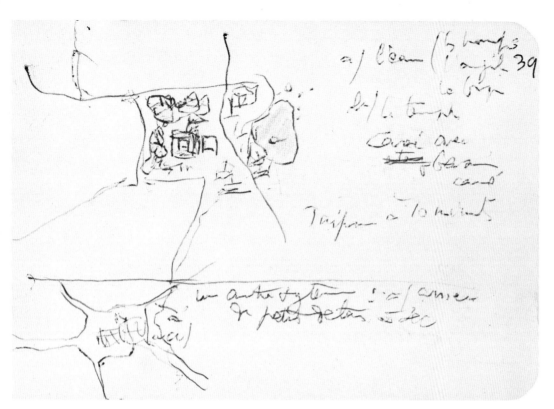

347
a / l'eau / (les boeufs ∥ l'argile ∥ la brique
b / le temple ∥ Carré avec bassin carré
Jaipur à 10 minutes
un autre système : a / comme des petits deltas à sec

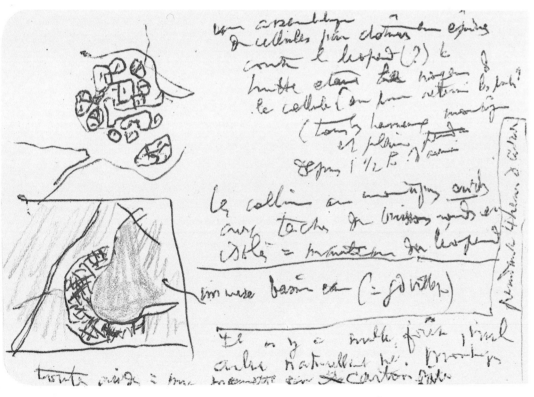

348
un assemblage de cellules par clôtures en épines
contre le léopard (?) la hutte étant le noyau de la cel-
lule (ou pour retenir les poules? (Tous les hameaux
montagne et plaine depuis 1½ h. d'avion
Les collines ou montagnes <u>arides</u> avec taches de buis-
sons ronds et isolés = manteau du léopard
immense bassin eau (= gd village)
Il n'y a nulle forêt, nul arbre naturellement né. Mon-
tagnes toutes arides = une maquette en carton pâte
pendant 4 heures d'avion

349
Près d'Ahmedabad, il y a des grandes cultures à
grande échelle géométrique, avec limites rectilignes

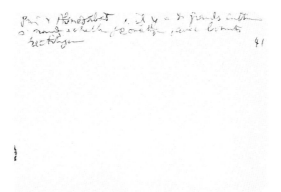

350
Ahmedabad // ceci est la cour close d'un temple.

351
pierre jaune
a = mur de 4 m. // b c = kiosque // d = rampe // e =
temple

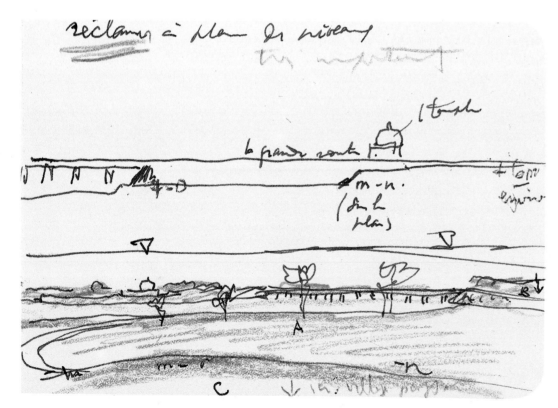

352
<u>réclamer</u> à plan de niveaux // très important
<u>la grande</u> route / 1 temple // +.0 / m–n. //
(sur le plan) // + <u>6</u> m. environ
ici: village paysan.

353
Préciser au Conseil Municipal : réserve : <u>protéger contre l'inondation</u> = question N° 1
la scène 1 ou la scène 2 // rives / usines / pas beau
m-n R.S est un remarquable amphithéâtre pour théâtre de plein air

354
la route

355
le Terrain B

356
Vieilles murailles // installer des bassins

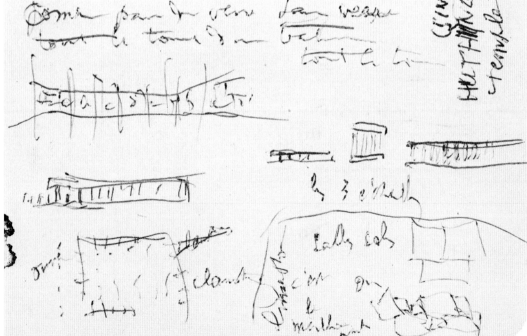

357
employer les claustras Marseille comme pans de verre
sans verre tout le tour d'un balcon // tout le tour //
(SING) HUTHING Temple
les 3 échelles
ouvert / claustras
limestone // dalles sols // ou // c'est le meilleur marché

358
la lumière solaire va jusqu'au fond // 25m
orient // ombre à midi // ouvert, plein air
important tout peut être <u>ouvert</u> sans portes ni fenêtres
les vitrines fermées a clef.
La Saison des pluies est sèche et fraîche

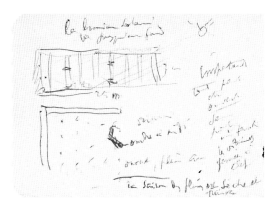

359
Les parasols au Cement gun // les parois ouvertes en
claustras // couleur pierre + ciment coulé + bois // Il y
a de l'Heraclite Indien
le confort par les draperies à puissantes couleurs
(<u>unies</u>; teintures)
The Museum // The House for Husthésing // The
Townhall / attendre mon prochain passage // il faudra
que j'envoie un dessinateur surveillant.
Pauvre Inde! Dudley le gentil blond de l'équipe Harri-
son est conseiller pour construire un port

360
c / villa du frère toiture façon Baizeau Tunis
Villa du frère // Claustras sans verre servant de parois
ventilants faisant obstacle a effraction.
Tarif dû des architectes + la <u>moitié</u> — // ou faire tout
le projet <u>à forfait</u> // fini en une année ou plus tôt.
faire 1 plan en plusieurs étapes selon la disposition
des fonds

361

Ce que la terre demeure primaire, première, primitive, malgré les travaux des hommes! Le régne de la nature, on l'a trop oublié. Mais les hommes sont des dieux (grands et minuscules). L'avion a ouvert une porte. Que fera-t-on?
Officiel = AHMEDABAD Municipal Corporation // AHMEDABAD. // GIRA SARABHAI // RETREAT // SHAHIBAG // AHMEDABAD
⅓ au contrat // ⅓ avant projet // ⅓ plans finis / payable en Francs français ou £ en France ou en Angleterre (pour éviter impôts Indiens)

362

de l'auto "qui est le propre et la beauté de l'époque". Non, il n'y a, chez certains, qu'un besoin d'évasion par l'auto parce qu'en Occident la vie est folle. A Chandigahr on marchera hors des autos et N York Fifth AV + 42 Street sera grotesque. Le calme, la dignité le mépris des convoitises : Peut être l'Inde est-elle capable de s'y maintenir, et de se placer en tête de civilisation — On commence le travail à 10 heures le matin. Pourquoi-pas? On va à pied à travers les gens et les arbres et les fleurs. On quitte à 4 heures. Pourquoi-pas? Tout à coup, un klaxon! la jip de la police. Voilà l'ennemi. C'est inadmissible au milieu de cette paix acquise par une sagesse instinctive

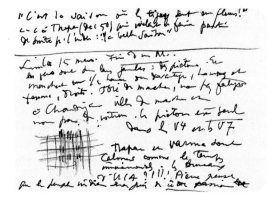

363

"C'est la saison où les tigres sont en fleurs!" L-C à Thapar (déc 50) qui voulait le faire partir de suite pour l'Inde : "la belle saison"

Simla 15 mars. Fin d'un M. les gens sont sur leurs jambes : des piétons. En marchant ½ heure ou davantage, hommes et femmes, droits. Joie de marcher, non pas fatigués à Chandigar ville de marche et non pas de voitures. Le piéton est seul dans les V4 et les V7

Thapar et Varma sont calmes comme le temps immemorial. les bureaux d'USA?!!! Pierre pense que le peuple Indien sera pris de cette passion

365

25/2/51 / Joliot Curie revenant des Indes me dit au
C.E. = "Des riches dans des palais, et les trottoirs
pleins d'une foule d'atroces miséreux" Pas un mot
sur les splendeurs humaines partout répandues, et
sans classes, hors classes : des rapports sans
violence.

 Pour nous, pour moi, toutes les possibilités apparais-
sent d'une floraison possible et d'une ouverture enfin
radieuse, sur l'ère machiniste. Le crabe, comme le
serpent, quitte sa peau à la saison. Il en sera ainsi de
la société de l'argent : l'Inde pays de gens qui ne pos-
sèdent rien, et de quelques uns qui possèdent tout.
Ceci fait que la jalousie n'apparaît pas et que richesse
materielle reste hors des richesses spirituelles acces-
sibles à tous et existantes en tous

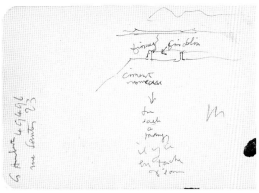

364

BAJPAY architecte de Bombay qui nous a conduits à
l'aéroport // demande que Mr Thapar lui écrive pour
mon retour. // Chandigarh

366

G Aubert // 49496 // rue Santos 23
fissures / ... sol... // ciment nouveau // sur salle à man-
ger il y a eu tache d'eau

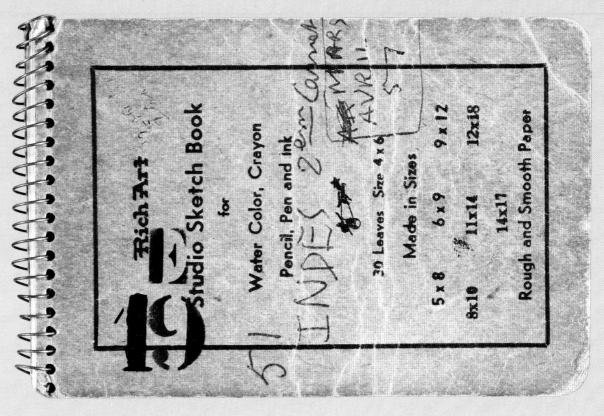

368

2 juillet 50 // Rapport Bogota / Plan 4. Civique // insérer
1 feuille schéma // comparatif // places Venise // Paris //
Rome // Bogota

Chap I méthode énoncer l'harmonisation des 3 ser-
vices : Corbu // Sert W // office du plan // + exécutants
Colombien Samper etc. de qualité et pleine connais-
sance des lieux.
hierarchie // continuité // qualité de même nature et
même foi
Plan 4. Royaume du piéton, consécration d'une tradi-
tion // Bogota // la 7ème prolongée Nord et Sud.

369

Plan 3

les noyaux : / centre gouvernement // [centre]
affaires // [centre] commercial // [centre] culturel / a
entre 7ème et 10ème // b autour toro // le marché cen-
tral // le marché des quartiers
la densité // par types d'habitation qualifiée / 1 — Bar-
celone // 2 — // 3 — // 4 unité d'Habitation

370

Plan 3 // les circulations
au bout : la paix dans les quartiers sur la promenade,
le forum de quartier rassemblant les éléments de tous
âges d'un quartier désormais muni de ses services
fondamentaux.

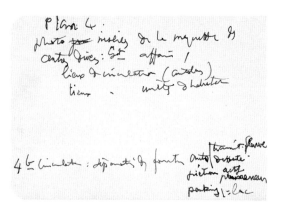

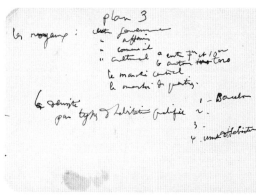

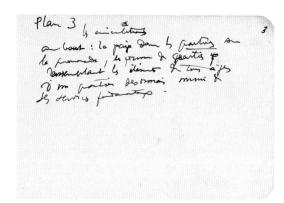

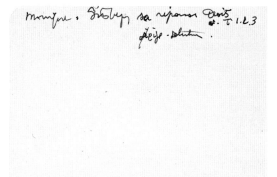

371

Plan 4 :
photo insérée de la maquette des centres divers : Gt
affaires, lieux de circulation (autobus) lieux [de circula-
tion] unités d'habitat
4b Circulation : séparation des fonctions / auto / tran-
sit. fleuve // desserte // piéton actif // promeneur //
parking = lac

372

Conclusion :
Proposer publier 1 livre Plan Bogota // 50 // sous forme
Grille CIAM p. convaincre l'opinion publique et servir
d'axe d'action pour les 50 années à venir
  — Ce plan directeur offre du travail p. tous les pro-
fessionnels pendant 50 années sur 1 ligne de con-
duite, hors de l'incohérence et pour le bien commun.
  Fera de Bogota le point de mire mondial d'une
expérience civique essentielle

373

Monique : Girsberger sa réponse Droits // . T 1.2.3. //
j'éxige solution.

375
pour la maison du maire ∥ à Ahmedabad ∥ terres des
fondations + de la piscine ∥ = <u>colline artificielle</u> ∥ au
bord de la piscine ∥ La piscine directement au bord
des ∥ pilotis (à pic)
Retour analyse Blondel ∥ Thapar + Varma + Fry

376

Retour Paris : // attention :
1° Repenser // Semper // les secteurs 1200 / 800 // 2°
Echelle des Standard Modulor // Maisonnier // a / hauteur b / largeur // 3° le 1er village // 4° le Statut du terrain Semper // Salmona // Maisonnier / 5° les profils de la ville // [Maisonnier] 6° reconsidérer mesures du Capitol ech // 7° situer les Halles centrales // Terminus bus province // 8 refondre le plan définitif du 30 mars (Mayer) // 9° le musée Ahmedabad // 10° villa du Maire. / 11 villa du frère // 12° / projet Hte Cour

377

378

Avion Delhi Bombay // à 10¼–10½ heure matin // On survole campagne très belle avec <u>beaux villages,</u> parcellement agricole vaste. Il serait intéressant d'avoir documentation sur ces villages. Mandason = village

Ce mois écoulé, j'ai lu Baudelaire et Elie Faure (Equivalences)

écrire Bahbah Tata qui fournit <u>quincaillerie</u> avions India Air (serrure WC // crochets // aluminium // lampes etc

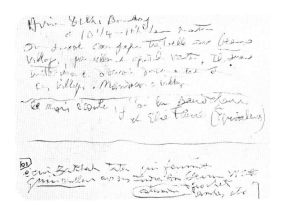

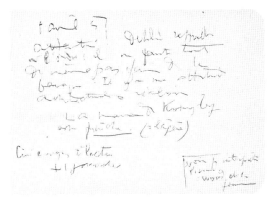

379

1 Avril 51 // Attention! Dehli rappelle à l'ordre : il ne faut tout de même pas faire de la baraque. Il y a une attitude architecturale à réaliser.

  La maison de Koenigsberg est <u>fraîche</u> (= légère)
lui envoyer Electa + 1 gouache
voir p. interpréte // Pierre // : Wood et sa femme

380
route vers Dehli // 31/3/51

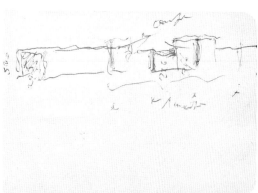

381
coupe // 1 maison

384
2 drains d'irrigation sur le toit de nos unités à 1.50
faîte
15 m ...
2 reservoirs à Amballa // en fer (tôle ondulée sur toit)
C... / (claustra) // très bon mur en briques // blanchir les
briques

386

387
le cabri // la chèvre // le corbeau // le coq //
Chandigarh // 31/3/51

388
Le moulin // à Chandigarh / Rest House

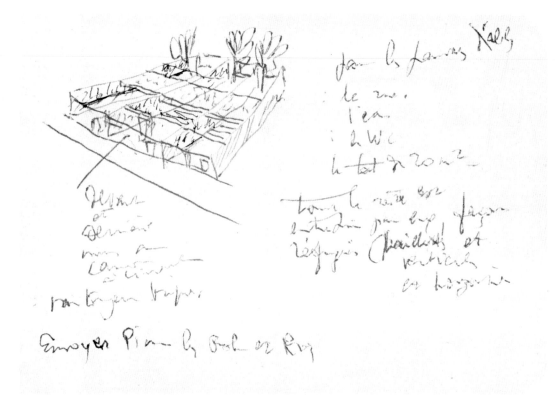

389
pour les pauvres diables // : la rue. // l'eau // : le WC //
le tout de 20 m² // Tout le reste est entrepris par eux
façon réfugiés (paillottes et verticales et horizontales
Devant et derrière murs au canon à ciment // mitoyen /
briques.
Envoyer Pierre les Rob et Roq

390
poutrelles // béton // non peintes

391
La Hᵗᵉ Cour // Trés large rampe avec dalles brutes
grises taillées à la pique

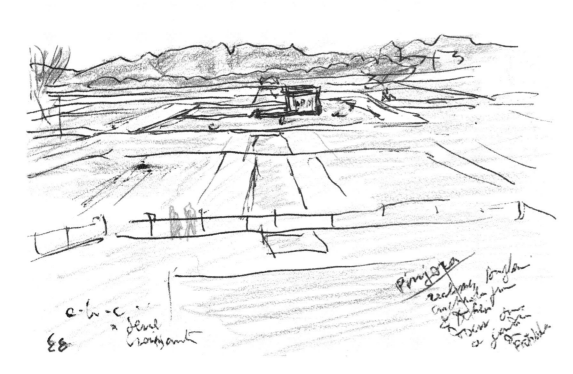

392
a–b–c = série croissante // <u>Pinjora</u> // réclamer Anglais
... ... à Delhi // Docu sur ce jardin de Patiala

393

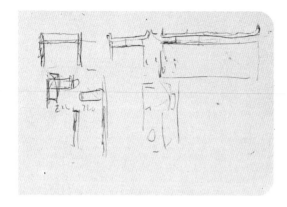

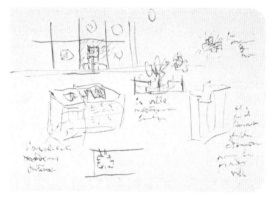

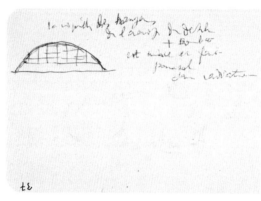

395
la coquille des hangars de l'aéroport de Dehli + Bombay est mince et fait parasol sans radiations

394
la maison du Nord
la ville méditeranéenne antique
l'application moderne juteuse
ce qu'il aurait fallu admettre pour la grande ville

396

397
26/3/51 // pour mon système hydraulique des toitures du Capitol / en parler avec l'Ingénieur du barrage rencontré chez Varma // pluie

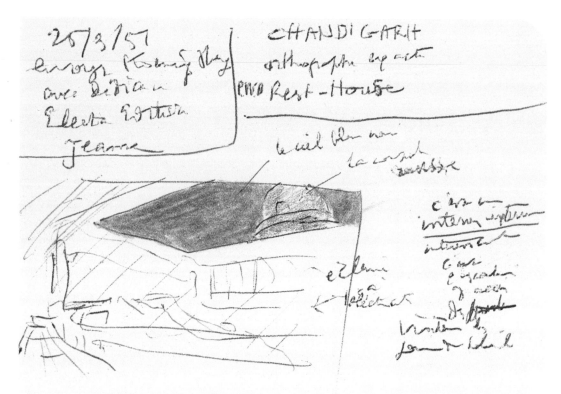

398
26/3/51 // envoyer Koenigsberg avec dédicace Electa Edition Jeanne
CHANDIGARH // orthographe exacte // PWD Rest-House
le ciel bleu noir // la coupole rousse // éclairé à l'electricité
C'est un intérieur extérieur intéressant C'est l'escalier d'accés des visiteurs les jours de soleil

399
De Bombay à Dehli, l'immense terre est toute cultivée avec soin, sur base d'angles droits mais avec une pattern très mosaïqué.
Palais du / Gouverneur // Président // Dehli // 25 mars 51 (réception)
Jardin à la mongole // le soleil se couche dans l'axe sur le canal // canal // partout reluisent l'eau, les bassins et chemins d'eau // les dallages de marbre

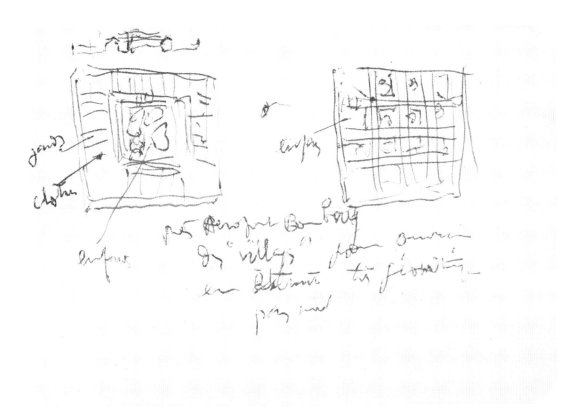

400
jardin // clôture // enfants
ou // enfants
près Aeroport Bombay des ''villages'' pour ouvriers en
éternit très géométrique // pas mal

401
la pierre jaune brune, nuancée rappelle celle de Flo-
rence = rudesse
arreté net // petit opus façon P L M Charenton
Découpures // dentelle / sandstone = grès

402

Le Capitol : canon à ciment // + laine de verre // tout
vaste et léger
Vu à Dehli déjeuner Club Mehrchand / Khamra con-
seiller réfugiés Punjab donne l'argent p. // Chandigahr
= gratuit sans but autre que faire plaisir
Ecrire Rud J[t] la cuisine indienne ''hot'' toutes
herbes + épices + après le repas : des petits mor-
ceaux de bois amers, des feuilles de Bettel. Frottage
des dents avec un bois. Masticage de canne à sucre
(écraser // + salive = secrétions importantes // Esto-
mac : parfait

403

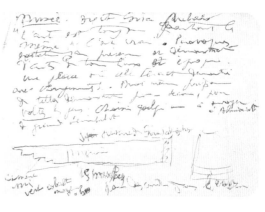

p le Capitol, ne pas hésiter à faire de grandes nefs
vides d'ombre et des circuits d'air = forum // (ici à
Bombay, la Porte des Indes)
les gosses y jouent le soir et les habitants s'asseoient
tout autour

404

Musée. / Dixit Gira Sarabhai // ''L'art est toujours par-
tout le même'' C'est vrai. Provoquer excitation par
présence et démonstration d'arts de tous lieux et
époques. Une place où cela serait démontré avec
changements. Moi même préparant de telles démon-
strations pour secouer, pour volter les gens. Choisir
quelqu'un à envoyer à Ahmedabad de grande
sensibilité
piscine de Gira Sarabhai // piscine // ciment uni vert
cobalt moyen = bon // les marches // pour descendre
dans l'eau

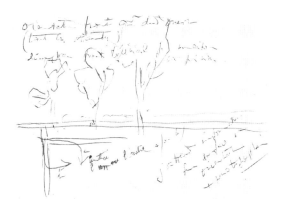

405
Orientation <u>front</u> au Sud Ouest // (toutes les chambres) // eau par puits spécial p. maison // et piscine
entrée // l'un ou l'autre a / ou b /
J'attends informations sur surface et orientation + photographies

406
<u>Maison du Maire</u> / le 23/3/51
la cuisine séparée de la maison à cause du bruit des domestiques // <u>un</u> couloir à la S à M.
1 Tennis // 1 piscine // 3 bathrooms au 1er étage / dressing // bath // bedroom // X 3
drawing dining combinés R de Ch // verandah devant chaque chambre pour dormir dehors // + 1 Guest room on the R. de Ch // hôte // Kitchen à l'indienne // pantry (tea room) près de la cuisine // 1 office pour nourriture

407
<u>Ahmedabad</u>

408
Nicole Vedrés // envoyer un cinéaste tourneur sur toit
Marseille // magnifique

409
ici // apéro. // sous le solarium

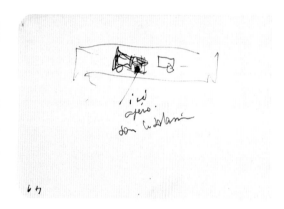

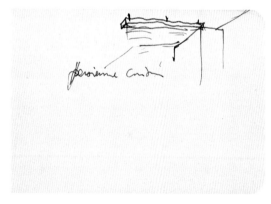

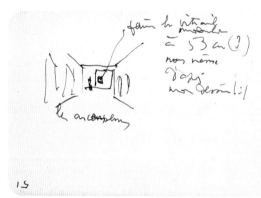

410
persienne cuisine

411
faire le vitrail Modulor à 53 cm (?) nous même d'après
mon dessin
les ascenseurs

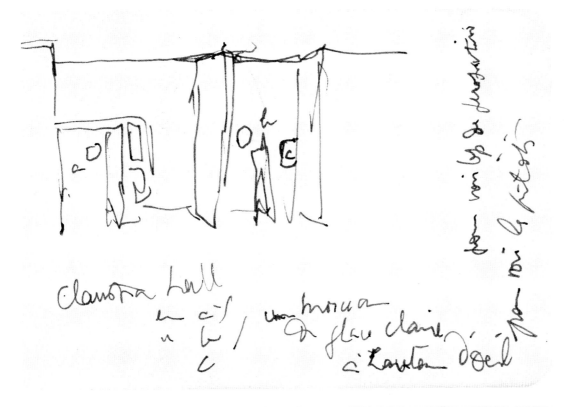

412
Claustra hall // en a / [en] b / [en] c // un morceau de glace claire à hauteur d'oeil // pour voir bp. de perspective // pour voir les pilotis

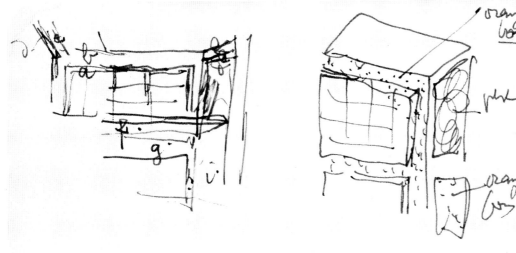

413
orange <u>bois</u> // vert // orange bois

414
restaurant // restaurant // services communs

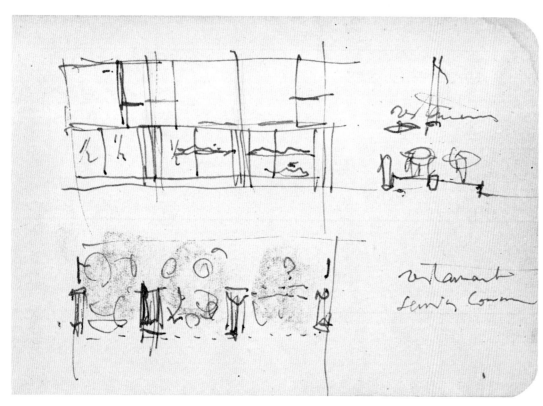

415
BOGOTA MAI 51 // 1 // MAI // E20

416

9 mai 51 // Ecrire Zuleta pour inauguration UN clamer
que Corbu a créé et mis dans le ciel de NY une nou-
veauté fondamentale

417

N-York // avion // Bogota // 10 mai 1951

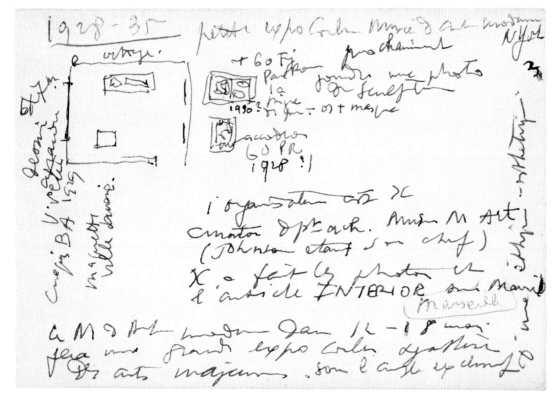

418

<u>1928–35</u> petite expo Corbu Musée d'Art Moderne //
prochainement / N York
vitrage 6 × 7 m // dessin agrandi // V. Petit // croquis
BA 1929 // Maquette Villa Savoie.
+ 60 Fig // Paul Rosen
1930? // la pigne de pin. — os + masque // joindre
une photo de sculpture
Accordéon // 60 PR // 1928?
l'organisateur est X curator dp[t] arch. Museum M Art
(Johnson étant son chef) X a fait les photos et
l'article INTERIOR sur Marseille // Marseille
le M d'Art Moderne dans 12–18 mois fera une grande
expo Corbu synthèse des arts majeurs. Sous l'angle
exclusif // d'une éthique–esthétique

419

Nivola // préparer sculpture sable à exécuter au retour
de Bogota à Spring East-Hampton

Nivola
préparer sculpture sable à exécuter
au retour de Bogota à
Spring East-Hampton   5

420

Bagarre UN Harrison Corbu
 publier les esquisses pocket-book + photos des
tableaux faits chez Nivola janvier avril 47 Ces tableaux
sont datés, par ex : NY 23 février 47 Et montrer aussi
photos et textes Site Commission 46 ''Folly'', etc,
avec les grandes gouaches faites dans la salle de
bain + texte Newyorker Hellman : ''Corbu à NY, peint
dans sa salle de bains!''

Bagarre UN Harrison Corbu
  publier les esquisses pocket book + photos
des tableaux faits chez Nivola janvier avril 47
Ces tableaux sont datés, par ex: NY 23 février 47
Et montrer aussi photo et textes Site Commission 46
"Folly" etc, avec les grandes gouaches faites
dans la salle de bain + text Newyorker Hellman:
"Corbu a N.Y, peint dans la salle de bain !"   7

9   421

422
l'avion survole rive sud de Jamaïque (11h matin) avec
un spectacle sous-marin bouleversant de splendeur et
d'inattendu
je ne suis jamais si tranquille que dans l'avion = Cos-
mos et solitude amicale et bénéfique.

423

424

425

426
ici aussi une vache (Magdalena)

427
highways — Idlewild
FUEGO — TIERRA — AIRE — AGUA = la pancarte
d'un chiromancien de rue à Bogota

428
ici un rendez vous convenu de Paris et N York et
Bogota

429
BOGOTA // 10 Mai 51
Paris // N York // Corbu 16 h 25 // 16 20 //
Arbelaez // Pisano // Mᵐᵉ Andrea // office du Plan //
17 h 15 // Cali // Wiener // Inge // Sert // Muncha //
N York
l'exactitude du Siécle

12 mai 51 // Bogota / je découvre ce four à briques au sommet de la carrière, de la colline huit jours après avoir envoyé à Simla le projet du Capitol (Palais du Gouverneur) Et je trouve ici une extraordinaire confirmation

432
Bogota / Tracer sur le plan les lieux (rues et places et profils) des architectures imposées (réclamer la loi française)
Calle 10
Palais Pt. // Conserver des petites maisons des palmiers + les coupoles et clocher de la Cathedrale + l'église au dessus du Capitol
Entre Calle 10 et 9 voir si palais président au <u>dessus</u> Carrea 4 et non au dessous??
parc // palais // Carrera 4 // porche
en <u>a</u> au droit du palais couvrir la Carrera 4 p. joindre palais à parc

433
Demander exemplaire // afficher aux murs // PLAN PILOTE // ''que gentes mascrupulos ...''
Calle 6A // en A / Carrera I este est une rue montante en pavés, indienne, sauvage, très raide admirable ambiance
Çà doit être le quartier Egypto // Carrera 3 este // Carrera 2 este

434
13 Mai 51
Un rio descend entre la Calle 9 et la 6A // Carrera I
este

435
Calle 9 // Carrera 9 este // 13 mai 51

436

Le V3 est à vrai dire le successeur du chemin de fer devenu métro et devenant <u>autobus</u> (le tramway urbain étant dépassé.

Chemin de fer ∥ metro ∥ autobus / roulant dans des <u>chemins gardés</u> ∥ ils encombrent la voie, et sont tranchants comme le rasoir, dangereux
Bogota Carrea 8 calle 18, à 12 − 12½ les autocars sans arrêt sont maîtres de la Carrera 8 (Ici, à Bogota, les V3 doivent être sur <u>Calle</u> et non pas sur Carrera)

437
Pour s'asseoir à la VIIème (Sert)

438
Bogota 2800 m altitude

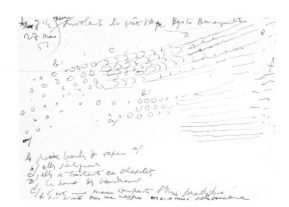

439

7½ heure // 27 mai 51 / Survolant la forêt vierge
Bogota Baranquilla
les petites boules de vapeur a /
b / elles s'alignent
c / elles se touchent en chapelets
d / ce sont des bandeaux
e / c'est une masse compacte striée parallelement
f / ça finit par une nappe maçonnée polygonalement

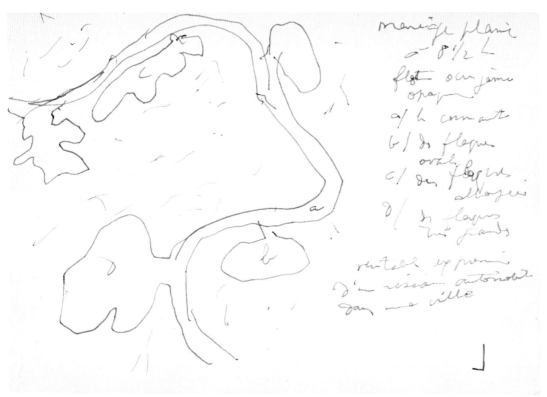

440

marécage plaine à 8½ h // flot ocre jaune opaque
a / le courant
b / des flaques ovales
c / des flaques allongées
d / des flaques très grandes
véritable expression d'un réseau automobile dans une
ville

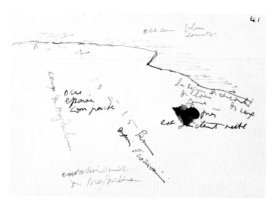

441

océan bleu sombre
eaux du Magdalena // ocre épaisse compacte // 10 à
15 km depuis l'estuaire
envahissement du Magdalena
la ligne de rencontre des eaux de loin comme près est
strictement nette

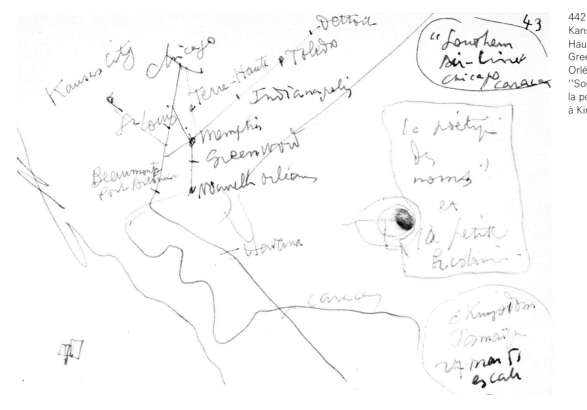

442

Kansas City // Chicago // Détroit // St Louis // Terre-Haut // Toledo // Indianapolis // Memphis // Greenwood // Beaumont // Port Arthur // Nouvelle Orléans // Havana // Caracas

''Southern Air-Lines Chicago Caracas
la poétique des noms et la petite histoire
à Kingsdom // Jamaïque // 27 mai 51 escale

443

D'un coup tout est pêle mêle.

 J'ajoute que nègres et négresses ont tout fait pour être à la page, ''Civilisés''. Ils viennent // linge éblouissant, plis de pantalons propreté proclamée, aimée et beaucoup, beaucoup de lunettes (ça pose!) sur le nez. // le Dimanche voir les blancs et leurs outils aériens

 Les nègres et négresses ont imposé aux j... le tintamarre des bariolages, quand on s'amuse!! Déjà le hott-jazz ''quand on s'amuse et rêve'' — à travers le Whole World.

444

Le 27 mai <u>Dimanche</u> // Kingsdom Jamaïque // Kingston 14 heures. Tous les nègres et négresses sont là, en toilettes éblouissantes (y compris les grand-mères) le violet cardinal par exemple) Il y a la Southern Line de Chicago Caracas qui a escalé un paquet d'Américains de Chicago vêtus de batiks (chipés aux Iles Hollandaises) bariolés, avec cheveux gris ou noir rombières ou jeunes femmes à dents proéminées pour l'anglais = Gros rires de vacances, mélange. Tête et corps primaires : 1 ou 2 générations d'émigrants

 Les Constellation de 4 grandes lignes sont devant leur hangar. Ils démarrent, courent s'élevent s'en vont passer les montagnes

445
Terre // la mer

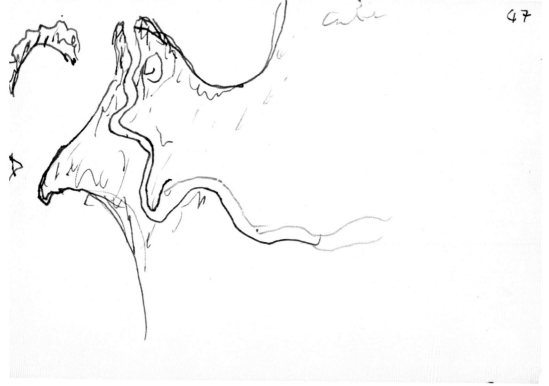

446
Cuba

447

la loi du méandre (1929) les méandres 1947 etc. //
l'érosion, la loi du rythme et de l'équilibre instantané,
les rapports du dosage = la proportion. La journée de
hui = le soleil, la concentration, l'expansion des
nuages, des fluides, des fumées. A la fin c'est l'air qui
gagne : à un moment (dépassant le point mort) c'est
l'air qui attaque la fumée (et inverssement du
phénomène.

448
E

avec les joies essentielles du principe Hindou : la fra-
ternité les rapports entre cosmos et êtres vivants :
Etoiles, nature, animaux sacrés, oiseaux singes et
vaches, et dans le village les enfants, les adultes et
les vieillards, l'étang et les manguiers tout est présent
et s..., pauvre mais proportionné.
 (Pour Sweeney je ferai des déclarations substan-
tielles qu'il insérera entre guillemets et je fournirai les
dessins)
Les croquis d'avion Paraguay, Magdalena

449
D

des lors, infinité de la recherche : arch peinture (en
fait sculpture) car espace lumière, sur forme d'une
nouvelle éthique : pureté. Confrontation photos frag-
ments tableaux + architecture + les grands dessins
puristes
 Jusqu'en 28 — Alors fig. humaine et objets à réac-
tion poétique
 jusqu'à 28 non pas objets : verres et bouteilles, mais
supports de géométrie fauteurs de proportionnement
 .... Au bout de la course, 1951 à Chandigarh, con-
tact possible

450

C

1918–19 "Esprit Nouveau". Naissance de Corbu =
une entité, un homme devant moi, devant Jeanneret.
1919. Les tracés régulateurs (la preuve = Choisy)
Désormais, recherche exclusivement personnelle.
J'ignore tous les traités. Mais je déclare la guerre à
Vignole (et Cie)
  — Corbu devant! 1922 la ville contemporaine //
l'immeuble villa // (1910 la chartreuse d'Ema)
1919 / la volonté dans la tâche est apparue : dessin
1918 du petit bol Chardin et Fouquet — Et l'esprit
d'architecture est apparu, s'est manifesté

451

B

(Suite) Dessins Stamboul, athènes, Italie.
1911 "Nouvelle Section". Maisons la Montagne // la
question. "Le hasard ne peut pas seul être le maître",
proportion. // exil. aspiration. // tous mes papiers ont
été détruits (depuis un dessin d'enfance) Il peut y
avoir des documents au musée de l'Ecole d'Art de la
Chaux. Peut-être?
1914–1918 — Angoisse et attente Paris. soir aqua-
relle, dimanche. Briquetterie Affaire du froid.
Ozenfant.
  1er tableau 1918. Espace, lumière intensité de la
composition. A vrai dire derrière cela est présent le
site de l'Acropole : le tableau, le dessin, + l'acropole
dessin carnet de route

452

De Boston à Miami, les maisonnettes en cité jardin =
une intention : la famille; un fait : le foyer; un chef : la
femme; une esclave : la maitresse de maison,
charges écrasantes : jardin, parquets, lingerie, enfants
tous les jours, dimanche compris. Un règne : tu ne
saliras pas. Une passion : astiquer. Une habitude : se
plaindre véhémentement ...
  L'homme là dedans est foutu : pas question de
"faire l'amour" (bien) Il s'acharne aux carottes du jar-
din. Il cherche des copains (ils sont éloignés. Et
d'ailleurs tout cela est bien réglé : il passe son temps
en autobus et métro // 10 mai 51

453

A

"Réapparition de la proportion dans l'oeuvre d'art //
"L'apport de Le Corbusier"
titre du livre de Sweeney / réserver p. LC droit
d'auteur aussi // L'Eplattenier. Gravure montres / Art
Moderne 1900
nature 1900–1907 sapins ornements, images, etc =
"organismes" = une cause, une raison, un axe //
vital // des conditions = c'est conditionné.
1907 Italie recherches à Sienne (dessins chez Paul
Rosenberg) organisme, sève,
Musées — ethnographique mêmes causes
1910. Orient : où est l'architecture? Mes dessins :
jamais d'ornements mais des faits architecturaux.
 Première figure humaine le dessin Apollon Delphes
(HJ "Traits" Matisse

454

N. York / 9 mai 1951 // Via Bogota
Bogota acheter Von blouse // + jupe / Europe // un
puncho p. atelier Corbu et p. YV. // + Tapis de selles //
à rassembler) // p. ch. amis Salon devant cheminée

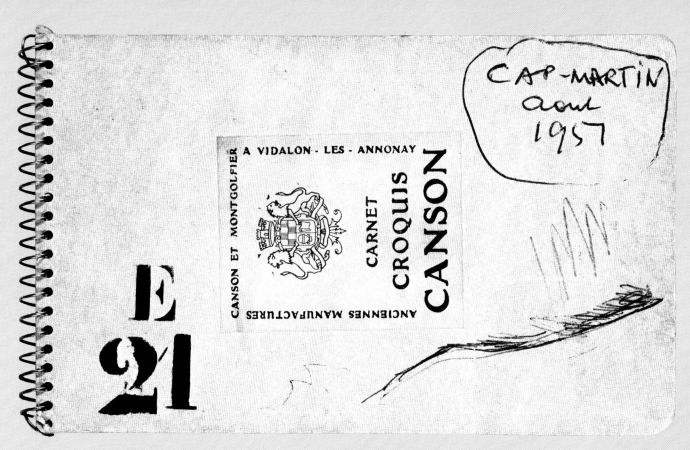

455
CAP-MARTIN // Août 1951 // E21

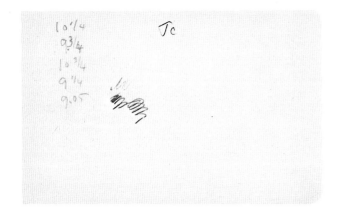

457
panorama raccourci (inexact) // où est le terrain considéré?
ateliers neufs // Fontana
la mer // quai // mur de clôture

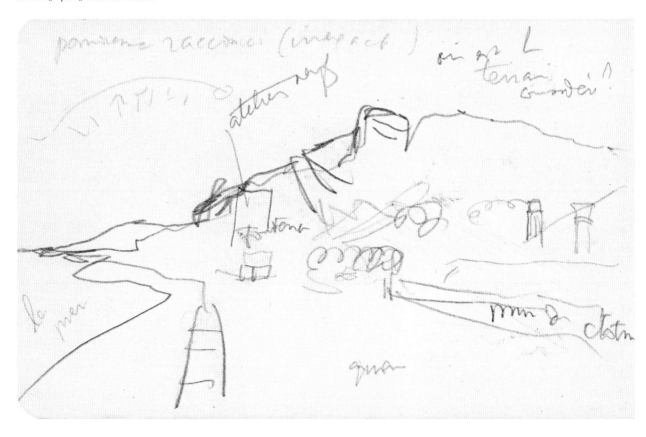

458
pergola // cyprès // jardins d'entrée // le m^t Agel // le palais // avec
tessons de bouteilles // Stade

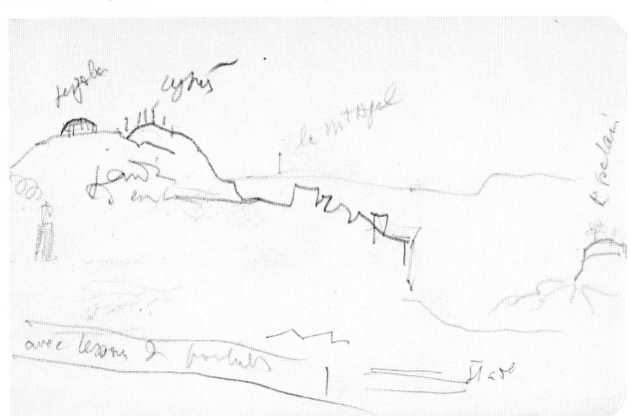

459
croquis pris depuis l'escalier à l'est du Stade

460
T de Ch // mer // usines // jardin exotique // Stade

462
18 août 51. / Cap Martin // Tissus de
l'enveloppe (cépales) des fleurs — fruits de
chaque régime de bananier (en floraison et ger-
mination à ce moment
étanche et isotherme
poudré violacé // rouge splendide (intérieur)
a = fibres longitudinales accollées
b = réseau très fin de membranes 1 et mem-
brures 2
c = épiderme froncé
a = $^1/_5$ m/m
b = $^1/_2$ m/m de haut // 1 = mince comme du
papier // 2 = fort ($^1/_3$ m/m)
c = épais $^1/_3$ m/m

463
La Tête de Chien // Vue depuis Antibes.

464
Roger Vandenbergen // architecte // Chaussée de Waterloo //
1273 // UCCLE
Belgique a fait petite photo peinture Roberto (à vrai dire pas
épatant à cause reflet aquarium)

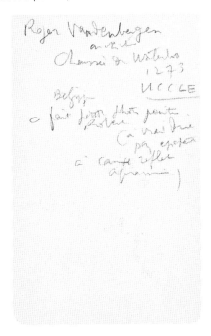

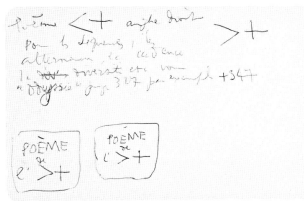

465
Poème <+ angle droit >+ // Pour les séquences, les alter-
nances, la cadence la diversité etc voir ''Odyssée'' page 327 par
exemple + 347

POÈME   POÈME
  de   de
 l'>+   L'>+

466
22 Août 51
  Vu hier chapelle Matisse <u>Vence</u>. Me donne un immense cou-
rage : Le soleil né de la tête blanche apporte pureté et lumière
limpide. Fait l'âge de 80 ans! — Ceux qui viennent voir, sont
propres, reservés corrects, émus. Jeunes et ''Matissement''
habillés!

467

Esterel Trouin : en pisé rouge (sable + pierraille) et voûtes cac-
tées (type maison Jaoul) // Style unique uniforme
22 août 51 // équipement // Reverdy // (intérieur)
Plan (éventuellement) type Tériade, Chandigarh etc / 110 m²–
35 m²

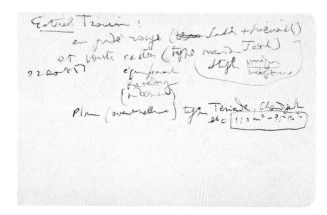

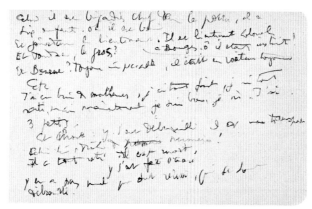

469

Celui il est brigadier chef dans la police, il a six enfants, oh il est
bien.

Et Jourdan le lieutenant. Il est lieutenant Colonel à Bourges, ô
il était instruit!

Et Fondat le gros?

Et Bourne? Toujours impeccable, il était en voiture toujours.
Etc

J'ai eu bien des malheurs, j'ai tout fait, j'ai tout raté, mais
maintenant, je suis bien, je vis. J'ai 3 petits.

Et chose : y s'est débrouillé il a un transport Celui la, drôle de
numéro! Il a tout raté. Il est mort. Y s'est fait écraser y en a pas
mal qui ont réussi, qui se sont débrouillés.

468

Iᵉʳ acte ''La Chambrée'' // C'est un Caïman : y marchait comme
çà! // 2 types // natif de Marseille // du régiment se rencontrant
face à face dans le compartiment Cannes Marseille ne s'étant
pas vus depuis 20 ans.

''Et celui-ci! Et celui-là? Tu te rappelle pas Loubard, le petit, le
petit! Chauffeur de taxi à Marseille. Tréas Raymondo, aussi
chauffeur de taxi. L'autre jour, je prenais un Taxi. Le type avait
un béret basque, y me regarde comme ça. Y me dit : tu serais
pas machin? C'était lui!

Un jour au rugby à Beziers, j'accrochais depuis une heure avec
un type sur la touche. Tout à coup, y me regarde, y dit : mais
c'est toi Maurice! Saly il est archi-millionnaire à Paris. O il est
bourré celui-là!

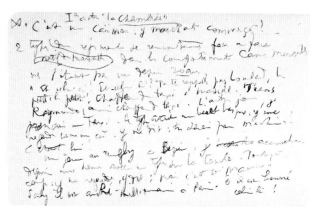

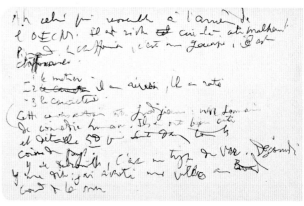

470

Ah celui qui ressemble à l'arrière de l' OECM. Il est riche celui-
là, ah malheur! Pinaud le chiffonnier, c'est une gouape, il est
chiffonnier.

— 1 le métier // — 2 il a réussi, il a raté // — 3 le caractère

(Cette conversation est prodigieuse : un sommaire de comédie
humaine. Ils en ont bien cité et détaillé 50 qui sont dans tous
les coins du pays.

Y se débrouille, c'est un type du Var. Dégourdi y me dit : j'ai
acheté une villa au bord de la mer

471

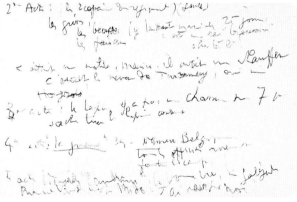

472
2ème Acte : (les 2 copains du régiment) (suite) // les grives // les
bécasses // les faisans // (y laissant mariner 25 jours! C'est un
vrai ''broussin'' o ha là là!
C'était un noble, Maurice, il avait un chauffeur C'était le neveu
de Turdannery, ou un Hongrois!
3ème Acte : le lapin y a pas un chasseur sur 7 qui sache tirer le
lapin courant
4ème Acte : la guerre'' 39. Namur Belgique — tous les officiers
avaient foutu le camp.
5 Acte : Marseille ''l'ambiance'', la bonne vie, la galéjade Rien
ne vaut notre Midi. J'ai navigué moi!

473
C'était 1 vrai chant de cigales // J'ai dit à ma femme : voilà ma
Provence!

474

22 août 51 / Michelet / urgent // prendre billet // train place
1 mobilier Le Corbusier // 1° passer un jus sur baraquement bu-
reau
2 les ascenseurs élévateurs monte-charge de chantier à NY.
sont rapides foudroyants Ici le g^d est paralysant
3 Terrasse. Le scandaleux parapet de la Cie du Midi
4 Les enduits plafond rue intérieure // + Marché // à la Chaux //
rude comme // brise soleil horizontal // central des serv comm //
sur balcon ouest // et derrière // + rues intérieures?

475

Préparer le livre du chantier de l'Unité // "les vicissitudes" //
Masson devra me remettre une note // Ollek id // Andreini [id]
J'aviserai les Entreprises de cette publication où les fautifs ser-
ont dénoncés. Qu'ils prennent garde.
  Masson me remet 1 lettre indiquant les défaillances des Entre-
prises des (nomenclature) J'écrirai alors en menaçant de la
publication.

476

Corbu // Revoir axonométrie couleurs loggias échelle $^1/_{20}$ (les
cadres des fenêtres // apporter Corbu menuiseries chêne pans
de verre // nature chêne? ou peinture // rampe enfants sol carre-
lage des loggias

477

Réclamer Braun et Cie / Georges Besson // le N° "Mieux Vivre"
Mars 1937 // "Peindre" par Van Dongen // Contient 1 photo
Corbu

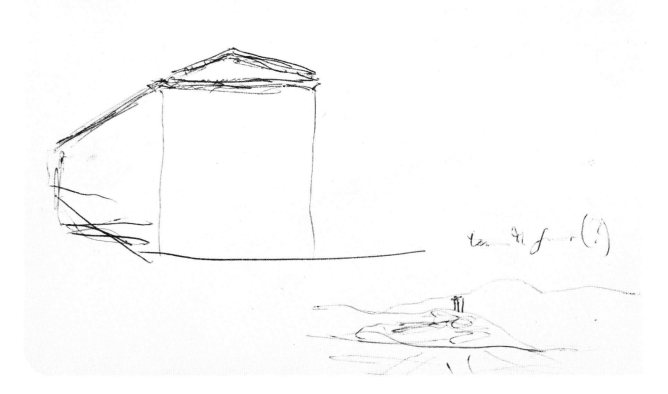

480
une tour

481
Carnoules (les Maures) // il y a beaucoup de campaniles à jour
en fer forgé portant la cloche <u>nue</u>
reste d'1 moulin

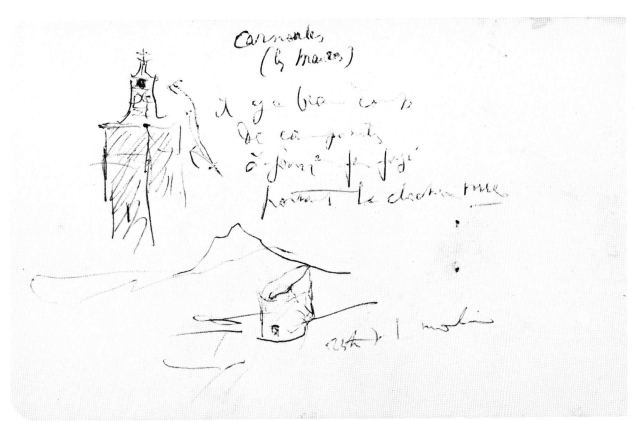

482
très proche de Toulon

483
Bertocchi donner indications à travaux du Midi p. jointoyer
attique extérieur + retouches
peint

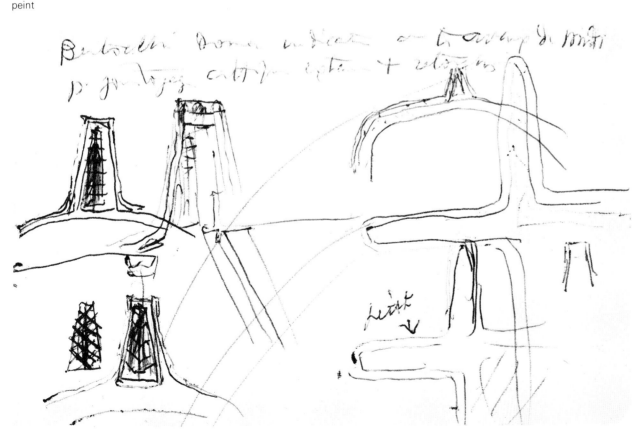

484
pour inauguration Marseille inviter P^t des Associations Archi-
tectes à l'etranger + représentants de la jeunesse

485
Pour la rentrée des cyclistes

486
glace

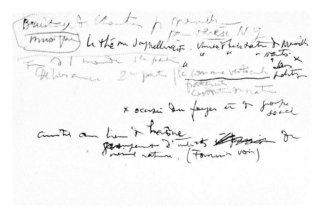

487
Bruitage du Chantier p Marseille — ∥ par <u>Varèse</u>, NY ∥
musique / le Thème s'appellerait : Unité d'habitation de Mar-
seille ∥ [Unité d'habitation de] Nantes
Fin d'1 monde 1ère partie ∥ Délivrance / 2ème partie / la "<u>com-</u>
<u>mune verticale</u>" sans politique ∥ fraternité ∥ conditions de na-
ture ∥ occasion du foyer et du groupe social
amitié au lieu de haîne ∥ groupement d'intérêts de ∥ même
nature. (Fourrier voir)

488
Michelet // la haie // des buissons // feuillage // permanent
5 m de large // vue sous portique // vue sur escalier // les peu-
pliers // vue sur pilotis // un chemin de promenade dans
pelouse // fournit la meilleure vue sur façade

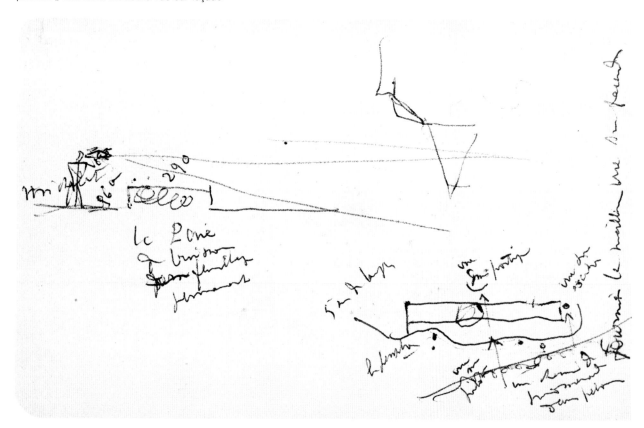

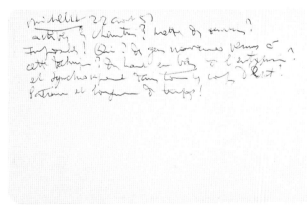

490

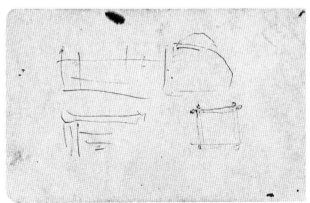

491

Michelet / 22 août 51 // activer le chantier? mettre des ouvriers?
Impossible! Qui? des gens nouveaux venus à cette technique?
du haut en bas de l'entreprise? et synchroniquement dans tous
les corps d'état? Patience et longueur de temps!

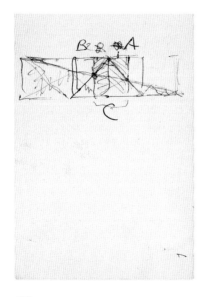

493

494
8 juillet 51 // ''C'est un nouveau
thème // sujet'' (Le Core) dixit Sert.
Le cœur de la cité ou le core de la
cité = noyau = imbuvable en français
appeler Entité de sociabilité // Sociabil-
ity = rapports aimables et fructueux
entre les hommes (+ femmes //
enfants)
''Désagréable place où l'on va tra-
vailler'' dixit Sert
faire Travail Agréable (H. Dubreuil)

495
[1] L'entité des 24 heures / A // pen-
ser à [1] — les goûts, les
affectivités // les attractions sentimen-
tales // A // musiq // sports // [1] + les
âges
The ''units'' = les unités Je dis les
entités
une civic life // urb une fois de plus
devient un problème de psychologie /
A8

donc d'architecture / A

496
Terminologie indispensable // = expri-
mer les idées // des [idées]
D4 // Demonstration pour // 4 / Chan-
digarh // la sociabilité : le bouquet so-
cial // d'ailleurs fait avec des
couleurs = richesse et harmonie
B2[1] // Séparation des piétons //
royauté du piéton // (ex Venise)
B[1]3 // donc liquider les // liquider (cir-
culation) = 7V

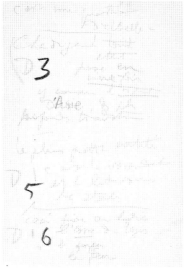

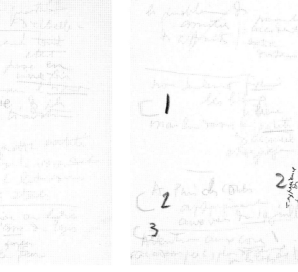

497
C'est une question d'échelle —
D3 // Chandigarh tout était posé en
une fois y compris l'esprit d'Asie, des
plus profondes traditions
D[1]5 // la plus petite entité c'est la
verandah et le lit sous les étoiles
D[1]6 // ceci fixe au logis // l'âme du
logis // le foyer // le feu

498
le problème des // amitiés // des affin-
ités / = purement accidentel // extra
distance
C1 // non seulement fixer les lieux le
lieu // mais donner la qualité d'accueil
et de séjour
C2 // A Paris des cores apparaissent
aux bals du 14 juillet // 2 // = expér-
ience de sympathie
C3 // Attention aux cores [1] acadé-
miques, plus dangereux que les corps
aux pieds [1]

499
problème de Londres // city 500 000
nomades // = la question des big
cities
D7 // Chandigarh les larges espaces
des promenades à l'ombre / High
Court // on part des bâtiments pour
une fonction = se promener pour par-
ler entre soi — D8
DD2 // Chandigarh Thapar l'Etat //
Varma l'ingénieur qui prie // M Fry P
... L-C

500
et nous sommes dans des villages
qui datent de 10 000 ans / l'accueil
Bogota // St Dié // Chandigarh // Paris.
D9 // l'humilité et la fraternité //
hommes // bêtes // nature
(les vaches d'Hoddesdon // les
oiseaux // les chèvres // l'odeur des
herbes // nos cœurs sont comblés
D10 // Description des cores de
Chandigarh

501
Hoddesdon 8 juillet 51 // Table des
matières du // rapport sur // l'entité //
l'unité / de sociabilité
les résolutions de la Commission I
The tress passed will be prosecuted

502
A1 // Le monde s'ennuie // les
hommes s'ennuient // les femmes
[s'ennuient] / gynécée / cuisine //
art // quotidien et conjugal // parce que
les actes n'émanent plus d'eux
même mais ils sont [placés] en ser-
vice commandé.
  Notre tâche c'est réveiller le corps
social // = créer lieux et locaux p //
action // art spontané

503
A8 // en cette époque des mutations
éveiller // réveiller / le spontané // cul-
tiver le corps et l'esprit
mettre dans des conditions favorables
positive ou négative // B2
C4 // les 50 de la rue de la Huchette //
les 2 Magots + Flore // Closerie des
lilas // la Rotonde // la Coupole. //
Pigalle / les bals du 14 juillet plus de
voitures sauf le médecin
C5 // se faire comprendre // se faire
aimer vivre dans l'harmonie calme
pour intensité enthousiasme et
savoir / viv[re] de chaque jour
important = décrire purement et sim-
plement Chandigarh // DI

504
Varma // Thapar // D // tout l'effort sur
les Ecoles // maternelles // pri-
maires + toutes les autres
D / la jeunesse +
D / beaucoup de terrain // p. les
écoles et la jeunesse
C6 // les Musulmans // d'Afrique
Gardhaïa // le cimetière des femmes //
les toitures de la Casbah au soleil
couchant
= les lointaines fêtes paiennes de
tous les temps : le Soleil la lune // les
semailles // la moisson = les rites la
Terre Mère // C7

505
D // le noyau indien // le lit et les
étoiles
C8 // l'horreur d'Harrison // U.N // le
verre bleu // la lumière cadavérique //
des luminescents // contre nature
C8 // on ne peut pas penser, pas con-
cevoir ici le bonheur des hommes.

506
Giedion a expliqué la voie des prin-
cipes // Sert nous demande d'agir //
aujourd'hui // à l'heure de la mutation
dans la partie haute : // religion // gou-
vernement / l'incertitude // le
discutable
C // Dans la partie basse : ''les
hommes'' // l'individu // la famille // le
club
des réalités substantielles sont
discernables

507
Time is money non // 3 E 3
E[1] // pas d'argent / les trétaux à
Arès Gimond sur la baraque le dehors
épatant // le Taj Hôtel // le théâtre
spontané
Souhait // adresse à l'avenir — tracés
préconçus? Non Mais la mathéma-
tique immanente
que chaque objet vienne à sa vraie et
indiscutable place ex : Place S Marc //
maison juste
la coudée égyptienne // E5

508
Le Hot Jazz // la vie de Mezrow //
heureuse // Sa musique / c'est lui qui
la fait
Urb
le cœur du logis / feu foyer // Mar-
seille // Chandigarh // Sert Long Island
les écoles maternelles // primaire / la
salle des réunions // enfants reçoivent
parents
les facultés—cités universitaires // le
problème mal posé à Paris

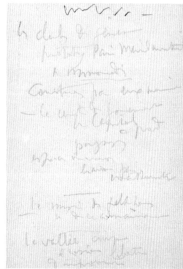

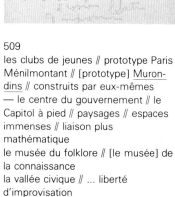

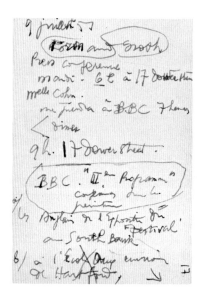

509

les clubs de jeunes // prototype Paris
Ménilmontant // [prototype] Muron-
dins // construits par eux-mêmes
— le centre du gouvernement // le
Capitol à pied // paysages // espaces
immenses // liaison plus
mathématique
le musée du folklore // [le musée] de
la connaissance
la vallée civique // ... liberté
d'improvisation

510

9 juillet 51 // Form and growth // Press
conference // Mardi. 6 h à 17 Dower
Street // Melle Cohn. // me prendra à
BBC 7 heures // diner // 9 h. 17 Dower
Street.
BBC. ''IIIème Programme'' confér-
ences sur la peinture
a) les anglais de l'Exposition du Festi-
val au South Bank
b) à l'Ecole aux environs de Hartford,

511

...
c) le thème peinture // art spontané //
rapports avec l'architecture
la Sculpture polychrome
la Tapisserie // mural fresque du no-
made locatif.
les coopérations // entre L-C /
Savina // Nivola // Maisonnier //
Justin // + les dieux et les savants
D / le tableau noir dans la chambre
d'enfants au foyer

513
emploi de <u>brique plafonnette ou para-feuille</u> se trouve même à Paris

pour les <u>escaliers</u> idem voûte appar-ente

512
Redouter // ... / 6 + 1 // <u>commune,</u> //
combinée
voûte catalane / Sert // Escorsa // 48
Bd. de Genève // Béziers
9 juillet 51 // 29/14/1½ = brique
plâtre. // 15^{cm/m}
cirée dessous // cintre mobile à cha-que rangée // tirant fer // 1 brique scel-lée au plâtre pour soutenir la règle

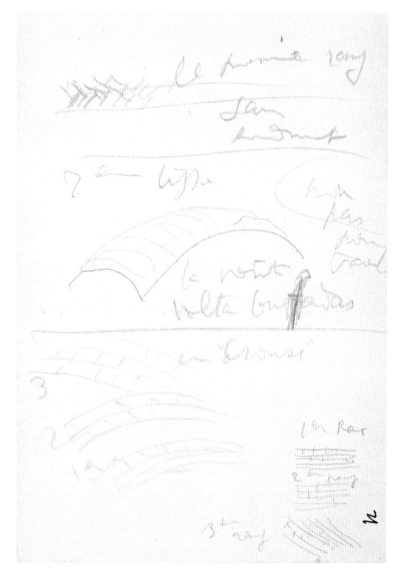

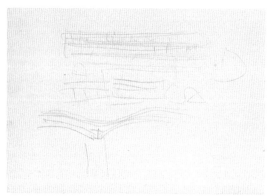

515

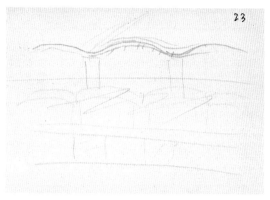

516

514
le premier rang // sans enduit
2ème type // non pas pour Jaoul // la
voûte volta bufadas
en croisé // 1er rang // 2ème rang //
3ème rang

E21'

517

1 // aujourd'hui : qui êtes vous? je
suis communiste, je suis socialiste, je
suis MRP; PKZ ZMVM TR .. .. Merci!
je vous demandais qui êtes vous
— Ah, je suis épicier // je suis
mécanicien // [je suis] maçon // [je
suis] banquier
— Merci je vous demandais que
êtes vous?
— Eh bien je vous l'ai dit je ne peux
pas être autre chose : je suis du parti
ZM Boum et dans le civil je suis
épicier

518

— Alors permettez moi de vous dire
qui vous êtes : vous êtes un homme,
— ou une femme.
  vous êtes jeune // où [vous êtes]
vieux
et vous êtes poète // ou vous êtes un
musculaire
et peut-être êtes vous les deux // réu-
nis (ce qui serait très bien)
vous êtes chercheur inventeur //
bricoleur
ou vous êtes lecteur curieux // avide
de connaître
ou vous aimez travailler de vos mains
sous le signe de la géométrie
(mécanicien)
[signe] de la couleur (peintre
[signe de] forme (sculpteur
[signe de] l'organisation (architecte

519

(Suite) vous êtes penseur, oui Mon-
sieur vous êtes dans la peau d'un
philosophe // Etc // Etc
Monsieur, Madame // Messieurs
Mesdames
  vous êtes des êtres vivant pensants
et agissants
vous n'êtes pas un pion sous les
ordres d'un sergent un marchand aux
ordres de l'argent
vous n'êtes pas exclusivement l'un
des 100.000 qui regardent le match
de foot ball, vous êtes l'un des 22 ou
des 30

520

qui jouent au foot ball.
  Vous ne faites rien de vos mains, de
vos jambes de votre têtes, de votre
voix. parce que vous n'avez ni lieux ni
locaux pour faire du bruit // [pour
faire] de la saleté // [pour faire] avoir
du silence // pour être seul // pour être
ensemble.
Les évènements, la fatale évolution
de la machine a voulu faire de vous
des robots. Vous êtes presque des
robots, dans votre rue, dans vos
chambres sur vos routes. Vous

521
subissez le mauvais sort
vous êtes des passifs // vous vivez
passivement // vous êtes hors de la
vie, hors de ses richesses et de ses
ressources.
  Et voici : Ceci n'est pas de votre
faute.
  Et voici encore : les CIAM vont venir
à votre aide. Ce sont des architectes
et des urbanistes des 5 continents

522
mauvaises têtes et libres esprits qui
depuis 23 ans, réunis en une action
incessant, sont animés d'un même
esprit et vous proposent la solution :
Réhabiliter en vous la sociabilité Faire
de vous des acteurs sociaux au sein
de la grande mutation présente. Ils
vous remettront en contact avec le
cosmique et la nature — avec Dieu et
les dieux; et ils vous donneront des
lieux, et des locaux pour agir de votre
corps // corps

523
et de votre esprit
  Afin que vous ne soyez plus écrasés
mais afin que vous puissiez rayonner.
  Le Soleil de la nature et celui du
cœur sont à portée de votre main.
  Les gens des CIAM, ayant acquis
par une doctrine d'urbanisme un outil
formidable d'organisation sociale, vont
matérialiser sur les plans et dans
l'action publique cette étape indis-
pensable de l'évolution moderne.

524
Kingschapel // Trinity College // Cam-
bridge // 10 Juillet 51 // C I A M
coïncidences?!

525

526
non! Trinity College
attention Chap Ronchamp // dans dal-
lage mettre quelques fontes de fer //
dalles gravées

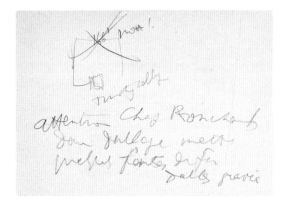

527
Cambridge // un réflecteur dans une
niche a pour éclairer une auberge C
le réflecteur avec ses supports est
traité en sculpture à la moderne!

528
Michelet = MMi = Marseille // vérifier
plan piscine enfants // concentrer les
carreaux verts
vérifier cult phy. l'estrade

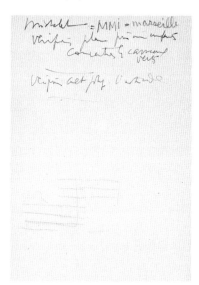

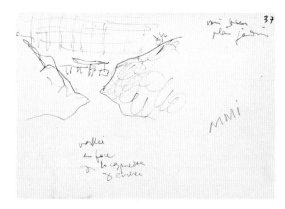

529
voir sur plan jardin // vallée en face de
la casquette d'entrée // MMi

530
Nice // le chien couché a 50 kilo-
mètres de long // Cannes // la tête du
chien // et non pas la tête de chien

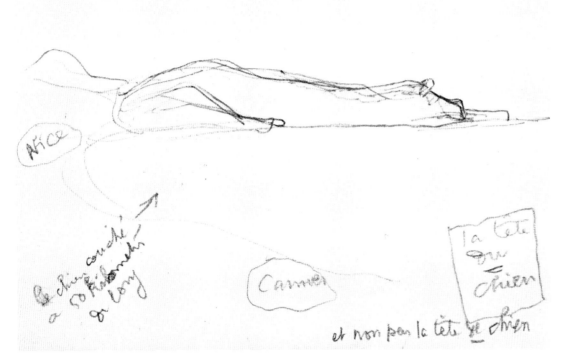

531
enquête Missenard / 2/1/52 // hygiène
Chandigarh
ce point : la purification des intérieurs
par le soleil direct / a) fenêtres
ouvertes // b) [fenêtres] fermées // c)
verre à vitres?!

39

532
Marseille le 3/1/52 // Sasportes //
urgent entreprendre les rideaux +
meubles
Sièges.
Ecrire Sasportes + Claudius / la
fumée inouïe de la savonnerie // notre
façade noircit et les couleurs vives??
Sasportes le garage?

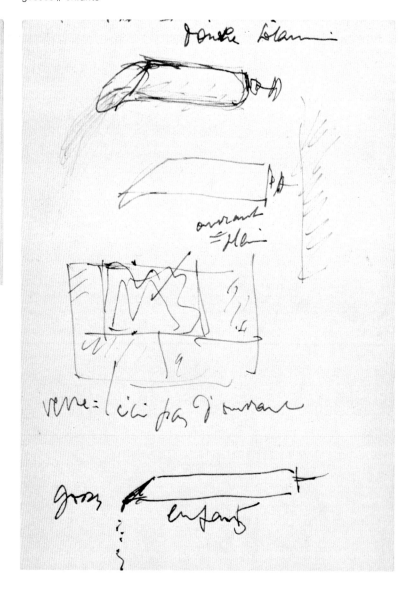

533
Peinture // apprêt vert
1° pas de vis à vis / deux vert (esca-
lier)
2° pas de meubles verts ou rose
3° le gris est trop clair
4° les portes jamais en couleur
5° le jaune me paraît trop pigmenté
6° le Bleu // apprêt // le parapet
blanc = faux

534
douche solarium // ouvrant = plein
verre = ici pas d'ouvrant
gosses // enfants

535

attention // Maintenir 1 axe de vue //
front escalier — casquette mon-
tagnes // en arrêtant les arbres en qui-
conces (platanes)

Tailler lettres dans ciment fronton du
Modulor.
  Le Modulor, créé entre 1942 et
1950 a trouvé ici sa première applica-
tion Quinze mesures ont suffi pour
dimensionner la totalité des ouvrages
réalisés dans cette construction.

536

les modules utiles / le 3 ou 1 (le tout
petit est très utile (p. Nantes) le 4
aussi = brise soleil vertical

Wog / mettre la porte // toiture
enfant // ici // ouvert // un seuil contre ...

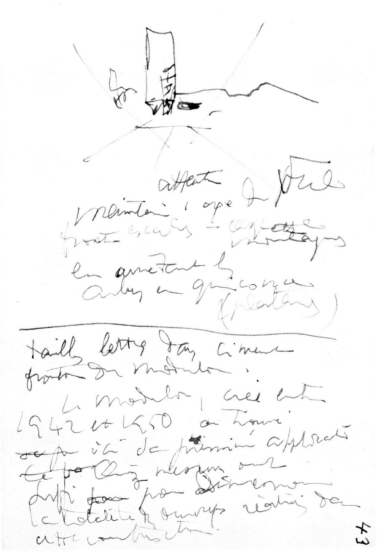

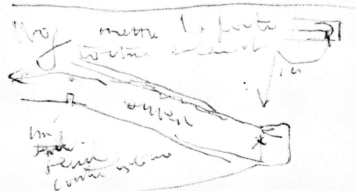

537
Modulor 2 // Escalier secours // +
l'étage du marché / à l'état brut du
ciment des menuiseries
Tout est harmonieux. On se promène
dans quelque chose de cohérent.
Jamais l'impression d'indécision —
sauf quand apparaissent les ''libertés''
d'un ingénieur indiscipliné (les pans
de verre les plaques premoulées
60/40 des rues intérieures // les pans
de verre 60 × 75 + les séparations
des balcons // brise soleil // 60 × 40

538
Restaurant luxe // plâtre // glaces
securité relevés // plâtres
Combiner béton brut plafond // plâtre
[plafond] // + plâtres refends // béton
des poteaux
Wog attention / la pierre des tables
ne doit pas être poreuse
Jean Vilar // photo toiture théâtre //
Andreini // pour Festival

539
laiton ou bronze // 33

540
organiser avec Vidal // + Radio // +
Cinéma // + Belles // 1 Festival
d'inauguration de l'Unité de Marseille

541

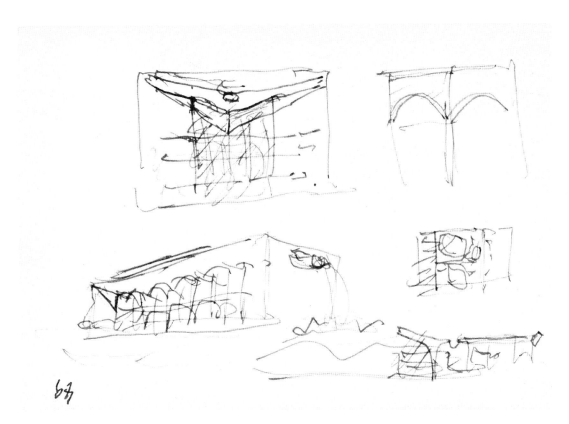

67

542
Ecrire Johnson // ou musée de Sao
Paulo Bardi ou 1 autre // achat de la
maquette Marseille

543
Réclamer Hervé // 2 contacts
Roberto // 12 et 72 // la main

544
UNITE
pour Parc Michelet // des palmiers / +
arauc ... as // araucarias // vers le
Théâtre des gosses // et la Piscine //
citroniers // orangers // poivrier // +
oliviers // + cyprès
+ les arbustes de Côte d'Azur pêle
mêle

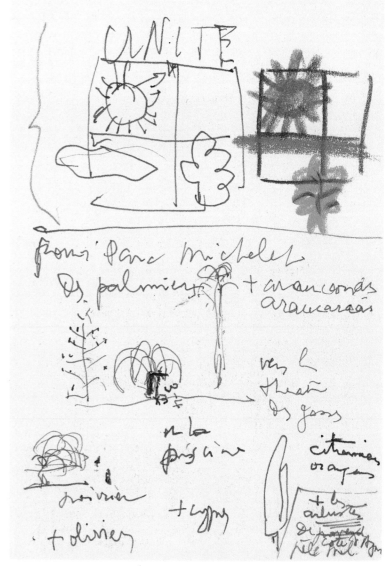

545
typo // nom // etc
L-C composer en typo et agrandir //
novembre 1962 pour // Besset Expo
L-C Musée Cassou

Modulor 2 // Maisonnier + Justin // le
tracé San Marco // Venise

546
occupation du territoire // use of Land
dispersion // de l'industrie // dans les
campagnes
1 / je crois à la nécessité de la cam-
pagne // des paysans // de la nature.
2 / equation / l'homme avec son mo-
teur et son objet fabriqué
l'homme devant la nature : l'individu.
le grand // immense
1 homme petit.

548
Milan / 27 sept 51 // conférence
Corbu
les Etoiles de la G^de Renaissance /
successif // germe devant
aux peintres : attention le mural! ceci
exige de la sève géométrique. Le
Léger de la Triennale n'est qu'un
agrandissement.
Menace du débat académique :
parlent : ceux qui ne créent pas; ceux
qui créent manient des outils y com-
pris dimensions à l'usage humain : du
corps + de l'esprit

549
jaoul // Neuilly // été 51
mitoyen au sud // midi
attention soleil d'hiver
Lundi // réclamer du géomètre par J...
les niveaux + situation des arbres
profil des rues

E22

550
clôture lattes bois
très grands arbres // Rue de Long-
champs
0 // très bruyant // fermer de ce côté //
Trou assez obscur // S // N // on a le
droit de faire un mur ici // dessiner
une clôture. // est
le voisin // mitoyen // les cuisines //
2,50 m p. murs aveugles // 9 m p.
murs fenêtrés

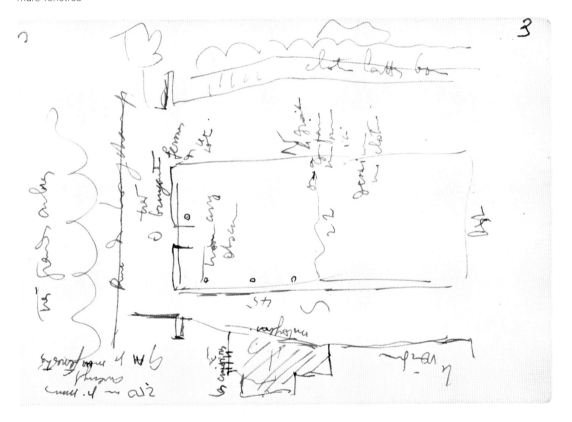

551
ouest
ouest // sud // est // attention pas de
contact // instituer un ''dos à dos''

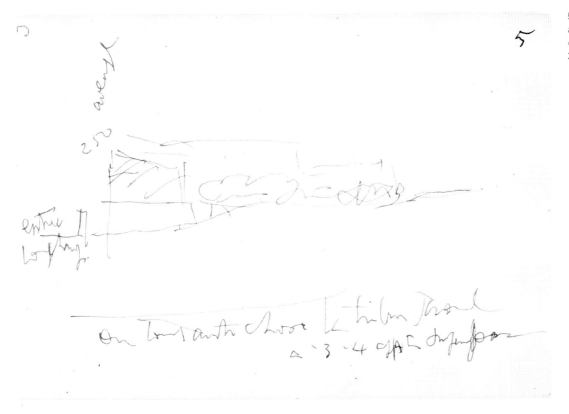

552
aveugle // 250 // entrée Longchamp
ou tout autre chose la tribu Jaoul // à
3—4 appts superposés

553
ouest / hiver // Longchamp // pilotis
prévoir ici à l'est un mur de clôture =
ombré le matin réflecteur de lumière
l'après midi

554

555
Funck-Hellet
le pied / = la coudée egypt...
coudée // pentagone
Mme Carla Marzoli // Dom 790710 //
Triennale 808666

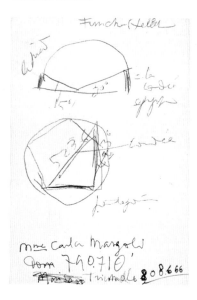

556
Milan 27 sept // Je respecte beaucoup
le passé, mais j'ai à satisfaire à des
besoins modernes
Harrison n'a pas voulu du Modulor où
il a perdu l'occasion de ne pas faire
mal
Titien / Venise la présentation de la
vierge // Funck-Hellet
52,36 = la coudée égyptienne

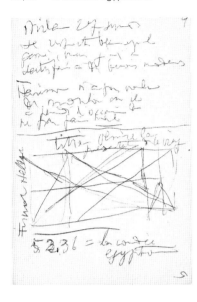

557

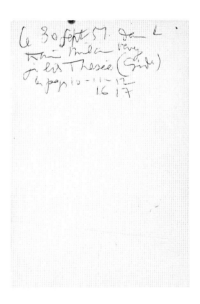

558
Faire demander à Funck Paris ce que
c'est que l'équerre des constructeurs
de cathédrales
29 sept 51 // Giedion a proposé p. II
Congrès proportion N Y ''Proportion
et Réalité''

559
le 30 sept 51 dans le train Milan
Vevey je lis Thesée (Gide) les pages
10–11–12 // 16–17

560
p Albert // 1 photo // d'après M...

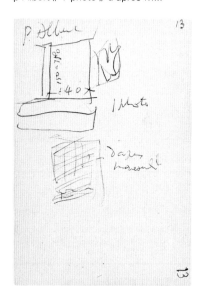

561
on peut avancer au devant de la
rampe de procession actuelle en C D
reporter en AB le dos. // ici auberge
trop près // cette face sud pourrait
être reportée à droite de la nef en Z

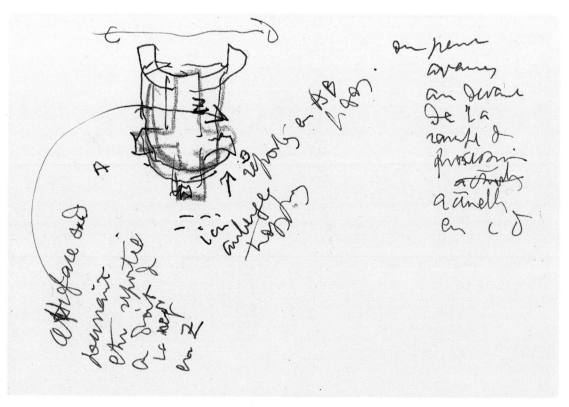

562
bon // non

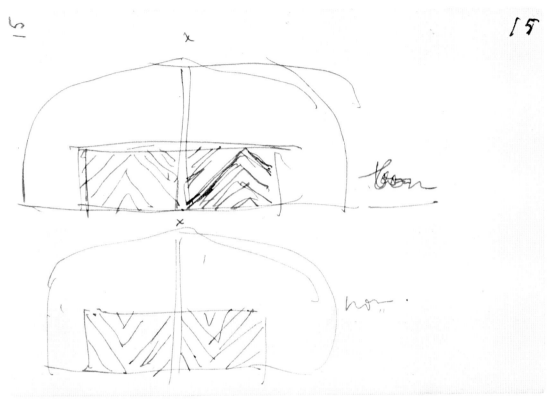

563
A plafond // Bon // escalier

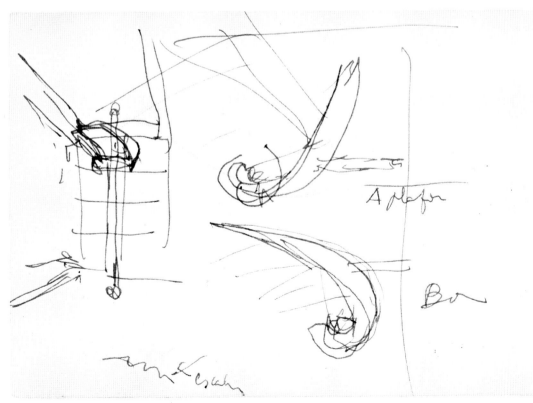

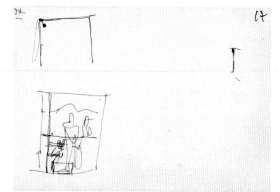

564

565
bleu = bon ∥ Sud ∥ Ouest

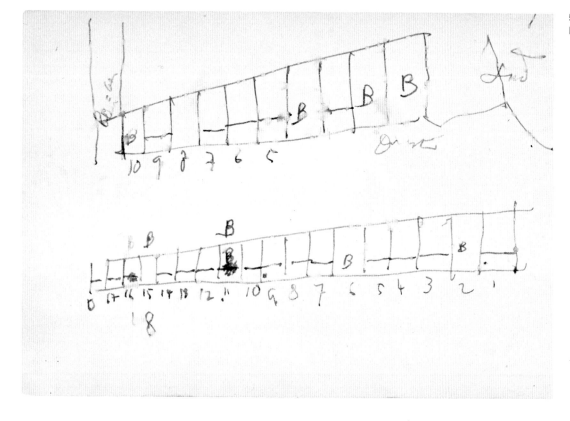

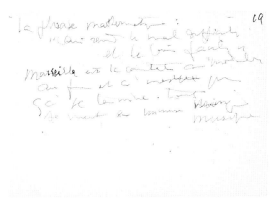

566
La phrase mathématique : ''Qui rend
le mal difficile et le bien facile''
Marseille est la cantate au Modulor
au fur et à mesure que ça se termine.
tout se meut en immense musique

567

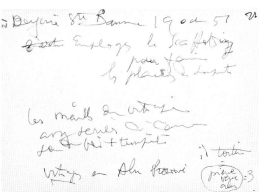

568
Bergerie / Ste Baume / 19 oct 51 //
Employer le scaffolding pour faire les
planchers de soupente
Les mailles du vitrage assez serrées à
cause jeu du vent + tempête //
vitrages en Alu Prouvé // id toiture //
pierre // verre // alu / = 3

569

X // Bergerie / laisser le sol rocher
naturel (boucher les fentes) // ici
obturer pour empêcher que l'on
s'assome en a.b // glace // table
tables maçonnerie basses avec bancs
ciment (à l'antique)

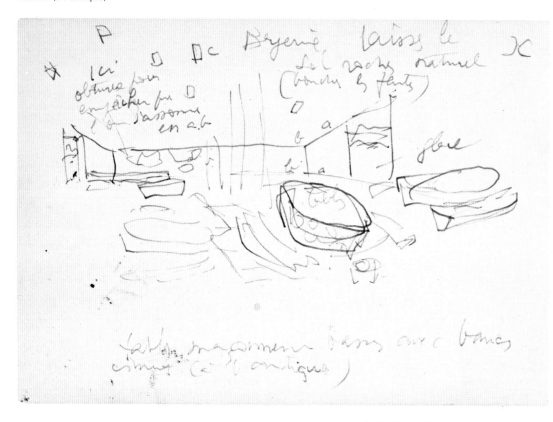

570

Y // on laisse la toiture naturelle brute.
(la salle ne sert que pour l'été) On
insère en c des tuiles de verre par ci
par là
j'ai rédigé ces deux pages X et Y 24
NC de mémoire // le 17 déc 51

571

Seuls les hommes peuvent tenir un
tel propos.
   Et les bêtes et les plantes peut-être.
Et sur cette terre seulement qui est
nôtre :

avec un charbon la main a tracé
l'angle droit
   Il est la réponse le guide le fait //
mon choix // ma réponse

1er janvier 52 Cap Martin // Etoile de
Mer

Caractère // la cathédrale et non le
temple // diastol–sistole // à pleine
main je reçois // je donne
   l'oeuvre ne se signe pas // le monde
tout entier y est inclus // offert et
compromis
le temple ne vaut que pour un, la
cathédrale est de tous // — faire des
offrandes, sacrifier // — donner, tout
simplement

572
Cap Martin // 28 déc 51 // milieu //
esprit // chair // fusion // caractère //
offre // outil
poème de l'> +

573
"C'est la seule pièce qui ait conservé
ses dimensions anciennes" — // dixit
M. // = 223½. // 140 // au poil // 222½
Versailles le 26 /2 /52
ab = 182 exact // a b // ch de la dame
de Compagnie de Mme de Pompadour

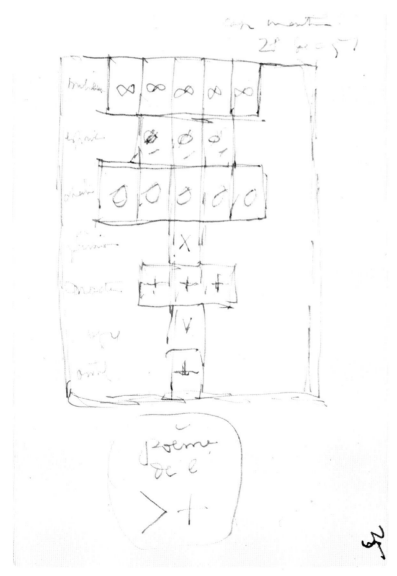

574

les Rois de France, Louis XV et Louis
XVI m'ont ravi aujourd'hui. Ils vivaient
comme les ''hommes du coin'', en
bras de chemise, avec leur établi pour
bricoller, et leur poule au lit. Louis XV
faisait lui-même le café dans un
réduit dissimulé
comble // 1 m environ
les appartements sont minuscules Ils
sont remis en état sans cesse de
1750 à 1780 Ils donnent sur une cour
de 10 m × 8 environ (?) et ils sont

575

ch de la dame de Compagnie de la
Pompadour // Mme de Mailly // dessiné
sur place // idem
taillés dans les mansardes.
 Il y a beaucoup de bon et de mau-
vais goût. Dans les tout petits (Biblio-
thèque de la Dubarry (?) // biblio-
thèque et atelier de Louis XVI c'est
au mieux // ? // de souvenir

576
michel

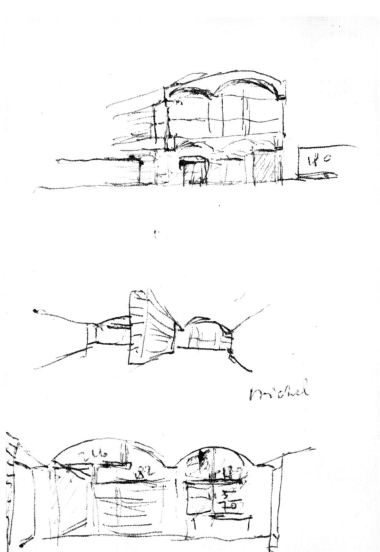

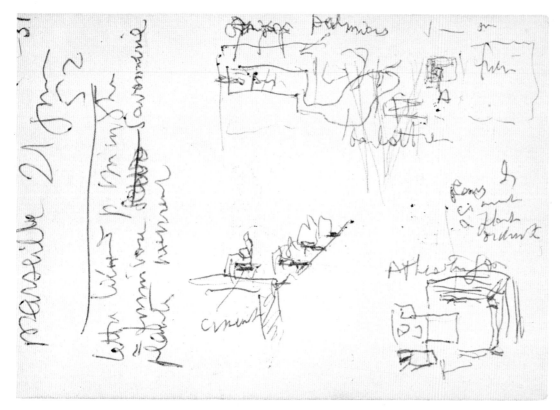

577
Marseille 21 juin 52
Lettre Liénard p ministre = fumivore /
Savonnerie // plantes meurent
orangers / palmiers ou // ... // pis // A /
barbottier
pans de ciment à plat orchestre // A
Théâtre gosses
ciment

578

579
inauguration / Claudius // 14 juillet
attention pas d'éclairage extérieur //
(marché signé fin mai seulement //
pas de rues intérieures sauf une. //
éclairer appartement pas sûr // ventila-
tion certainement pas
proposer Sept ou octobre

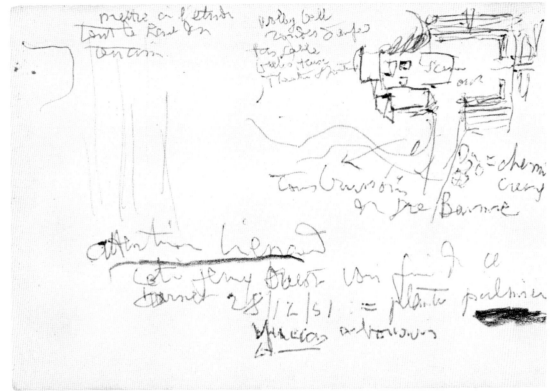

580
mettre à l'étude tout le haut du ter-
rain // wolley ball // rondes d'enfants //
tas sable // Barbotteuse // Théâtre
spontané // Scène // orch // = chemin
creux // tous buissons de Ste Baume
attention Lienard // Côté jeux ouest
voir fin de ce carnet 28/12/51 =
plantes palmiers yuccas arbousiers

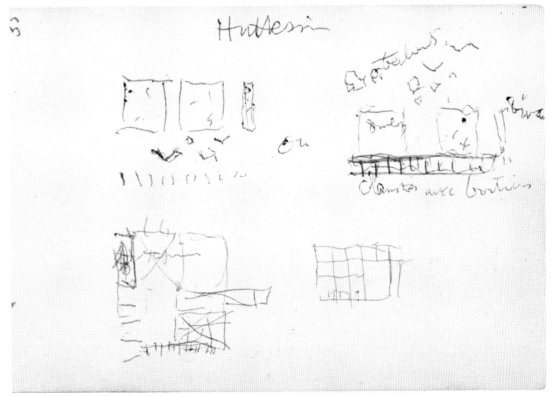

581
Huttesin // [tabourets] // ou // Dunlop //
... // claustras avec boitiers
Tapisserie

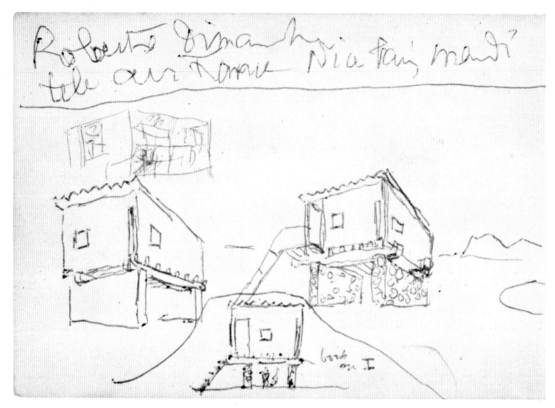

582
Roberto dimanche // Télé air France /
Nice Paris Mardi // bois ou I

583
Sasportes / Charger dan ... de faire le
bulletin de l'Unité Michelet mensuel
Lienard / Palmiers + arbousiers
35 Sèvres / dessins jardin d'enfant //
Michelet

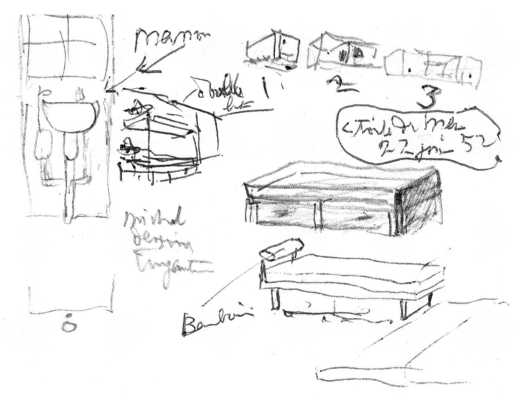

584
Marron // double lit
Etoile de Mer // 22 juin 52 // Michel //
dessins tuyauterie // Barberis

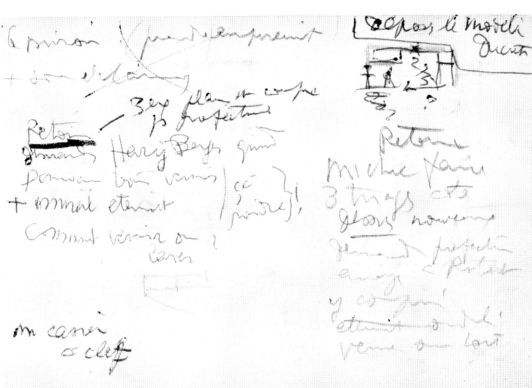

585
le miroir (prendre empreinte) // + son
éclairement
déposer le Modèle Ducret
3 ex plans et coupe p préfecture
Retour // demander Hary Berger grand
panneau bois vernis // + mural éter-
nit // comment vernir ou // laver // ? //
çà poudre!
Retour // Michel faire 3 tirages côtés
dessins nouveaux demande préfec-
ture envoyer à Robert y compris éter-
nit ondulé verre sur toit
un casier à clef

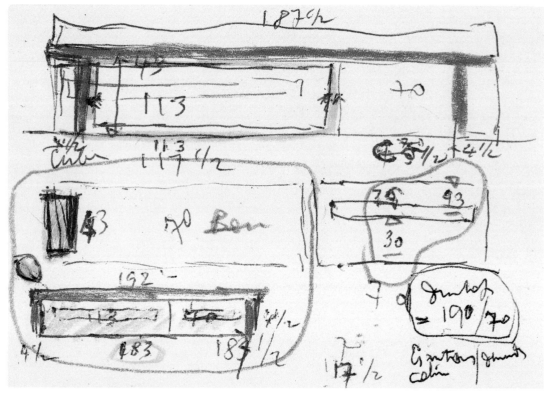

586
Cube // Bon // Dunlop // = 190 / 70 //
... // cabine / demander

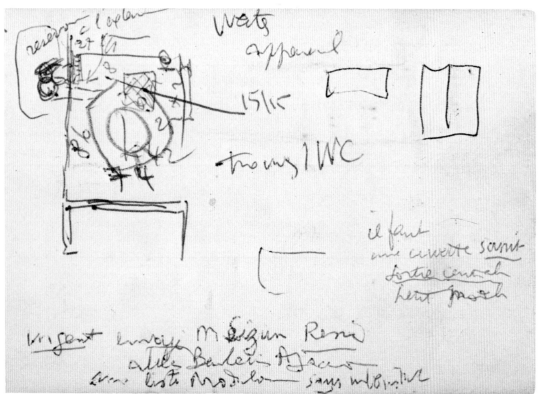

587
réservoir à l'extérieur // water // appa-
reil // trouver 1 WC
il faut une cuvette sanit sortie cen-
trale petit modèle
urgent / envoyé M. Sizun René // ate-
lier Barberis Ajaccio // une liste Modu-
lor sans ...

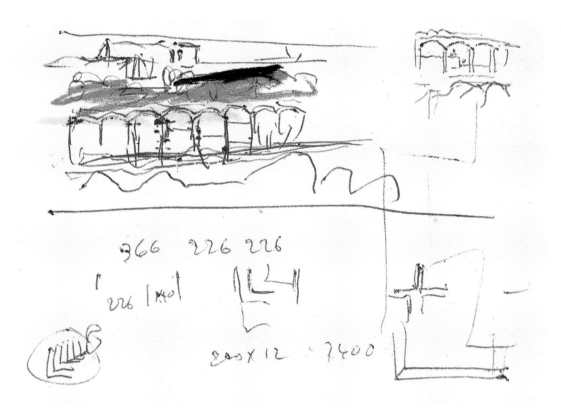

589
23 juin 52 // la mer // libre / les
rochers // escalier // A / B / C / D // les
entrées // jardin commun // la chambre
Corbu

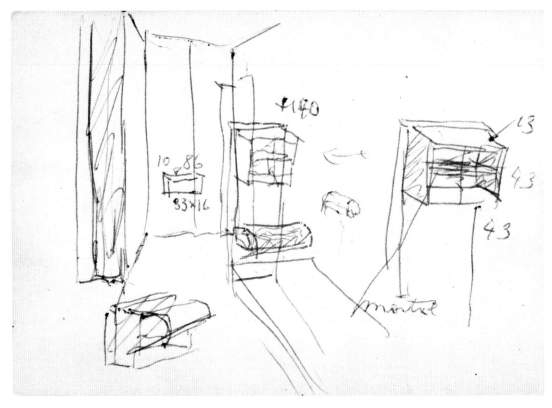

590
moitié

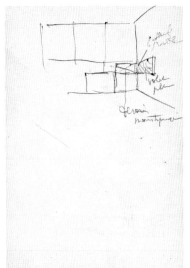

591
1 seule pièce // volet plein // derrière
moustiquaire

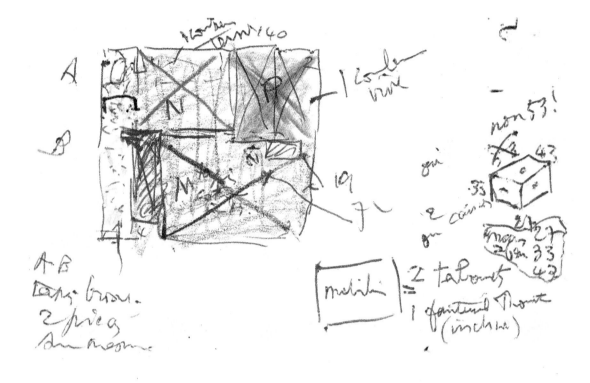

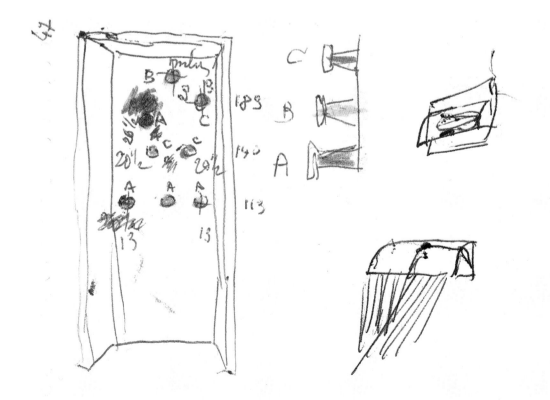

592
1 couleur terne / 140 // 1 couleur
vive // tapis coton indes // AB // tapis
brosse // 2 pièces // sur mesure
oui // ou 2 caisses // non 53! // mais //
= bon // 27 // 33 // 43
Mobilier / = 2 tabourets // 1 fauteuil
Thonet (incliné)

593
...

594
bleu // blanc / fer // 22 juin [52]

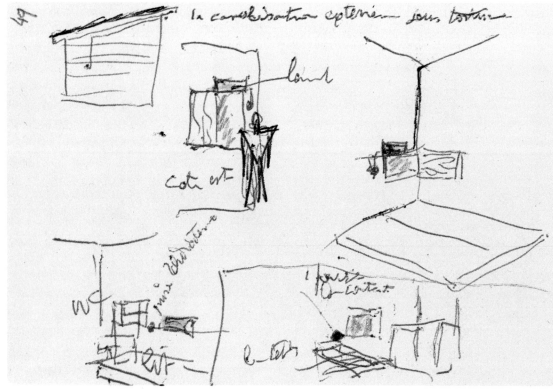

595
la canalisation extérieure sous toiture
lant. // côté est
WC // lit // prise radiateur
1 prise de contact // la table

E22

596
Maux de tête. Il me faut contact
chaud : la main sur le cou // [sur] la
tête // Dès que je réfléchis, le mal
intervient Je me réveille le matin dis-
pos. Si je lis = mal // [si je] dessine //
combine et = mal // soir : très mal

597
Télé Mol 32 52 // Littré 99 62
Télé Paris 250 // WR aller 850 // retour
Paris // Train W-L W-R / 13399 // pour-
boire René Barberis / 5000
L-C envoyer 1 tissu robe à Mme
Roberto et cigarettes à Roberto ou à
Mimi quelque chose // série (livres
Girsberger + Electa.
24 juin 52 // Etoile de Mer // Cap
Martin
L-C Jeanne Emporter Roberto Mag-
nétophone + gravage de disques
revoir Maguet notaire // testam // fon-
dation Corbu // peintures // appt //
droits d'aut // terrain

598
toit aluminium // à 2 troncs
urgent : Sans tarder demander la
dérogation à Claudius p. le lot
Roberto

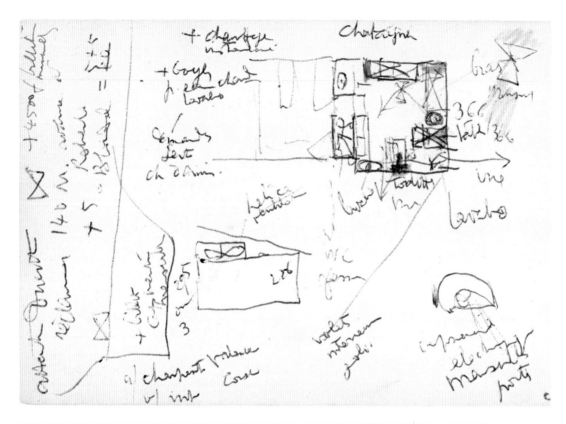

599
attention Ducret // réclamer 140 M.
avance à Roberto // + 4500 f billet
Marseille // + 5 à Blondel = 5 + 5 //
+ billet Cap Martin Marseille
+ chauffage instantané // + boyler p.
eau chaude lavabo // demander Sert
ch d'amis. // chataignier // bras // ... //
366 // table 366 // vue // lavabo //
Toilette // vue // lavabo // WC fosse //
volets intérieur joli.
hélice ventilateur // 295 ou 3 // 226 // a /
charpente porteuse // b / int Corse
appareil électrique // Marseille //
portes

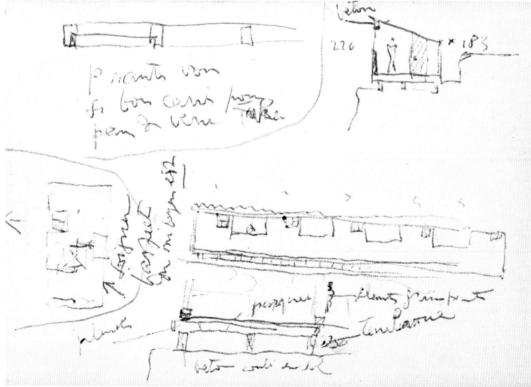

600
p Nantes voir si bois carrés pour pan
de verre / Foker // béton
soigner l'aspect du mitoyen est
plancher // parquet / plantes grim-
pantes // terre battue // béton coulé
sur sol

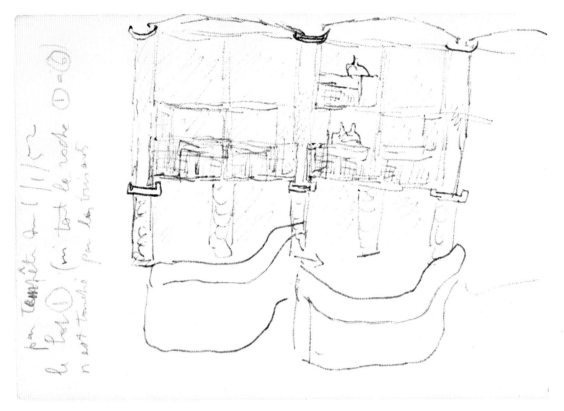

601
par tempête du 1/1/52 // le lot 1 (ni
tout le rocher 1 à 6) n'est touché par
les brisants

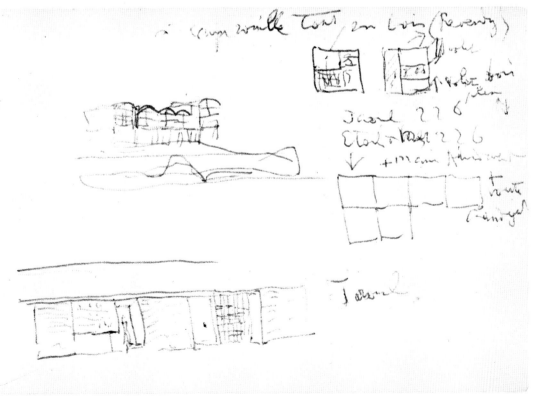

602
à cause rouille tout en bois
(Reverdy) // volet // volet bois plein //
Jaoul 226 // Etoile de Mer 226 // +
maire Ahmedabad // + voûte
Chandigarh
Jaoul

603
Marseille Michelet // Plantes côté des
piscines // y mettre des chèvres // des
palmiers + yuccas + arbousiers rho-
dodendrons etc // tous buissons de
Côte d'Azur // Etoile de Mer //
28/12/51

604

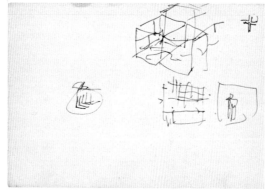

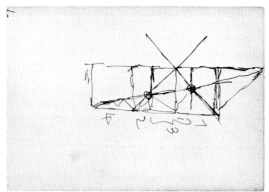

605

606
La Hune. // AA special Corbu // vendu
700 — maintenant 30% au libraire //
autrefois 600

607
1 h 08 Cap Martin // 6 h. Marseille —

608
INDES // 1951 // 27 octobre // 28 novembre // E23

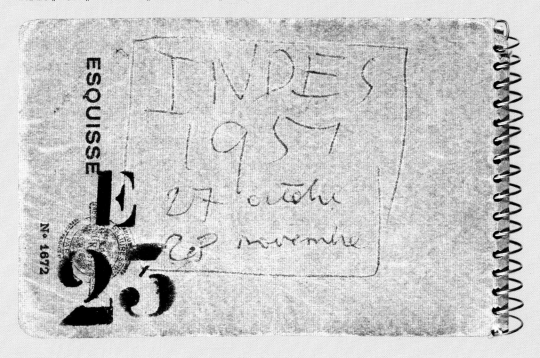

609
LE CORBUSIER // 35 rue de SEVRES // PARIS 6 //
Tel: Littré 99 62 // ou CHANDIGARH (Punjab) //
Punjab–Capital–Project // Rest-House

610
Avion Air India // 27 octobre 51 // Paris–Bombay

la vie est sans pitié

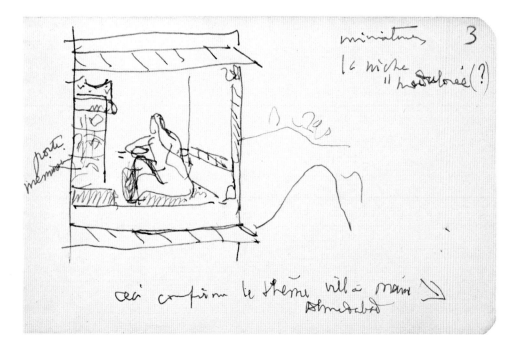

611
miniatures // la niche ''modulorée(?)
porte // menuiserie
ceci confirme le thème villa maire //
Ahmedabad →

612
rideau // tapis // sol

614
Avion Rome // (d'un vitrail gothique)

613
Retour Paris // Ecrire Air France me donner 1
exemplaire de ''Chateaux of France'' René Per-
chet // magnifique document de la partie héroïque
Moyen Age Renaissance = échelle + cathedrals
and churches of France
Je leur proposerai d'établir pour Air France un
album semblable pour Air France sur Marseille =
nouvelle ère d'architecture

615
Rome 17½. // Ecrire Winter voir tension Mazet //
[Ecrire] Wog p. Aff.
Retour voir Cl + Zehrfuss pour Alger // Quartier
Marine + Bastion 15.

616
Attention 226 226 226 + Jaoul et Cie
Constellation 27 oct 51 // le WC + le lavabo sont
étonnants de confort des petites mesures +
d'éclairage // les cuvettes des lavabos en acier
inoxyd de / 16 × 28 cm(?) // chaud + vidange +
froid. il faut à tout prix obtenir plan de ces
installations

617

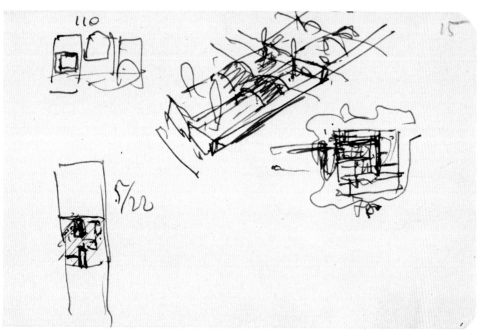

618

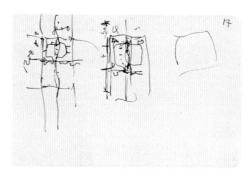

619
Pour le Maire Ahmedabad
le hall du Taj Mahal en marbre blanc Carreaux
de 86 carrés avec grands cadres noirs de
16 cm × 8 m de long avec étoiles gris et noir
+ bandes
gris et noir et blanc

620

"Defendu par le jeu serré des barrières partout dressées, par tous élevées
 eclair; conjonction rare. Il n'y avait jamais eu de lassitude, mais un désir latent, ∥ permanent ∥ à l'étage utile, près du sol, et tout près des gazons où il n'y a pas d'affectation

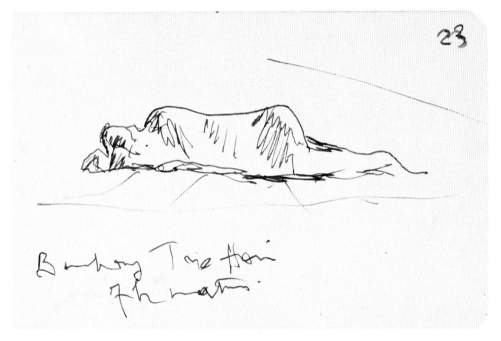

621

Bombay Trottoir ∥ 7 h matin

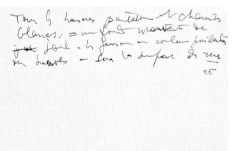

623

Bombay, l'enduit moisit ∥ Chandigarh exclusivement le canon à ciment

622

Tous les hommes pantalon et chemise blancs = un fond mouvant de soie. Les femmes en couleur puissantes ou suaves — sur la surface des rues

624

Avion Dehli 29 oct 51 ∥ mon poème >+ n'est peut-être plus qu'un chant d'adieu à un temps allant s'effaçant devant les perspectives ouvertes par l'avion, la mer était horizontale et maintenant nous la verrons courbe. La verticale ne se voit plus, disparue du champ visuel.

625
Retour Paris // Ecris Tata = féliciter pour avion Bombay Dehli du 29 oct 51 départ à 8 h 30.
lui demander plans de l'avion + plans des fauteuils basculants (remarquables) // pour / 226 × 226 × 226

626
on voit une érosion caractéristique sur le parcours d'un grand fleuve (à sec) // à 11 h 40 du matin, passage de l'avion pr Dehli en travers du fleuve érosion // érosion

627
Il y a dans l'avion 4 américains // équipe de techniciens // dont 1 chef, // a // 60 ans — // b // 50 — // c // 40. // d // 30 ans // très hiérarchisés par les caractères
a = ferme profil, front incliné, sait sourire
b = front bombé vertical — sérieux, terre à terre solide
c = front brisé, bombé, boursouflé, semble être l'administratif embêtant et hors du concert
d, Beau jeune type costaud, riant. M'a dit ce matin impromptu : Good morning

628
Avion
2½ heures Paris Rome
4½ [heures] Rome Caire
9 [heures] Caire Bombay
3¾ [heures] Bombay–Delhi

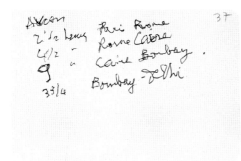

629
Je suis dans l'avion depuis Samedi 2 heures.
C'est lundi midi, j'arrive à Dehli. Je n'ai jamais été
si tranquil et solitaire, accaparé par la poésie des
choses (nature) et la poésie tout court (Alcools
d'Appollinaire et Anthologie de Gide) et la médita-
tion. Je viens de feuilleter page par page le grand
sketchbook Nivola de N-Y 15 février 1950. Miami
Bogota N York Cap Martin Zurich Paris Chandi-
garh Ahmedabad Bombay Bogota-Paris Cap Mar-
tin Milan Bombay Dehli. J'ai avancé mon poème
de > +, je suis dans l'ambiance.

630
New Dehli le fils du général Thapar (Hygiène)
généraliste D^r à Bombay, pense que les tradi-
tions : peinture costumes etc vont et doivent
disparaître.

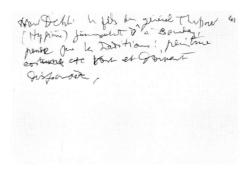

631
il faudrait un minaret très haut (sans
affectation!?) // Radio? // D centrale de refroi-
dissement d'air Georges Claude

632
Retour Paris // aller Salle culture physique Winter

633
J'accomplis le miracle d'harmonie
[frémissant] // tendre // poème ... // total // ...
manifestation esthétique fondamentale

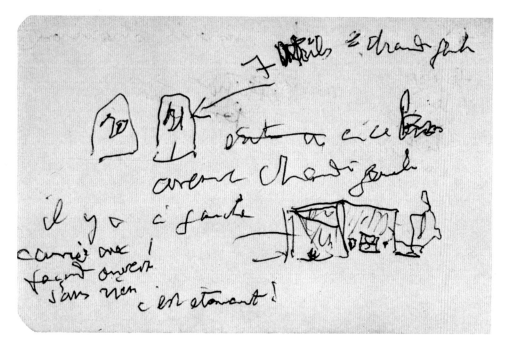

634
7 Mils = Chandigarh // 20 / 21 / à ce Kms // avant
Chandigarh // il y a à gauche carrée avec 1 façade
ouverte sans rien // c'est étonnant!

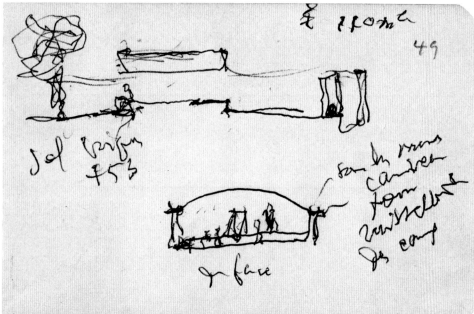

635
110 ml
sol / brique // + 53
de face // sur les murs caniveau pour ruisselle-
ment des eaux

636

637
ne faut-il mettre le Secrétariat en travers?

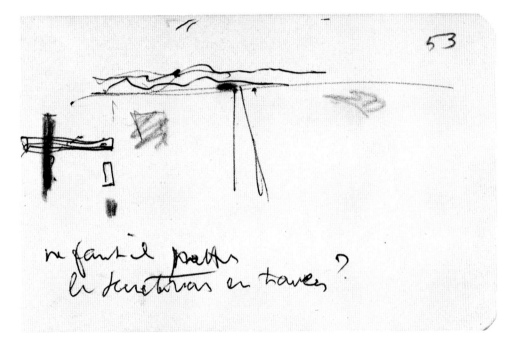

638
il suffit d'une petite dune de 1 m 50 pour annuler
l'Himalaya.
1 petite dune fin ville — début Capitol

639
la gd mère // la mère / la petite fille   640

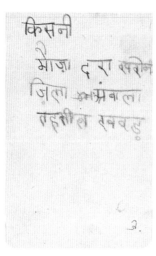

641
les danses spontanées // le musée plus perma-
nent // musée mobile et international avec Porte
Maillot (alu + modul) // la boîte à miracle

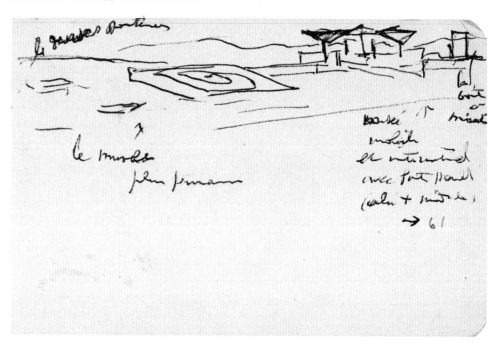

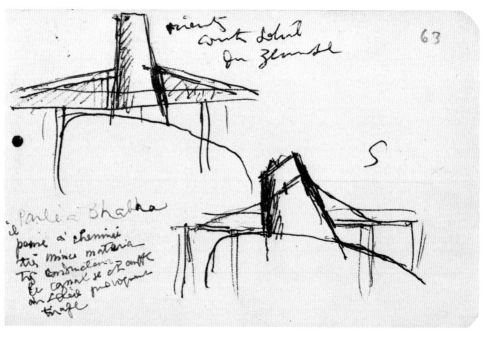

642
orienter contre soleil du zenith
Parlé à Bhabha il pense à cheminée très mince
matériau très conducteur le canal se chauffe au
soleil provoquant tirage

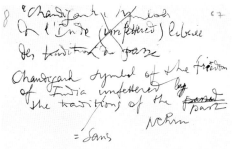

643
... // véranda

644
Chandigarh Symbol of the Freedom of India
unfettered // = sans // by the traditions of the
past // Nehru

645
rouge points blancs // noir large

646
race forte des femmes // démarche // — les vi-
sages intelligents de tous les hommes ici

647

jeune indien venu me parler à G^d Hôtel désireux de partir en Europe faire un apprentissage d'ingénieur. Très bien / semble 1 garçon bien

648

Shri Thapar // Administrator of Punjab // Capitan Project // US Club // Simla

649

ami de Jane Drew // s'occupe passionnément du théâtre populaire, lui envoyer documents théâtre

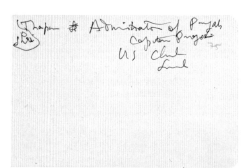

650

Mody arch qui nous a reçus dans sa chambre au Gd Hôtel Simla. Son père est directeur chez Tata Wisky / 17 nov 51 avec ingénieurs Indiens du barrage de Bakra dam = <u>210</u> mètres de haut // le chef du barrage // SARUP SINGH // est là, un Sik de visage magnifique Wisky et Cie. Varma est en liesse avec son copain du barrage

651

A l'impérial Hôtel Delhi 21 Nov 51 on voit défiler 3 amiraux maréchaux?! Chinois avec des casquettes, des brandebourgs, des sardines sensationnelles sur les manches et des airs solides et intelligents : Çà fait opérette ... mais sérieux pour les autres.
— Cet Imperial hôtel dessiné certainement par un allemand (catégorie mufle) comble tous les instincts de puissance qu'il abrite chaque jour. Ces mandatés, ces chargés de mission etc etc. Ses salles sont immondes, babylonesques, l'opposé du sourire

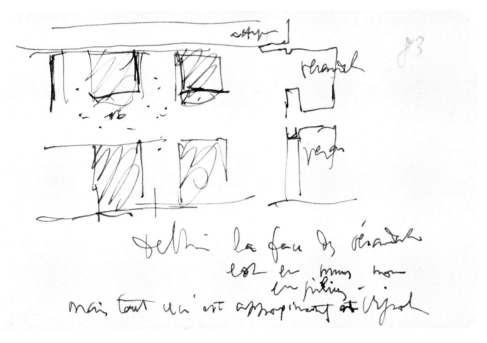

652

attique // verandah // veran...
Delhi / la face des vérandahs est en murs non en piliers. Mais tout ceci est approximatif et Vignole

653

Delhi 21 nov 51

  Ecrire Jane Drew. Çà ne va pas! Les villas et maisons alignées de Delhi sont une coquetterie charmante (Bᵈ où est l'Hôtel Ambassador) Mais le soleil fait ce qu'il veut. Il faut partir des 4 orientations off Thapar et créer ce qu'il faut : ce qui est indispensable // : des sujets du soleil // avec les techniques disponibles

654

M. Lachsena // Radio India French. In French chercher 3 personnes avec Radio expérience de diffusion // Payer 100 pounds (12 000 roupies) par mois
S'il a une femme intelligente on peut employer la femme 600 roupies mois.
Logement // et nourriture (pension) // dans Gd Hôtel au prix de 400 roupies par mois
En parler à Mme Lachsena

655

La fin d'un monde :

  aux Indes on conduit à gauche. Je deviens fou à chaque minute à Delhi.
Hôtel Ambassadeur (un Fritz) (se donne du mal pour petites gens) a une salle à manger en coupole dont la voussure contient une gorge réfléchissante et luminescente // Air de cadavre. // On croirait les dernières minutes avant la catastrophe ...!!!

656
Delhi Palais G^t // Sable rose sur grande surface
brossé et mouillé avec camion // Tranchée voi-
ture = 12 m environ // Arbres verts seulement //
feuilles permanentes // formes rondes / = triste //
Il faut briser, formes et textures, catégories et
fleurir (arbres) parfois

657
Une part de Dehli New est ocre jaune (1925?!) =
mauvais
   Ocre jaune avec blanc, est maigre Blanc sem-
ble indiscutable et aussi <u>unité des corniches</u> et
égalité des niveaux des toitures

658
Ecrire Jane Drew // il faut faire une grille CIAM de
Chandigarh // plusieurs même!

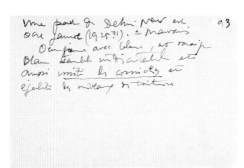

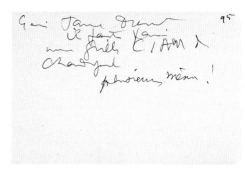

659
Retour // acheter G. Apollinaire // Ombre de mon
Amour // Poèmes // Pierre Cailler Editeur //
Vezenay près Genève // 1947

660
''Car j'installe, par la science,
l'hymne des cœurs spirituels
En l'oeuvre de ma patience'' // Steph. Mallarmé
(Ambassade France 22 nov 51 // S. Ex Ostrorogh

661
Le monde est au contact par l'avion et la radio.
L'USA s'étale, envahit irrésistiblement — fatale-
ment — avec son économie aboutie à la néces-
sité du to be or not to be. Sur un autre plan,
partant d'un tremplin tout différent, l'URSS aussi
envahit irrésistiblement. Il ne reste qu'à se foutre
des bombes sur la tête!!! C'est idiot. Il y a pré-
cisément combinaison naturelle des deux forces
— pied gauche pied droit, alternatif). L'Europe, la
France, ignorent l'Asie toute réveillée, toute
frémissante, intelligente

662

en plus aïgu : des yeux, des bouches, des narines.... On ne met plus cela sous le boisseau. Une métamorphose s'accomplit : la fusion mondiale des besoins et des moyens, des programmes économiques et des points de vue spirituels et intellectuels.

 Il faut ouvrir les portes, ouvrir les mains. L'Energie atomique est cette fois ci acquise. Mettez la dans les pays et dans les foyers et foutez nous la paix avec les champs de bataille! (Je vois et sens ces choses parce que la vie m'a placé en

663

observateur me fournissant d'incomparables moyens de jugement — et exceptionnels. Je prétends que les chefs politiques ne disposent pas de cet ordre d'observation et qu'ils vivent dans le problème et par conséquent ne le voient pas.

Il faut bien le raconter pour toute cette masse qui dit toujours Non parce qu'elle ignore tout Dans ''Fin d'1 monde'' faire 1 chap. sur les aéroports NY — Bogota Miami Rekjavic Shannon Terre Neuve Canaries Orly Amsterdam Delhi Bombay Ahmedabad Le Caire Rome Londres

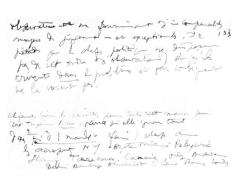

664

23 nov 51 / 12 h ½ // arrivant à Bombay, les méandres du ruisseau sur la vase à marée basse, font des dessins pur Cnossos (Crète) poteries et peinture
et aussi Modern Style 1900

665

l'aéroport Santa Cruz est plein d'arbres et arbustes en fleurs ce qui fait contraste avec Delhi

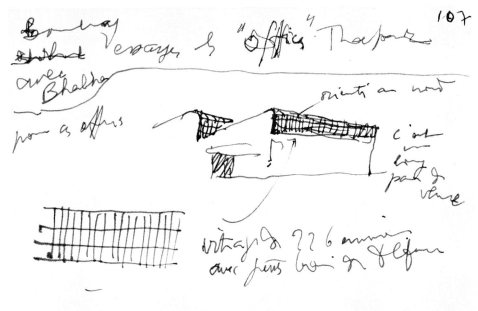

666

Bombay // essayer les ''Offices'' Thapar // avec Bhabha
pour ces offices // orienté au nord // c'est un long pan de verre // vitrage de 226 environ avec petits bois de défense

667
Ecrire "Novedades" // journal de Mexico // 16
Sept 51 // N° 137 // La Ciudad Universitaria
du Corbu 100% très bien // demander 5 ex. // 1 p
Claudius

668
Reprendre livre Fin d'1 monde // Délivrance. //
Donner le journal Novedades de Mexico avec cité
universitaire (+ mon plan de Rio CU 1936) Tout
s'accomplit en actes optimistes
   La couverture et page de garde des livres US
New York World ... avec l'Harrissonnien ... Corbu
sur couverture — La Morale Buchmann Réarme-
ment Moral + Mohdy le gras. (Simla Chandigarh

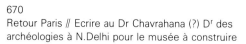

670
Retour Paris // Ecrire au Dr Chavrahana (?) D^r des
archéologies à N.Delhi pour le musée à construire

671
Ahmedabad / L'Anglais sera sous mes ordres
pour qu'il ne fasse pas de travail mercenaire
Pourrait travailler RS ... 2–3 mois au projet pré-
paratoire à l'exécution du projet Plan de détails
discussion avec les ingénieurs, sous mes instruc-
tions Payé en francs pour le Maire les 3 mois,
puis en rupies

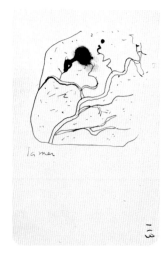

669
La mer

672
vu le quartier général de Gandhi ami de Romain
Rolland
vu le quartier général de Gandhi banlieue de
Ahmedabad où sont encore ses disciples
 Gandhi était ami de Romain Rolland

673
Les pilotis du musée pourront être en rangées de
briques ajourées avec niches etc façon pavillon
de Patiala et pav. lac Ahmedabad

674
il y a des dalles de pierre grise (schiste) qui ser-
vent à faire les bordures de trottoir et sont fort
bien brutes

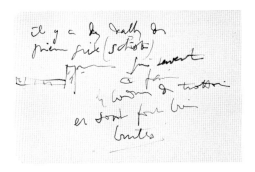

675
Cotton Miller owners Association / 25 nov 51
rivière // rivière // faire un ... mur perré // garden
parties // 3 étages // construction basse à ne pas
trop voir // 60 automobiles parking 20 d'ordinaire //
road // petite vallée combler ou non?

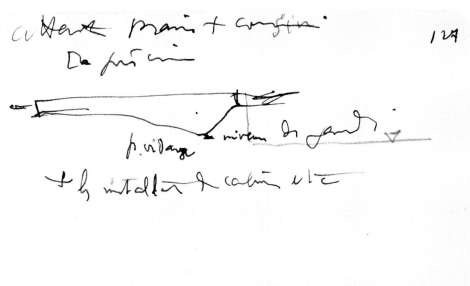

676
attention Maire + cousin // La piscine
niveau du jardin // p. vidange + les installations
des cabines etc

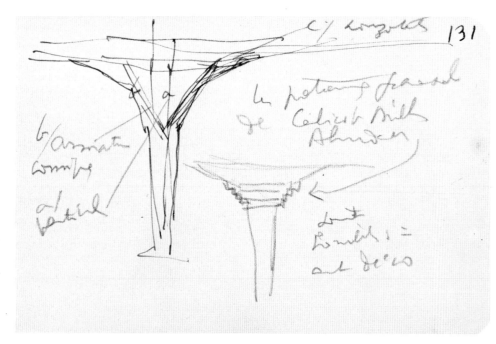

677
Attention // Musée. / Noter que face au musée //
Musée // fort ancien très beau // rivière avec les
teinturiers et lavage sur le sable // assurer une
vue sur cela.

678
C / horizontales // b / armatures coniques // a /
verticales
Les poteaux parasol de Calicot Mills
Ahmedabad // sont horribles = art déco

679

le piéton 1 // la vache 2 // la Chrysler 3
combinaison 1 et 2 Inde // [combinaison] 2–3
N York
aujourd'hui 1.2.3 // qui doit disparaître p. atteindre
à la joie de vivre? le 3 donc valable 1 + 2

680

Ahmedabad / nouvelle gde rue (moche) // me-
nuiserie // bois de teck // window Bulser teck
Sur les moulures de nombreux immeubles : un
aigle // des pigeons
Je mets les pieds dans une merde de vache à
l'intérieur d'un chantier! // chantier

681

Sur chantier de Béton à Ahmedabad ils emploient
des coffrages de tôle // 2 plaques tôle

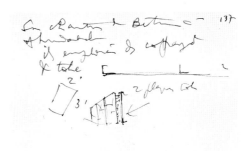

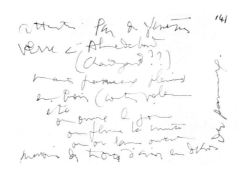

682

M. SHODHAN. / magasin et office BJ // p. Main
Street, // essayer de réaliser un Taylor
105' hights permis // 60' les autres buildings //
actuellement ceux en construction
j'attends plan pour 2 owners // à réception du
programme je répondrai p. honoraires

683

attention / Pas de fenêtres verre à Ahmedabad
(Chandigarh??) mais panneaux pleins en bois
(contre voleur etc // on ouvre le jour // on ferme la
nuit // ou on laisse ouvert // prévoir des trous d'air
en dehors // des panneaux

684

Les constructions du Musée de Bajpaï à Bombay
Déjeuner Tata. Il est ravi de connaître les grands
profils des V2 Chandigarh
dans 10 ou 20 ans il y aura 700 millions
d'Indiens = la famine, les révoltes etc, le

685

problème sexuel est à la clef ''On va supprimer
les hormones'' dit Tata. Je réplique : l'Hypocrisie
est sur cette question. Il faut tuer cela (= un
chap dans Fin d'1 Monde)

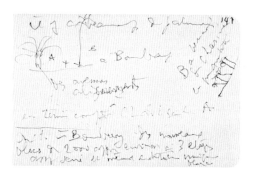

686

il y a beaucoup de palmiers à Bombay // des ave-
nues alignements // B a beaucoup de charme en
quantité // en tenir compte à Chandigarh A
Arch à Bombay des nouveaux blocs de 2000
appart. environ à 3 étages assez serré et même
architecture unique blanc

687

envoyer Tata belles photos Hervé agrandisse-
ments Marseille + autres
Air Port Santa Cruz 16½ heure Je vois : Air
India = une unité d'exploitation de grandeur con-
forme = but précis + équipement matériel // et //
hommes / avenir assuré // donc N milliards qui
tournent rond. = objet de consommation féconde
Si ça ne tourne pas exactement l'Etat aide
momentanément. Tel exemple, tel autre = con-
sommation // féconde

688

Le 26, Gira a dit : il ne reste plus que Nehru.
Avant la libération ils étaient tous aux avant
postes. — Et maintenant? — ''Corruption''!!!
Le chef de famille Sarabhai a fait construire un
palais familial Lui + 8 enfants filles et garçons
destinés à se marier. Donc 8 foyers réunis en 1
palais. Pas d'architecte mais un peintre de la
bande Rabindranath Tagore. Et c'est beau et
intelligent. Alors ...

689

Alors 14 années après, tout se disloque : chacun
se fait construire une petite maison Gira +
Gothram + Mohny (par moi) Et c'est le terrain
(d'ailleurs magnifique et planté d'arbres superbes
avec amour par le fondateur, que l'on coupe en 8
Et enfin hier Mony me confie son problème : Son
lot M sera coupé en 2 pour ses 2 fils 10 et 13
ans

690

Genève bientôt! Ce drame alpestre quelle apoth-
éose!!!! barbare!
Homère de l'Alpe où es-tu? C'est le règne de la
glace pour un jour mourir
ils nous ont foutu 2 coups de whisky pour
l'enthousiasme 28 nov 51 10 h 10 GMT
Voici certainement le ''Trident'' que mon père a
baptisé il a fait la 1ère Pt d'honneur du Club Alpin
C'est vieux!

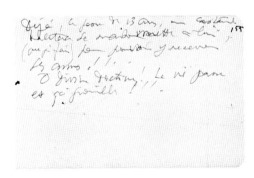

691

Déjà, ce péon de 13 ans, un costaud habitera sa maisonnette à lui, (que je fais) pour pouvoir y recevoir ses amis!!
O divine doctrine! La vie passe et çà grouille!!!

692

∞ faire un ciel pareillement théorique dans le mural Roberto // Noël 51
19 h 27 nov 51 // mer rouge ou golfe arabique les valeurs // vert / indigo // mauve / jaune clair // orange // rouge // opaque // malachite noirci par fond rouge
le reflet de la mer avait été dès le début (17 h) rougeâtre

693

Envoyer Tata ''Cath Blanches'' + Electa idem à Bhabah + Nehru
organizer un Bulletin 35 // rue de // Sèvres // ''35 rue de Sèvres''

28 nov 51 // J'ai vu les Alpes ce matin comme le bon dieu les a faites : toutes nues! L'exactitude d'une définition (9 h 40 GMT) j'aime mieux le soleil couchant sur la mer arabique Les Alpes c'est le contraire d'une invitation // = l'anti homme! C'est horrible! Bon pour freudisme! Ça donne bien l'image de l'inextricable (voir ... Pierre Jeanneret!)

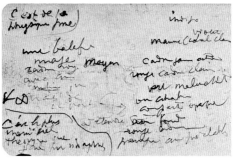

694
C'est de la physique pure
une balafre // nuage // cadmium rouge / moyen //
avec <u>au</u> // <u>matin</u> un // trait de // LC part à étendre
indigo // violet // mauve (cobal clair // cadmium
jaune citron // rouge cadmium clair // vert mala-
chite // ou cinabre // <u>compact</u> opaque // sur fond //
rouge cadmium // pourpre au préalable
C'est le plus inouï ciel théorique que j'ai pu
imaginer

695
le soleil est sous l'horizon // un vert pâle // très
pâle // Mer rouge // 18 h 30 // 27 nov 51 // altitude
12900'

696

écrire Nehru + Maire Ahmedabad + Gira
Sarabahi
descendant de 14000 feet la ligne des Alpes
prend sa personnalité Evidemment! il y a des
silhouettes
9 h Desai lundi achat

Wood a demandé à Shosha Sarabahi venir à
Ahmedabad Voir LC

697

Le Mt Blanc // on tourne autour du Mt Blanc le
diora... est perpétuel // l'estuaire brouillard
allo! ici Saleve!! // Cointrain. Genève and C...

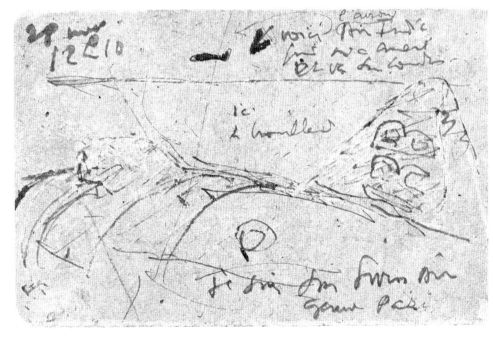

698

28 nov 12 h 10 // voici // l'avion // Air India qui m'a
amené et va sur Londres // ici brouillard // je suis
sur Swiss Air Genève Paris

699
INDES // 16 Mars 1952 // MARS // F24

700

intuitivement depuis 20 ans j'ai conduit mes figures vers des
formes animales porteuses du caractère, force du signe, capa-
cité algébrique d'entrer en rapport entre elles et déclanchant
ainsi 1 phénomène poétique

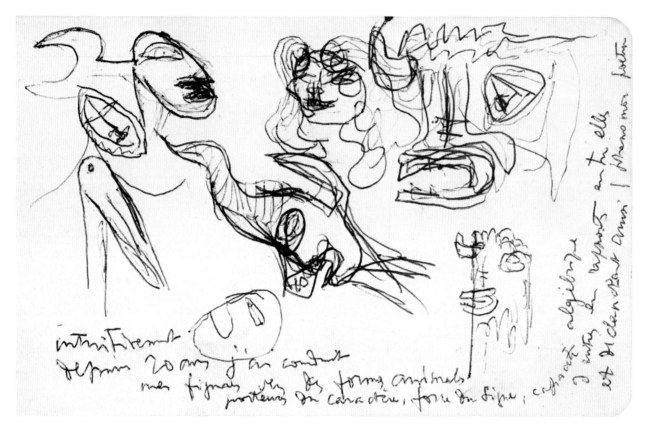

701

702
faire un groupement de ces formes et idées et notions en les
rassemblant isolées du contexte Opérer de même avec les
Mains. et aussi les pieds.
un Bestiaire

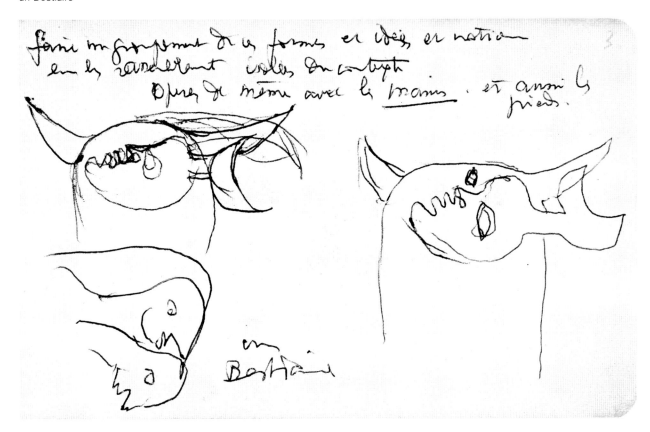

703

704

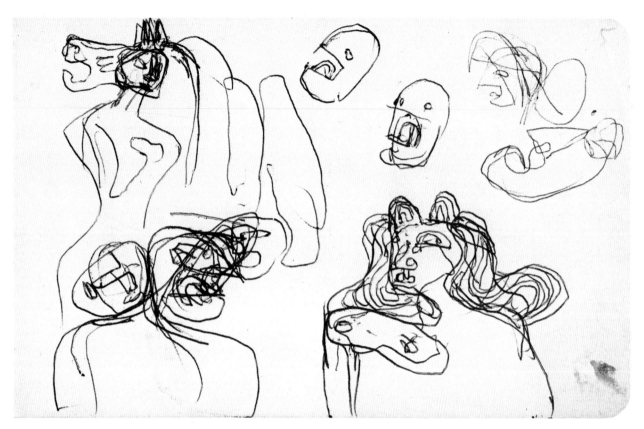

705

706

707
Cette idée (notion) de bestiaire humain m'est peut-être venue
inconsciemment du contact si fréquent et à travers tout le
monde et à travers toutes les couches sociales, avec les
hommes et les femmes, dans les affaires, les comités,
l'intimité. Les caractères apparaissant, qualifiant les gens et por-
tant ou // proposant // leur typologie.

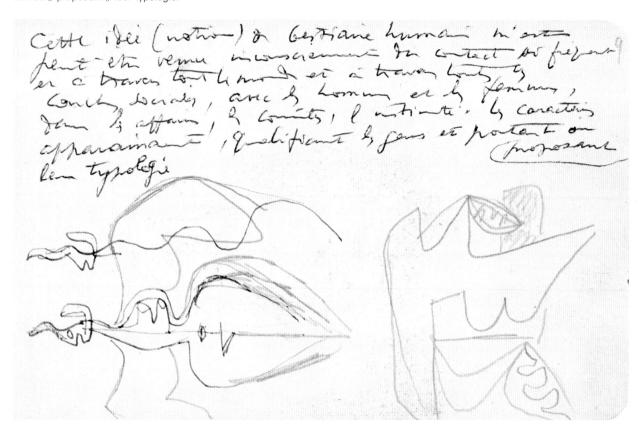

708
pluies? // béton // les fermetures par panneaux bois de teck
pleins, s'ouvrant au dehors et faisant brise soleil?
Combiner de bons éclairages éléctriques // voir le 4ème mur
schectk book noir 1951

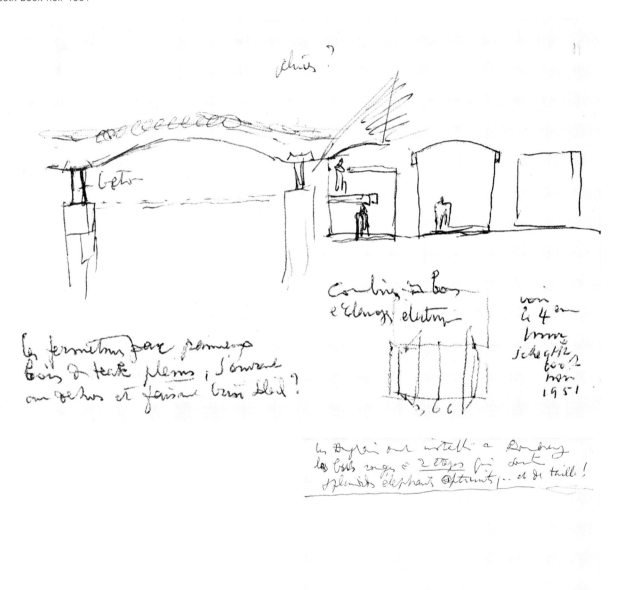

709
les Anglais ont installés à Bombay les bus rouges à 2 étages qui
sont splendides éléphants optimistes,.. et de taille!

710

2) from the bonds of tradition. And he did so by adopting the vision of synthetic cubism and by grasping the whole problem of architecture afresh in the light of that vision. Just as Gris and Picasso have been able to seize fragments of the visible world, raw fragments of appearance, and weld them together into a new artistic entity on canevas, so Le Corbusier has been able to take the most unpromising, the crudest results of empirical engineering and bring them together into a complete harmony in design and purpose // John Summerson // Editorial // May vol V N. 2

711

1) And now, the most important point in what I have to say. When modern Architecture has reached this stage — say in 1911 — painting had already reached even further and in the absolutely free abstract painting of Juan Gris, Braque, Picasso and others, a whole new territory of design has been opened up. It seems inevitable now that the discoveries of these painters should have affected architecture : They were, as Herbert Read remarked, already in a sense "architectural." They did affect architecture very deeply — first and chiefly in the work of one man, a man who is both a painter and an architect — I mean Le Corbusier. I think we must put it to the credit of Le Corbusier that he completely liberated architecture from

712
Bombay 20/3/52 // 8

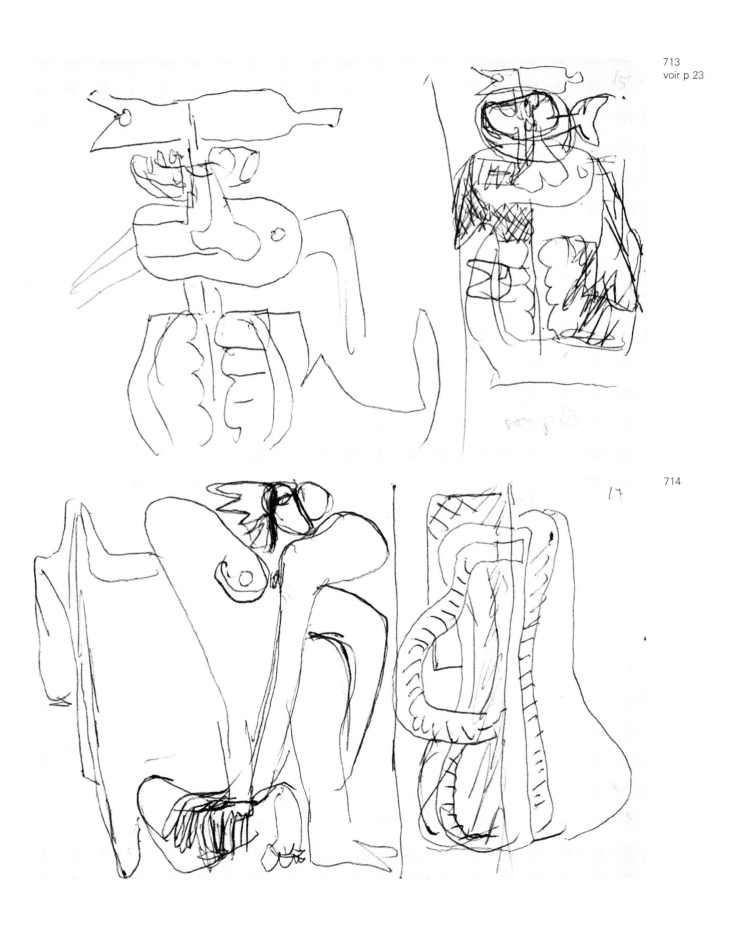

713
voir p 23

714

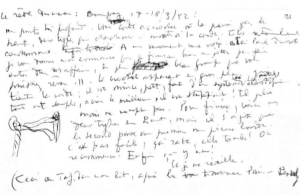

716

Le rêve Ducret : Bombay 17–18/3/52 : // un puits très profond.
Une corde accrochée à la paroi vers le haut, deux types qui
cherchent à monter à la corde. Ils retombent constamment. A
un moment une voix : ''Ici Paul Ducret je vous donne mon
assurance que je finirai bien un jour par faire entrer dans nos
affaires, le plus beau groupe que vous puissiez rêver.'' Le cro-
chet apparait en gros plan qui tient la corde : il est mince, petit,
fait d'un système // en métal // élastique tout est souple, acier le
meilleur, il est stupéfiant! Il plie mais ne rompt pas. Pour finir,
voici mes deux types en haut, mais il s'agit que le second passe
au premier une pierre lourde. C'est pas facile, ça rate, elle
tombe! On recommence. Enfin, ça y est! Et je me réveille.
(Ceci au Taj, dans mon lit, après la traversée Paris–Bombay)

717

UNESCO // donner à lire experts déclaration Zehrfuss

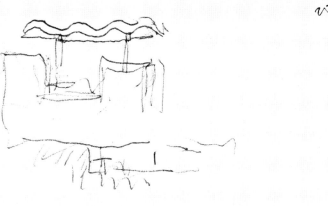

719
p. Huttesing sa toiture // que Huttesing achète
tapisserie L-C Baudoin + [L.C.] et l'autre
Idem Mona Sarabhy achat tapisseries +
montage photographique
pour la maison = autre toiture

720
Old Dehli // restaurant // MOTI MAHAL // French Bazar // Darwa
gang // poulet // poissons / rôtis

721

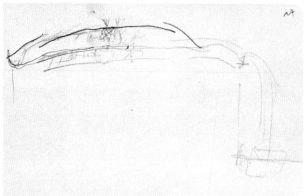

722
sur place = exact

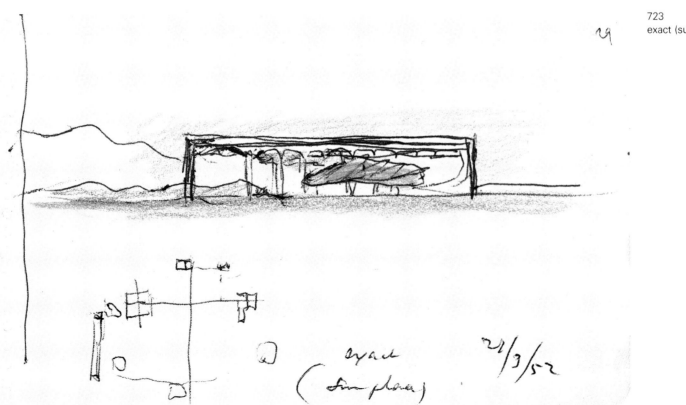

725
creux // fossé de ''considération'' = agora en creux
le trou de la considération // des gradins ici

726
le mât // de a / en b / c'est de la plaine continue // 21/3/52 / (sur place)

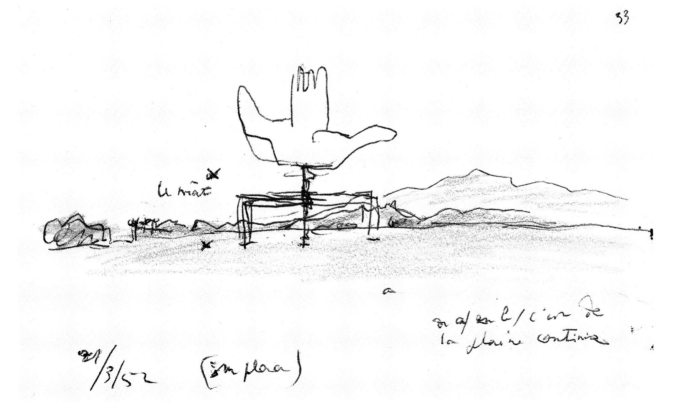

727
conque acoutisque et tribune

728

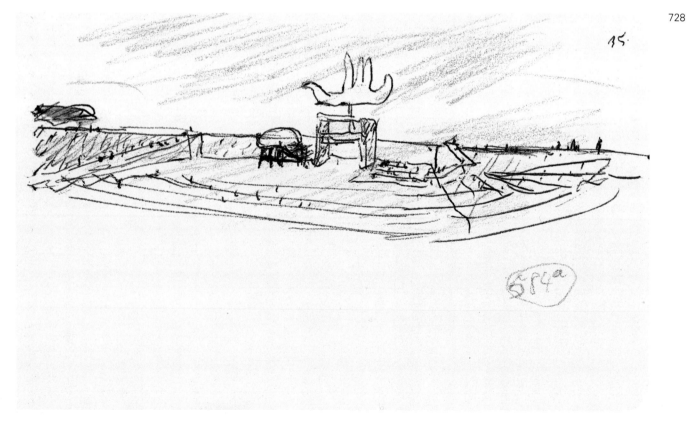

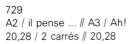

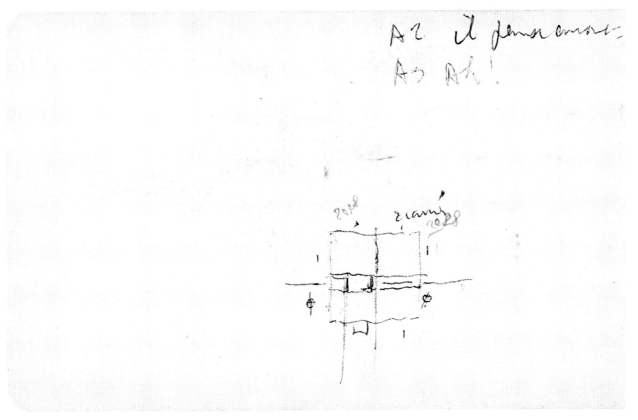

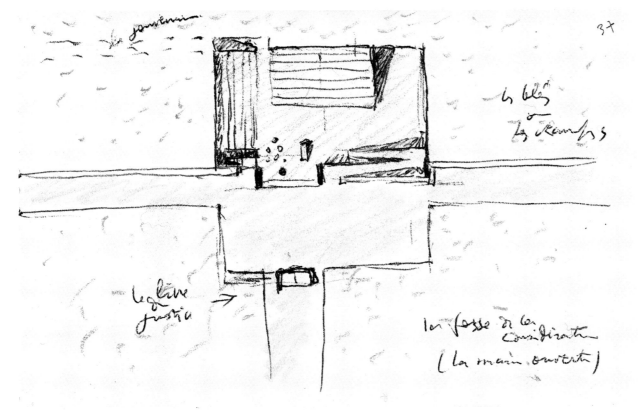

730
le gouverneur // les blés ou les champs // le livre de justice // la
fosse de la considération (la main ouverte)

731

Modulor // 27/3/52 Ecrire à John Summerson au ''Stateman
and Nation'' son article du 23 february 52 ''Corbusier's
Modulor'' // 10 Great Turnstile. High Holborn London W.C.I //
adresse pour Jane Drew.
N 25 // DB 8487 // His Master Voice // 78 tours
acheter disque // Mozart Flûte enchantée // Act. 2. Ach! ich
fühl's // es ist verschwunden // Lemnitz // 2R 2452 Berliner
philharmonie

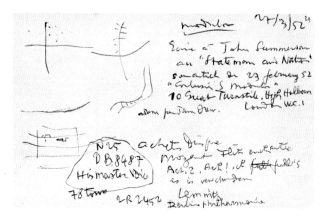

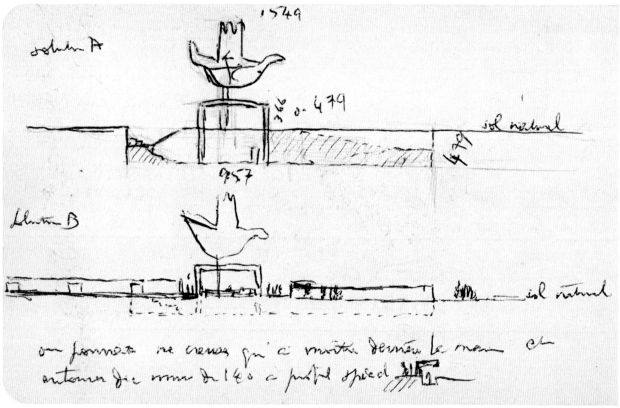

732

Solution A / sol naturel // Solution B / sol naturel
On pourrait ne creuser qu'à moitié derrière la main et entourer
du mur de 140 à profil spécial

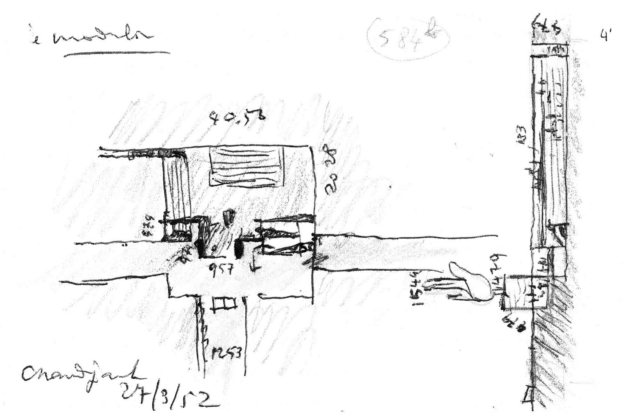

'e modulo

584

4'

40,58

957

1253

Chandjach
27/3/52

734
visite Nehru 2 avril 52 // 9¼ chez Varma / L-C expliquera le Plan
Pilote et autres problèmes en connection // 15 à 20 minutes

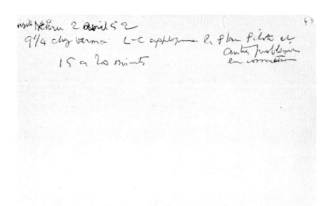

735
4 avril 52 // à placer : statue de Gandhi // [statue de] Nehru

45

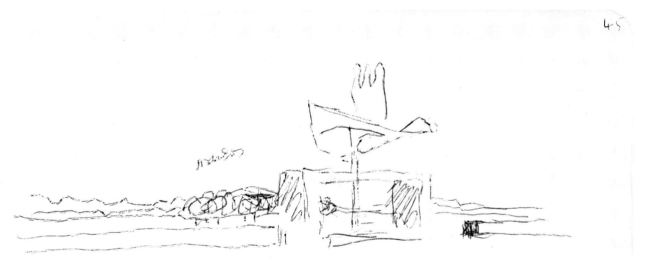

737

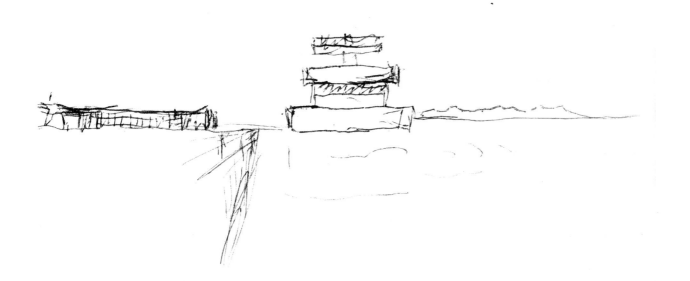

739

principe / il faut tirer une horizontale du mur de a à c d e et
qu'un ruban lumineux coupe net l'horizon, le mettant au plan
extrême et trouver en certains points de la surface du capitol,
soit collines belvédères, soit terrassements dallés à 1 ou 2 m au
dessus du sol.
une rampe finissant par une plateforme et escalier p descendre
à l'opposé (côté ville) c'est une futaie alignée et taillée de
cyprès?

740
essayer de tirer ... ... sur plan de nivellement
La dune de 2 m environ (où j'avais perdu l'album) donne déjà
une vue panoramique // des pièces d'eau // on appréciera le hors
d'oeuvre en marqueterie

49

742
examinons si l'on peut rapprocher le Secrétariat
Varma // planter 1 mât à l'obélisque // 4 mars 52

743
futaie à planter // bon // a / b // ici on pourrait resserrer // a b =
bel horizon

744
1 / 2 / les bornes de l'axe transversal // l'obélisque en béton //
les cyprès
peut-être un talus (moyen très puissant!)
1ᵉ être en contrebas // 2 / monter le talus // 3 / être à niveau de
la plaine // 4 / monter à 2 m, à 4, à 6 —

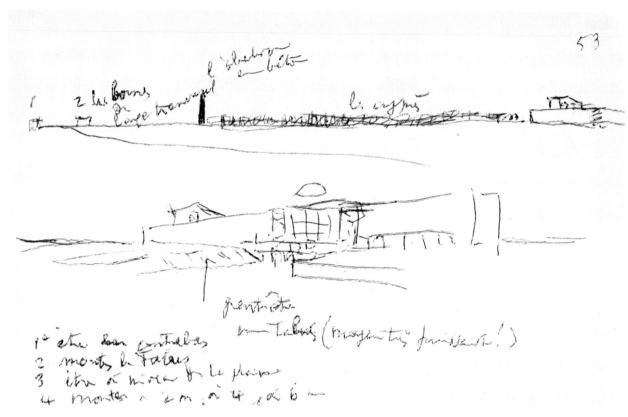

745

746
les reflets : ici un point 2 m en contrebas
Se reflètent les volumes ou surfaces verticales ou obliques qui
sont à côté de l'eau. Il faut créer des éléments de réflexion sur
épure exacte

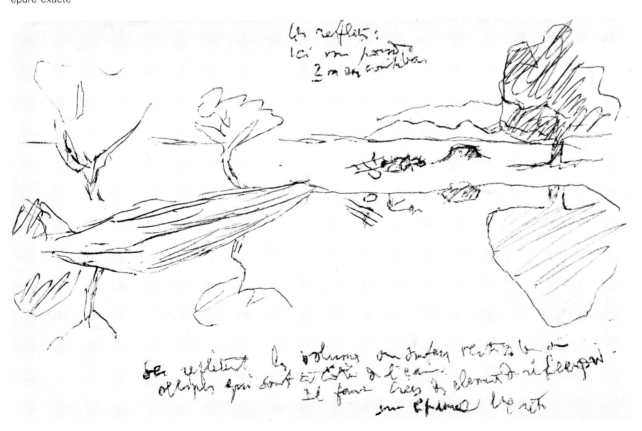

747
7 avril '52 // ici cyprès oui // non! // allée de cyprès // pavillon //
borne 2 // talus // voir feuille ... suivante // borne 1 // 5 mars 52 //
L'obélisque
attention Varma dixit prévoir peut être un autre bâtiment de
ministères
en A ''les instruments du Progrès et de la Civilisation'' (9 avril 52

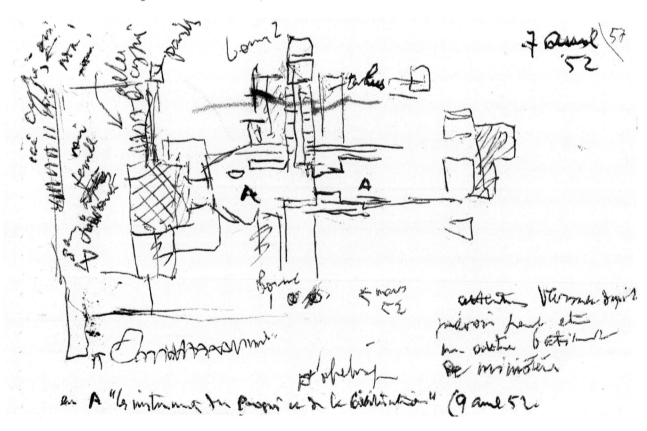

748
la Main // Assembly // par des massifs alternés de cyprès en
couronnes
chambre d'ombre noire // sur place

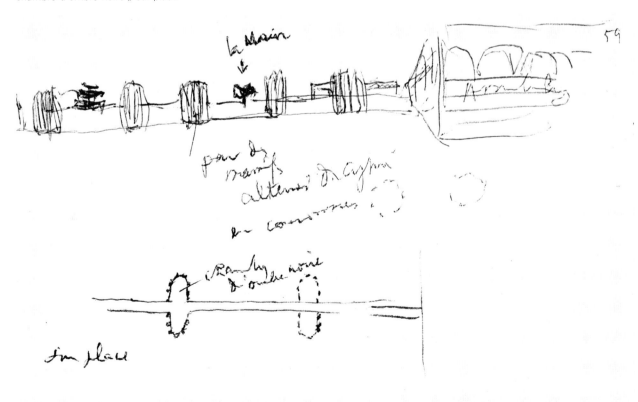

749
Si l'on descend // à piéton // on a de l'intimité au dessous du
niveau de la plaine et c'est bon. // sur place

750
le 7 écrit Attaché culturel d'ambassade de France Le Caire
départ Chandigarh 17 avril jeudi // Delhi Bombay avion de nuit :
arrivée Bombay 18 matin. // Départ de [Bombay] Air India Con-
stellation le 18 après-midi // arrivée Caire 19 matin bonne heure
1 h du matin.
descente au Caire 19 // 20 // 21
départ Caire Paris 22 mardi nuit 22–23 // ou nuit 23–24
janvier Chandigarh
17 jeudi partir p. Delhi // Y a t il avion à 2 h? // à Bombay à 20
h // 18 départ de Bombay Caire // 19 Caire à 2 h matin // Caire
19 // 20 // 21 // mardi 22 Paris
Mr Barthelemi // Chancelier ambassade F. Delhi

753
Capitol composer avec tous les niveaux pour les reflets
composés

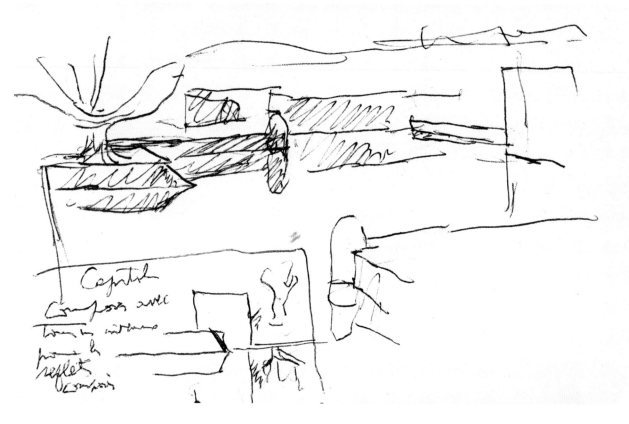

754
Jane téléph Nehru que rapports sont envoyés le 10 avril 52

755
1 composition extravagante d'eau et de niveaux

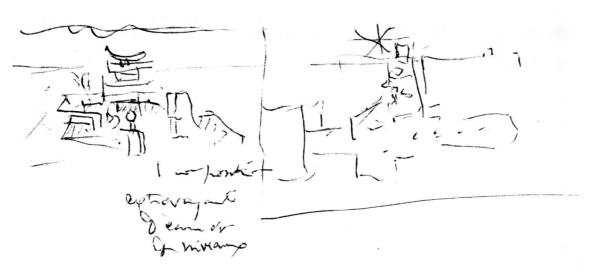

756
reflet // + 1 // [0] = = // − 1 // − 2 = 8 hauteur // le jeux des
reflets et des niveaux // 11 avril 52

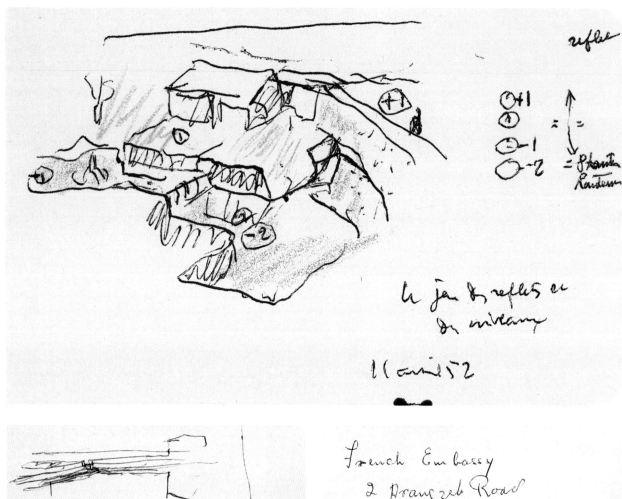

757
des gradins 70/43 // 13 avril 52

758

759

760

762

Pierre + Fry + Drew 17./3/52 / A Bombay je suis reçu par AMIR
JAIRZBHOY qui a posé candidature comme junior et n'a pas été
accepté? (L-C : pourquoi? Vu photos peintures modernes +
maquettes et dessins ''à la moderne USA'' (a fait ses études à
Seattle
le club des American Ladies of Bombay organise pour les
indiens une fête : les joies // beautés // d'Hollywood sur un
bateau pavoisé, avec musique jazz et speaker pick-up
américain!!!

761

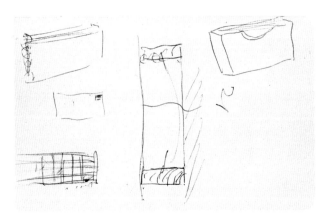

763

je trouve dans May Vol V Number 2 1 étude sur les <u>108</u> Karanas
 le chiffre 108 = sacré (dixit librairie Vega Paris) 108 étant la clef
du 1er Modulor 1.75 = 2 × 108 = 216 ... ... mais ce sont 2 fois
108 <u>centimetres</u> ce qui annule toute possibilité intellectuelle
 — Dans ce meme N° l'Editorial de Summerson analyse une
étude de Herbert Read sur ''<u>Architecture and Painting</u>'' qui porte
sur Corbu tout l'apport de l'Architecture Moderne filiation Bra-
que, Gris Picasso.
 Hier c'était à Paris, Raynal et Tériade sur // Expo Corbu //
Denise René // Avril 52

764

AVION AIR-INDIA // 16 mars 52 // PARIS // Bombay

765
INDES // 15 avril 52 // N° 2 // LE CAIRE // 20 avril // F25

766
LE CORBUSIER // architecte // 35 rue de SÈVRES // PARIS 6 //
(France)
16 livres
Jeanne Heilbuth // 7 rue Georges Berger // Carnot 61 41

767
Ahmedabad Maire // Ecrire au bureau du 1er Ministre la question 1° Ahmedabad le maire — // 2° M Thapar // rappeler la conversation avec Bajpay fils et celle avec Nehru
F d S

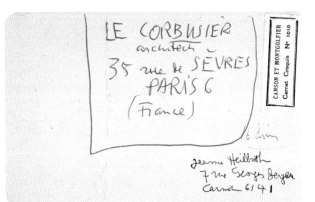

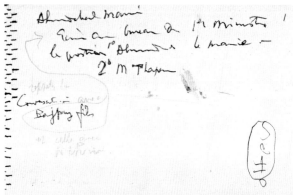

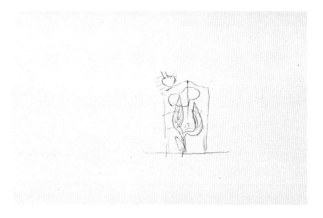

768

769
p la H^te Cour dans les niches trouver aussi des symboles
modernes
les 24 h // les 2 solstices de face // plans pleins // de profil // la
direction des rayons solaires
Escale Bassorah 19 avril 52

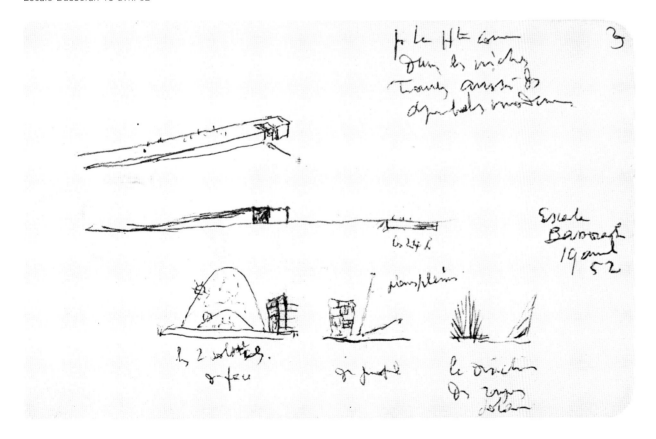

770
Le Caire hôtel Semiramis // 20 avril 52
jardins le Caire tous circuits promenade en tortillons pour
répandre les promeneurs —Sur la verticale les arbres nom-
breux, au hasard, filtrent la vue
Il faut planter beaucoup de Palmiers (dattiers)

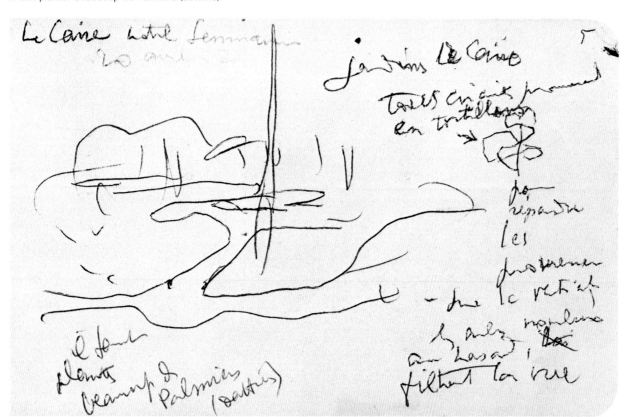

771
bossu // creux // profondeur creux de ''la barque'' (Symbole)

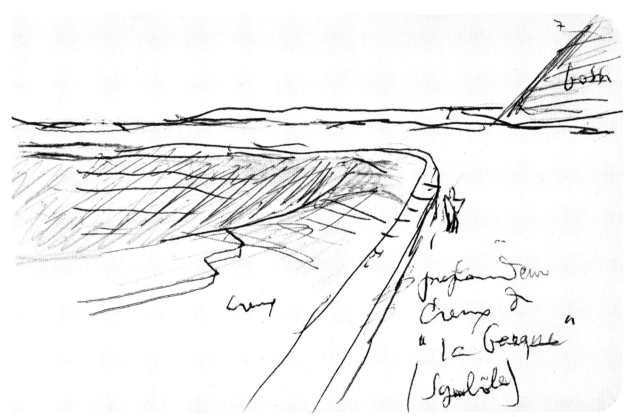

772

773
Chephren // m m est en dents de scie // 86 // m // 86 // 113
exact // 33 // 20 // 2 fois 86 // m // la voie sacrée des proces-
sions // 20/4/52

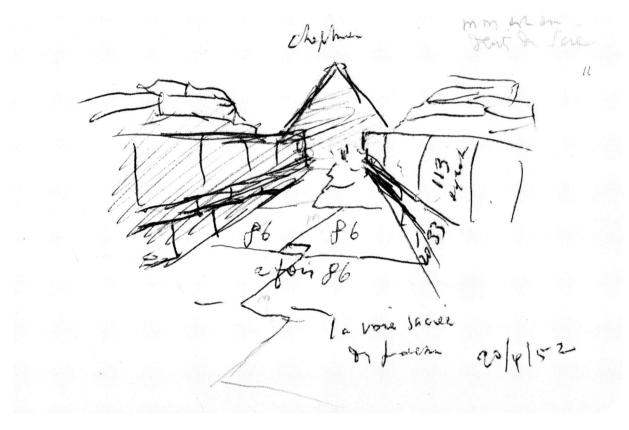

774
Parodi ou autre offrir que Corbu fasse le modèle d'un passe-
port français décent.

775
22 avril 52
C 123 ou 125 // B 125 // A 150 // angle Z // 1ère assise amorce
incorporée au rocher et réglant A // sol roc raboté // ici était
l'épaisseur du dallage // appareillé // devant // sur sol = 55 épai
1er pyramide // Z angle Z
A = 150 // B = 125 // C = 125

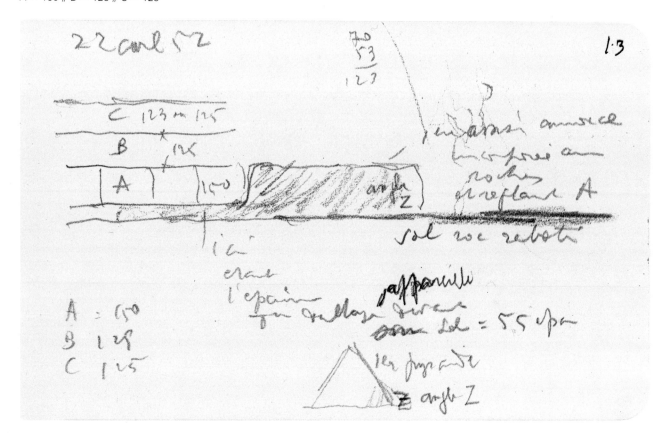

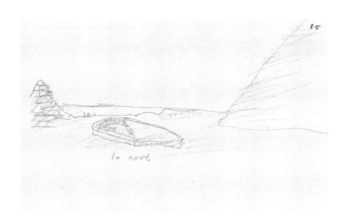

776
la nave

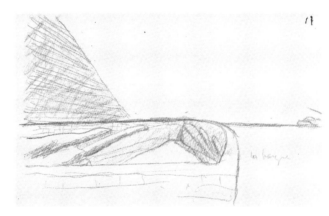

777
la barque

778
A = 1ère assise revêtement granit rose 215

779
demander bon guide // Ch // Ghafir N° 2

780
est-ce la naissance des assises artificielles // lits inclinés
Ce sont des calcaires poreux par couches très nettes // avec
veines jaunes en travers

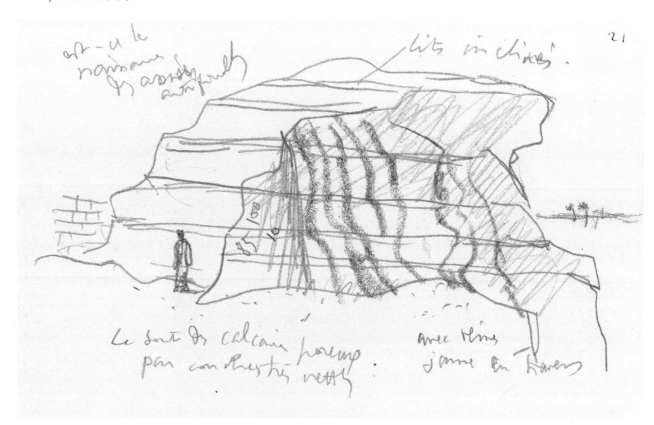

781
''hier je suis allé Sphinxer aux Pyramides.'' L-C

782

23

783

demander photos ou notice sur // vitrine / N° 775 Salle 7 B =
terre cuites + des types de mains en terre cuite // N° 3273 //
3272 // 3270 // 3271 // + N° 4875 = 1 papyrus
C'est pas drôle tout çà = Borniol
Sans vie, très schématique série. Rien de l'esprit grec. =
humain.
Pourtant j'ai vu ce matin un tombeau près de la IIe Pyramide,
où il y a une petite reine sur piliers carrés, à jour frisant, totale-
ment vivant et sensible

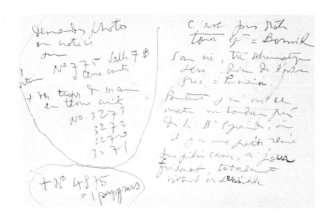

784

je n'ai pu prendre la hauteur // reine Hetep heres
221 environ // 296 // la cage d'or N° 6160–6164 // 6195 // con-
tenant un lit et 1 fauteuil // (demander les dimensions exactes)

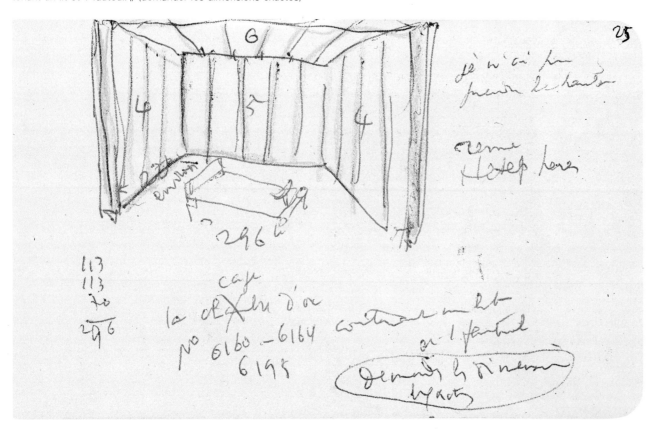

785
le bas relief (très plat) venant de la pyramide du roi Sahouré la
déesse Nechbeyet allaite le roi (d'une tendresse extrême)
N° 395 32 // 395 33 // (demander photos)

786

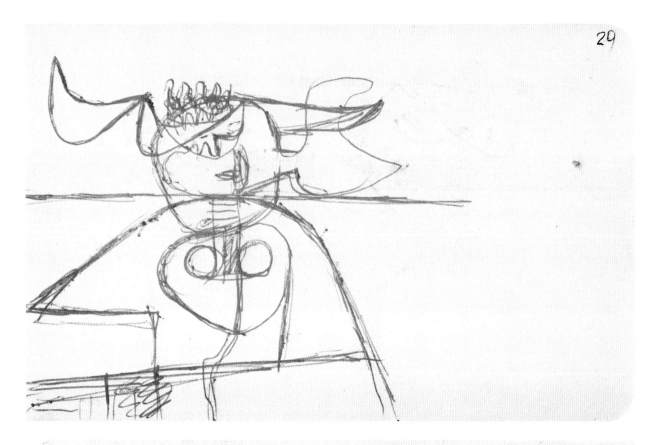

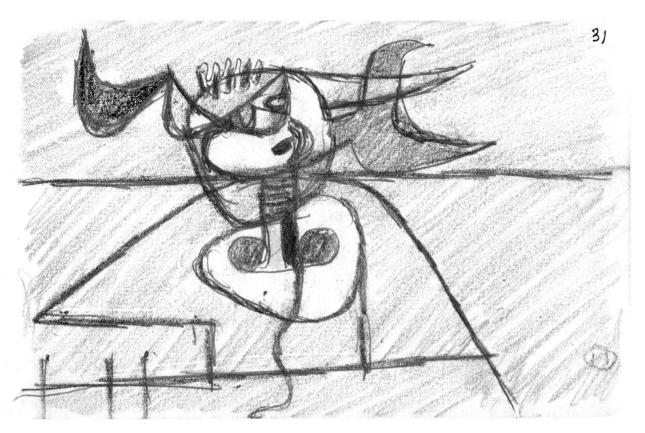

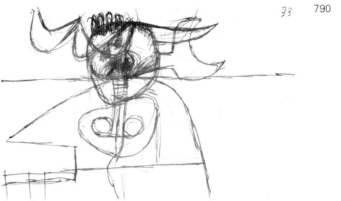

791

banyan // sable jaune / herbe // Caire. parc. un banc circulaire
de 12 m de diamètre
Semiramis // Nil // parc // ... // demander au Caire le plan Rebey-
rol // ce parc planté naturellement d'arbres magnifiques spora-
diques a d'innombrables chemins jaunes // les promeneurs
sont assis dans les pelouses

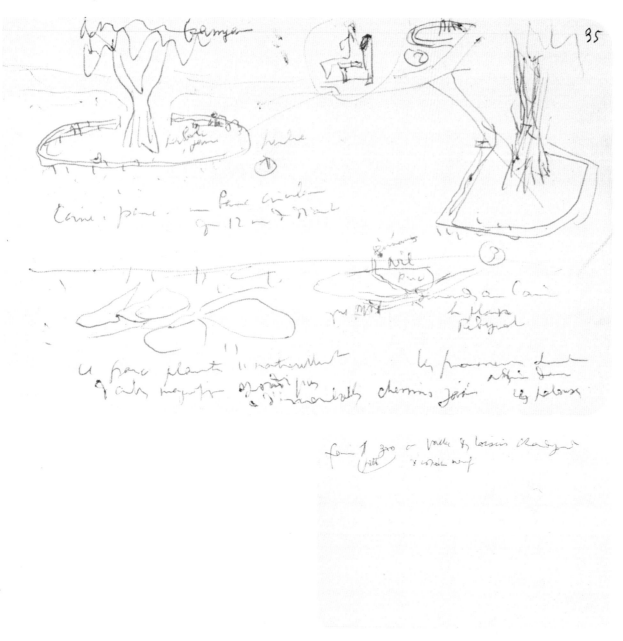

792

faire 1 // petit // zoo à Vallée des Loisirs Chandigarh // d'esprit
neuf

37

l'institut veille et garde l'esprit

l'institut
veille et
garde l'esprit

795
Auguste veille sur les traditions

39

796

41

797
Chandigarh <u>Loisir Vallée</u> : / Zoo le Caire
faire quelques étangs // île surélevée avec arbres-ombre //
oiseaux aquatiques
je pense que nos gouvernements ne fréquentent que les
chancelleries / ne lisent que des rapports et ne descendent
jamais dans la rue.
  Passe encore la rue de chez nous, on l'a connue dans notre
enfance. Mais la rue des Indiens, des Egyptiens des Chinois,
c'est une chose immense en pleine fermentation et floraison
possible. // Le Caire // 24/4/52

798
le Caire // 25/4/52

799
poème de > +
descente aux sources de la sensation
un moteur tombe en panne au dessus Sicile! / Avion le Caire
Genève // Londres // Paris

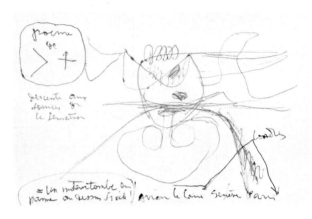

800
15 juillet 52. Wagon-lit Paris Marseille // charger Samper // +
Maisonnier / album / a) Thapar et Servos // b) Nehru // c) Atelier
Corbu // avec explication des recherches poursuivies en illus-
trant avec URB Chandigarh // 110 m² [Chandigarh] // Capitol
[Chandigarh] // + Ahmedabad toiture // standards // vents

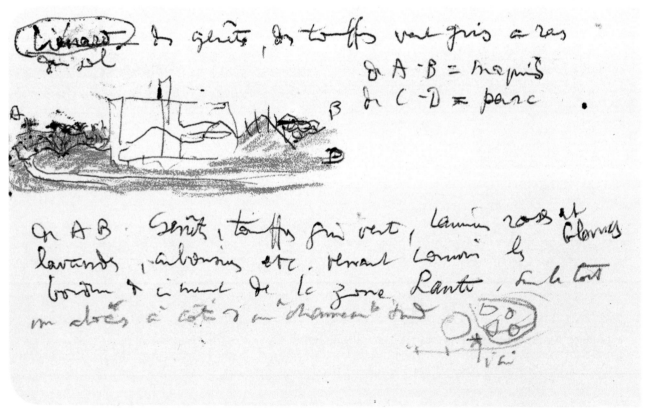

801
(Liénard) des genêts, des touffes vert gris à ras du sol
de A–B = maquis // de C–D = parc
de A B genêts, touffes gris vert, lauriers roses et blancs,
lavandes, arbousiers etc. venant couvrir les bordures de ciment
de la zone haute. Sur le toit un aloès à côté d'un ''chameau''
sud // ici

802
la mer // galette jardin arrosée
pierre // appartements en bois ou incombustibles // pilotis
366 + 113 = 479 // 366 + 140 = 506 bon // [366 + 140] ou
226 + 295 = 521 bon
chemin douaniers // Etoile de Mer // + anti moustiques // eau //
terre // excaver p. pierre + béton brut // mer
19 juillet 52 // Ajaccio
offrir à Claudius 1 ... B ou C

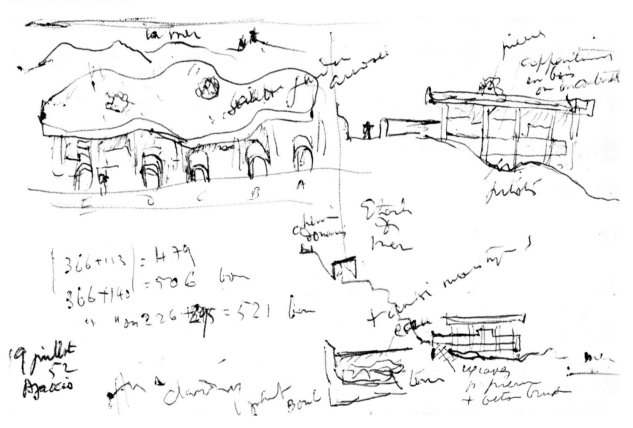

803
p. Roberto // attention aux transports de Gare à terrain Extraire
sur le terrain le gravier nécessaire ou rocaille p béton
19 juillet 52 // Ajaccio
la mer // creuser ici p. faire du gravillon et des caves ou un
piloti efficace
faire 1 carrière ici et trouver la source d'eau douce avec com-
presseur à mazout
pastor // Perrino continuant // chez Barberis — filleul de Pastor

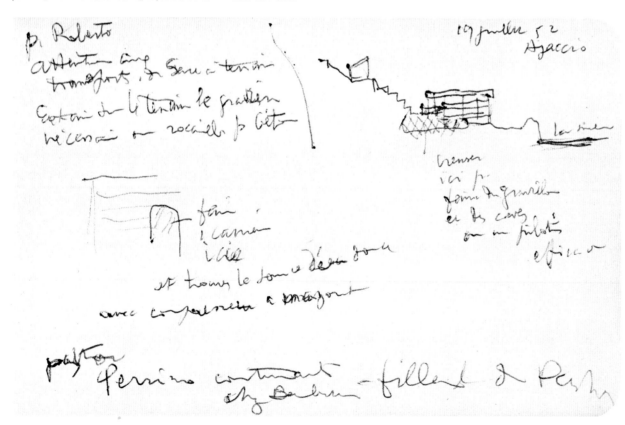

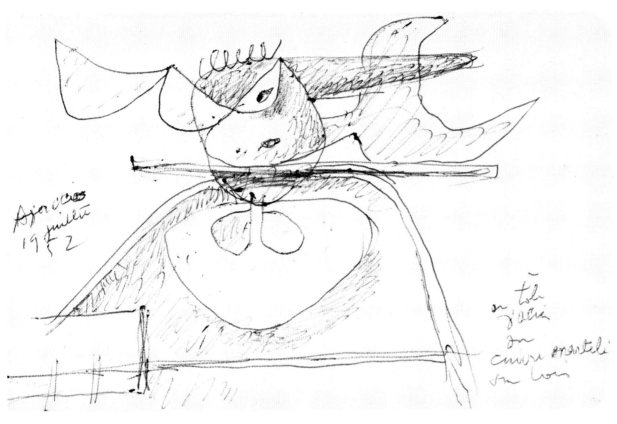

804
Ajaccio // 19 juillet 52
en tôle d'acier ou cuivre martelé sur bois

805
notre avion Ajaccio Marignagne // Commandant Perez // 19 juil-
let 52

806
Etoile de Mer // 5 août 52
2 amis // 2 parents // 6 enfants // 10 personnes // amis //
parents
2 ch / 366 / 366 // 1 cuis / 226 / 226 // 1 salle / 548 // 3x
enfants / 182 / 700
amis // coupe I / série
! → de A à B courant électrique avertisseur sonnerie
amis // entrée
escalier levé // escalier baissé
brise soleil // entrée // coupes 366 // 266 [=] 592 // ou / 366 //
182 // [=] 548 = bon
4 août 52 // réduits // enfants 3 fois
vente: on s'inscrit pedigree nous apprecions puis entre candi-
dats retenus: aux enchères

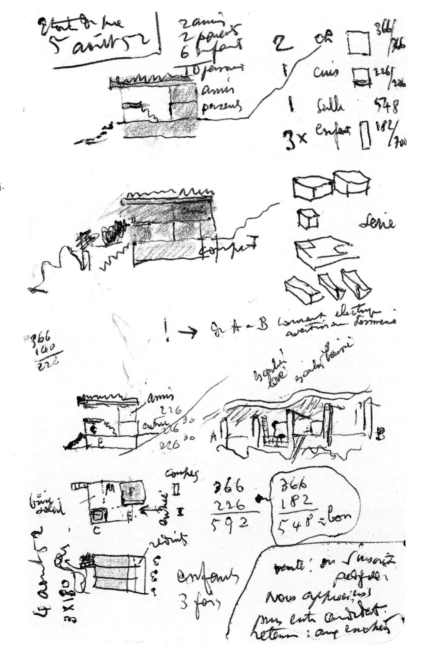

807
226 / 226 / 226 / 226 // 9.04 m long
entrée // ch // ch // réduits av ch // sortie

808

809

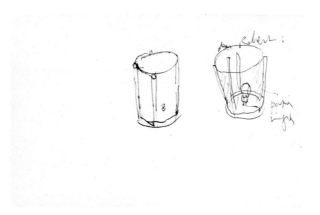

810
pour Robert : papier ingres

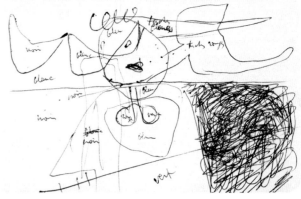

811
bleu // taches bleues // noir // blanc // taches rouges // blanc //
noir // bleu // noir // rouge // vert // noir // blanc // vert

812

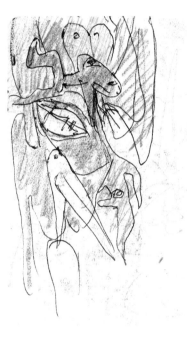

813

814
Mʳ Courant. TROIS-TROIS = 3 pièces // 3 autorités // 3 mois. //
= unité philosophique? // de ces messieurs
23/2/53 avec Grimault entreprendre Film ''La reconstruction de
St Dié''

815
Film Marseille Tati

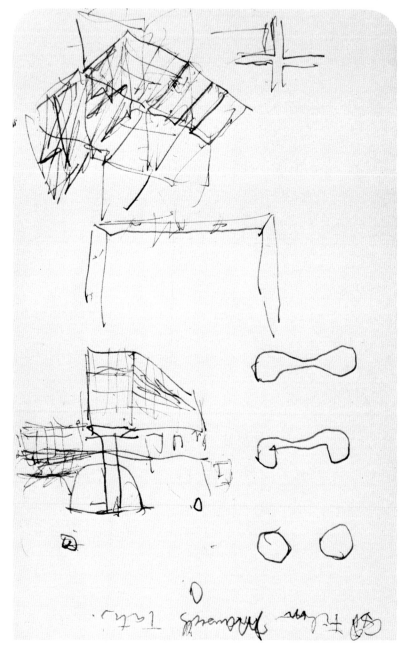

816

Le Caire. l'A-peu-près est partout Rien d'exact, de défini. Je
crois à la ''maison fille du soleil'' avec Modulor et Grille clima-
tique. A la règle, à l'exact ineffable.
Ecrire Dr Musée arch Delhi = idiotie du musée du Caire (archi-
tecture) = on ne voit rien = de la pénombre p. révéler la
sculpture!!!

817

le Caire 22 avril 52 // quantité d'immeubles à 15 étages type
Sao Paolo. Et par Bx Arts! La ville s'ouvre à demain spontané-
ment : armée, police, autos, avenues, parcs Pauvre France
avec son MRU! Ces Français qui ne voyagent pas et se croient
l'ombilic Beaux Arts // + Bloc AA(?) = approximatif ...

818

Chandigarh fleuves (barrage) même problème que lac
Bogota = maraîchèrs. Toucher ing. australien agronome
(engrais etc)
Avertir Jane Drew + Varma
Ecrire Sert Wiener établir le contact avec ing australien—
Corbu / avril 52

819

Faire 1 petite expo de Chandigarh galerie du Four avec photo
Hervé d'après croquis Chandigarh 52 + grille ville et plans H^{te}
Cour. // agrandies et coloriées = grds panneaux // de la Main //
Palais G^r
Sous la présidence d'honneur de l'académie des Bonnes
Idées // L-C membre d'honneur d [Bonnes Idées]

820
Cap Martin // sept 52 // INDES //
NOVEMBRE 1952 // une perfora-
trice à air comprimé // F26

821
don quichotte traduction de la
Pléiade. // (par Cassou)
Bellew Unesco // inauguration //
Marseille // MRU
lire ''Little Town'' de Thorton
Wilder // Théâtre dixit Marzoli
(Gallimard?)
envoyer Marzoli dessins sur
Sienne // sur venise / Hervé
''Symetrie'' pour Sienne // Tavo-
letto siennoise = la maison rose
Venise 28 Sept 1952

822
Strassova organiser avec Marzoli
édition des Sketchbooks (dixit
Roggers) // avec Marzoli : les 100
dessins de B.–Aires
Girsberger : Tériade // Tome V //
tirages pour prospectus

823
Gênes
sheds droits // verre // brique //
port de Gênes // vitrage // très
bien // en construction le 30 sept
52 // extremités coté Ouest du
port // 30 sept 52
envoyer 1 dessinateur à Savona
(Riviera Italienne) p. étudier la
raison de la protection d'un mur
(tramontane ?) ?) par schiste, et
verrière sur balcon (type Barce-
lone) (s'informer à Barcelone sur
raison d'être

824
Le directeur du Danieli à Venise
me prie de signer son livre d'or.
Il me présente pour cela la page
contenant Walt Disney Lord
Mountbatten vice roi des Indes
le dernier tiers fut le [corbeau]

825
Roquebrune // hôtel en T... // Nat
7 // ...

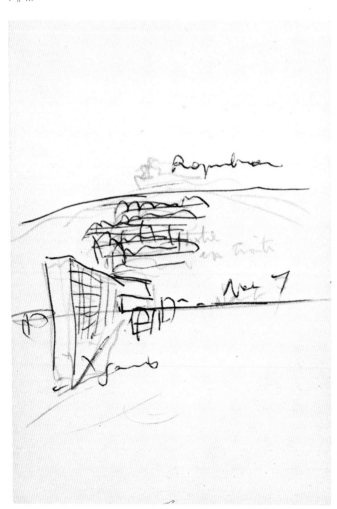

826
mangeoire service // dormition //
fermé // appartement p. Milan
226 × 337 // 226 // à l'échelle du
cabanon de l'Etoile de Mer
sur toit // rendu en silhouette de
cimes // demander Nervi

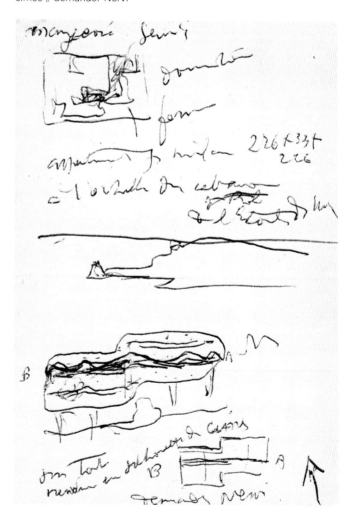

827

départ 1708 de Cap Martin //
vendredi / ou 17.50 sur
Menton // de Monte Carlo 18 58
— // Paris 8.55 h samedi //
24,236 frs // ou 18.35 via M...
voir sur le chemin de côte direc-
tion Cap Martin, la petite crique
privée (la première) toute en
hérissement de roches blanches
et arrondies : la végétation
plantes grasses + arbousiers +
petits pins. Au dessus du
chemin les aloès et Barbaries //
Aller revoir ça en temps utile

828

Montecarlo M. Guérin // ingé-
nieur / Le Signe // 120 Av. des
Champs Elysées // Balzac 1399 //
a fait les calculs — le voir
150 mètres / Crédits // avec ça
on a passé // ... avec Pastor //
marche de // 70 M. p. Delphei
est tout en béton selon le plan
des architectes
la couverture de la voie com-
prend 7 travées // et faire un tun-
nel parafumée contre masse des
fumées
Contrat architecte = est défaisa-
ble // — mais Monaco loi plan //
contresigné par architecte
monégasque // ils contresigne-
ront —

829

escalier RoqueBrune p. des-
cendre à la mer à côté de del
Mare. // a = enduit mignonette
gros // b [= enduit] tout petit. //
Ça repose la vue et calme la
marche

830

Film Venise L-C
le braiement de l'âne avec les
tracés Hambidge, les grands
palais, les bourgeois en ballade
avec éclat et descrecendo.
bruissement atmosphérique avec
musique retournée Webster
Albert + Mozart + Bach
le cri du gondolier ''ho!''
le coeur se remplit de tendresse
passage d'1 train (chez
Roberto) // rappel du Cid vaincu,
le vrombissement de la guerre

831

la dédicace pour Pacioli (voir
livre) // face Unesco Av. Kléber
la Série des gravures sur bois
géometriques avec Bach, Palla-
dio puis un grincement (de vir-
age du train) ou de chaînes sur
cargos) puis la mort : le clas-
sique, puis les Bx Arts (braie-
ments) alterné avec fugue de
Bach et moyen âge, murs, Ch.
des Papes Marseille façade
nord // le flon-flon musique San
Marco cafés
+ 8 nov 52 // Essayer (? !) Alta-
gor ''Scenerie phonique''

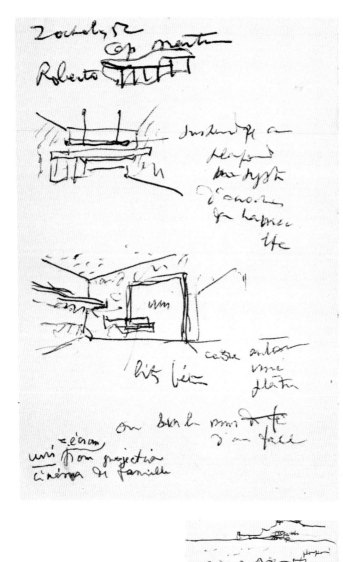

832
2 octobre 52 // Cap Martin //
Roberto
suspendre au plafond un syst
d'accroche du hamac etc
uni // lits béton // cadre autour uni
plâtre // ou sur le mur d'en face //
uni = écran pour projection ci-
néma de famille

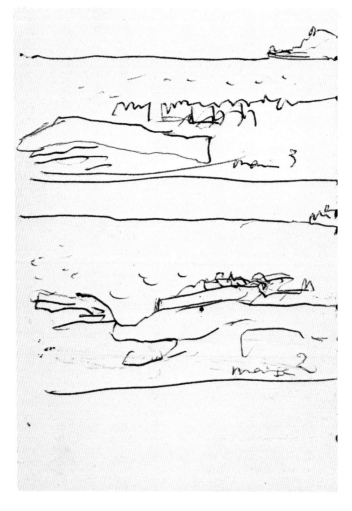

834
Maison 3 // Maison 2

833
... // plongeoir // Maison 5 // Mai-
son 4

835
Maison 1

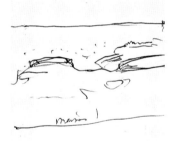

836
pierre // 366 cabane // la mer //
cabane
B / 1 écran contre soleil // C /
une chambre de travail Corbu

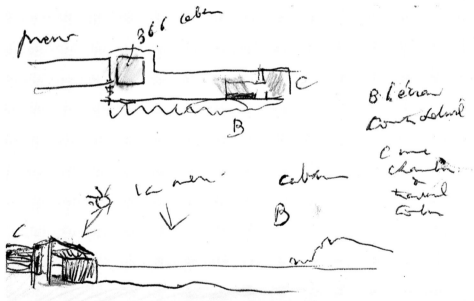

837
3 oct 52 Wagon-lit Nice Paris :
''France Soir'' annonce : le
procés contre la Cité Radieuse
de L-C qui devait être jugé
aujourd'hui est renvoyé au 3 déc
52 par suite du décés de
M Texier P^t de la Sté pour la
protection du paysage français.

838
3 oct 52 d'après 1 croquis d'août

839
Lire Homère / Leconte de Lisle //
traduction // Empédocle + //
Fragment d'Héraclite

840
14 oct 52 MARSEILLE
Honneur. Joie. Fierté. // remettre
"Unité d'Habitation Gnd Con-
forme" // 1er manifestation au
monde d'une forme de l'Habitat
moderne commandée par l'Etat
libre de toute réglementation
1er pierre 14 oct 47 // inaugurée
14 oct 52 // concordance de
dates totalement fortuite
Je remercie l'Etat français d'avoir
provoqué cette expérience
— Tous les ministres de la
Reconstruction +
— M Claudius Petit ministre
depuis des années, courageux
et clair par sa sympathie
indéfectible
à mes collaborateurs ouvriers et
entrepreneurs — ceux qui nous
ont aidé

841
A mes amis et collaborateurs
directs tous ici présents : ma
véritable famille spirituelle : les
jeunes de mon équipe admirable
de dévouement : Wog — Ducret,
mes secrétaires, mes dessina-
teurs architectes et ingénieurs —
sans la probité desquels jamais
une telle oeuvre n'aurait pu
aboutir. Ils ont eu la confiance la
foi et ont apporté la passion qui
seule renverse les obstacles
L'oeuvre est là : l'Unité
d'Habitation de Grandeur Con-
forme
Erigé sans réglement — contre
les réglements désastreux Faite
pour les hommes, faite

842
à l'échelle humaine
Faite aussi dans la robustesse
des techniques modernes et
manifestant la splendeur nou-
velle du béton brut.
Faite enfin pour mettre les res-
sources sensationnelles de
l'époque au service du Foyer —
cette cellule fondamentale de la
Société

843
Cabinet du délégué // ministre +
préfet // Sasportes // l'Urb Mar-
seille Veyre // + pourtour // Unité

844

845
zéro

846
Madame JOB // "507 Le Corbusier" // Marseille
 = adresse postale de la mère de mon filleul // (14 octobre 52 Marseille)

11 nov 52 Air India 15 h ¾ Survolant les Apennins direction Bombay. // F d S // la terre est brune, les feuilles tombées. De 5000 m, les vallées semblent fatidiquement mortes entre les arrêtes tranchantes des crêtes. Au fait il y a là des hommes et des femmes, du ciel bleu depuis en bas, là haut, les nuages ont une forme.
  Si nous avons gagné des ailes, nous avons conservé nos jambes et des yeux à 1 m 60 du sol départ Paris 14 h 10 // arrivée Rome 16 h 30!!!

847
Ahmedabad 14 nov 52 // Sarabai former planches coffrages béton // 6 ou 7 ou 8" de long // 15 / 17½ / 20½ cm // employer les plus petites mesures car ça voile
Sol pierre university // gris verdâtre // 4 cm épais débité 2' × 2' ou 3' × 2' / 1' × 1' // 1½' × 1½' p. ma... // s'appelle "MORAKHA" // rugth
briques 5 ou 4 cm d'épais avec joints "à plat" à la truelle (vus à l'université)

848
15 nov 52 / Municipal Corpora-
tion // Séance général
  Dans 1 assemblé il y a
l'opposant le négateur, bilieux,
violent et qui collecte
musée. sur treillis // + X / venti-
lation // casquettes pour la mous-
son // façade // salles du musée

849
Maison de Gotham // son mur de
maison est fait // 10 [x] 8
environ // en boutisses // joints
mortier // très bon
Si on faisait le coffrage perdu
des voûtes Mona en éternit
ondulé? // tôle ondulée ... //
briques

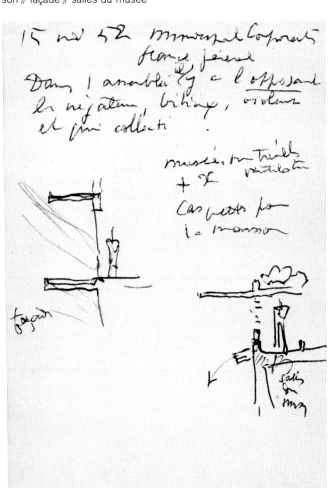

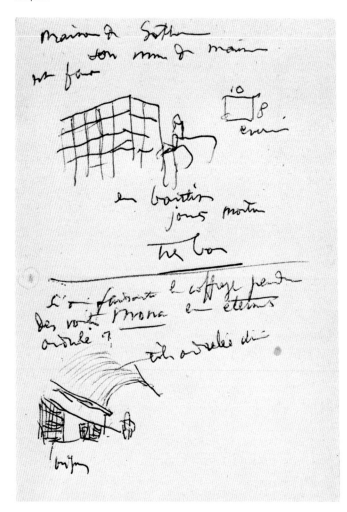

850

Ahmedabad / Ecrire Rudi Jean-
neret Berne // faire étude sur les
condiment indiens après le
repas : bouts de bois, amer-
tumes, violences etc. bethel
(rouge // salive). // Le truc // du
tigre qui se nettoie les dents.

17 nov 52 17 h 50 Avion Ahme-
dabad – Bombay. // la nuit du 12
– 13 à l'hotel West End impossi-
ble dormir à cause décalage des
heures J'ai vu clair : Il y a des
hommes, vains souvent, qui
manipulent les arts et la pensée
ou la plume et qui ignorent les
lois physiques et la lenteur
humaine à créer à fabriquer
quelque chose par coordination,
solidarité. Its take a long time.
You must be patient. Et au bout
du compte vous vous rendez
compte au premier virage (les
étoiles) que vous n'êtes pas fait
pour tout comprendre et que
mieux vaut

851

faire que ne rien faire. Et savoir
qu'on mourra et qu'ayant fait
une vie, c'est une chose normale
et rassurante de mourir. —
comme tout le monde et comme
toujours et sans réclamer des
paiements à la colonne du credit
à transcrire page 2 ou 3 de
l'Album Noir II
West End // 6.50 f

852

Bombay. Le soleil touchant à
l'horizon vers 18.05. Le crépus-
cule sera fini vers 18.25 h =
presque pas de crépuscule.

853
les signes // A / le 226 en
metal // en B une amplification
en béton à jour + la spirale
ou // au plan carré // les 4 cardi-
naux du brise soleil
il faut ... // l'ombre utile // sont
realisés les 24 heures / et le ... //
...

854

855
19 nov 52 Delhi // ambassade
France 9½ h. avec Chancelier X
(?) L-C dans la faillite totale de
l'Amerique (morale et vivants)
aboutissement raté de l'ère
machiniste N° 1.
 L'Asie, l'Inde apparaissent avec
un symbolisme du coeur —
Christ + les leurs — cosmique
(nature) — implanté sur code
des signes = liberté dans l'ordre
humain-cosmique — l'entrevue
Nehru (Album) bouton de rose
sur jaquette soie brune. Bureau
harmonieux corridors + anti-
chambres palais Parlement belle
architecture (Luytens) les portes
pourpre et or. Les visiteurs
propres etc l'atmosphère culti-
vée et fine

856
Je pense à Warren Austen // à
Harrisson. sans morale // à ce
deréglement USA
Qui gagnera de la finesse de la
Hte couture française ou de la
distinction de Gira? Où est
l'étalon valable désormais. Cos-
tume masculin aussi. M. Homais
ou Eden, ou autre chose?
Ce ne sont plus des points de
vue intellectualisés, mais des
cultures différentes (indes, URSS
USA) France et indes ont des
similitudes de hauteur de vues.
La Société a prohibé la couleur
qui est le propre de la lumière

857
Marseille triomphe : une âme
est immédiatement apparue. 1ère
étape à la maternelle : les
mamans se sont retrouvées.
Pour et à l'inauguration : une
déclaration formelle de bonheur
privé et commun, une fierté
commune, une reconnaissance
commune (une gratitude) (les
femmes m'ont embrassé)
route Delhi–Chandigarh // jeep 19
nov 52

858
21 nov 52 ''Nous sommes des
fourmis'' Thapar dixit. Nous
n'avons pas de machines mais
des bras. Les équipes humaines
du plus notoire et parfait tay-
lorisme mais sans machines:
hommes, femmes. Les enfant
partout
— on peut créer des jardins //
chinois // Florentins // ou de
Vauban

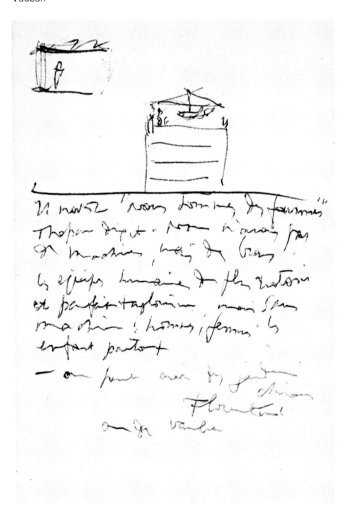

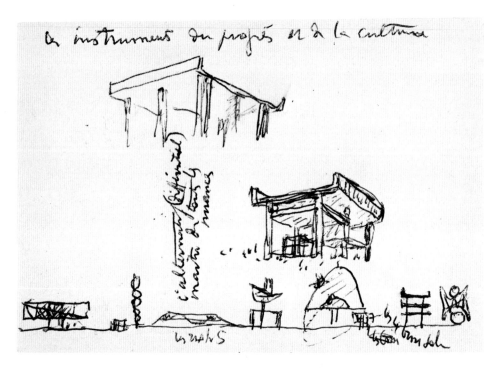

859
les instruments du progrès et de
la culture // l'alternatif (différen-
tiel) // maître de toutes les //
nuances // les 24 hrs // les 4
brise soleil

860
colline = = 226 // ça nous met
entièrement chez nous au capitol

861
Attention // la construction du
Palais de l'UN coute 65 Millions
de dollars
la construction de Chandigarh //
80 millions de Roupies pr le
developpe[ment] du site et du
Capitol + les services sociaux,
écoles, police, hopitaux // pour
150 000 habitants // 80 millions
de Rupies p. l'habitat de 3500
familles = 18,000 <u>habitants</u> +
les 2
total 160 millions de rupies = 32
Millions de dollars
ceci permet au Punjab de donner
à son gouvernement un Secré-
tariat de 4000 pers pour 2 M de
dollars

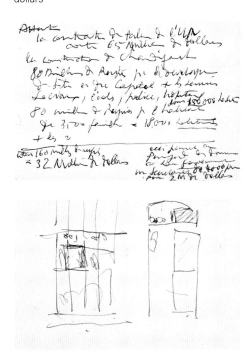

862

863

864
Steel shuttering plates // 4′ × 2 /
5′ × 2
aux indes on travaille de 10 h à
5 h alors les belles heures matin
et soir sont disponibles

865

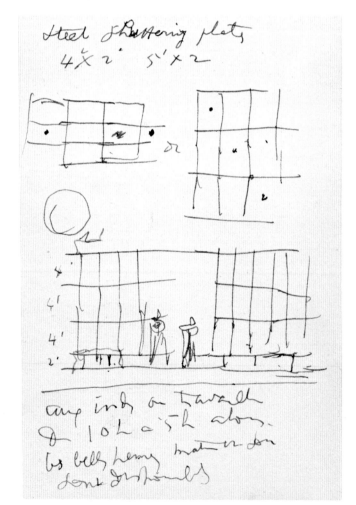

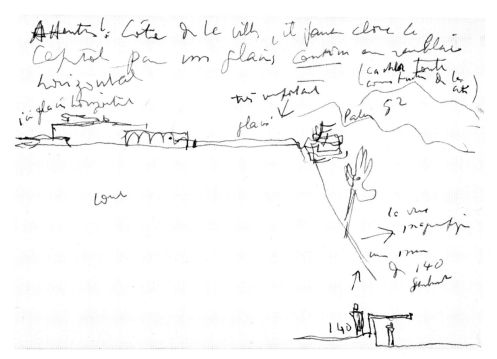

866

Attention! Côté de la ville, il faut clore le Capitol par un glacis <u>con-tinu</u> en remblai horizontal /
/ (cacher toute construction de la cité)
ici glacis horizontal // très important // glacis // Palier // Cour // la vue magnifique // un mur de 140 seulement

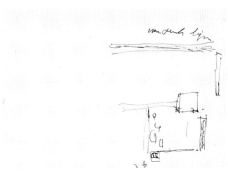

867
une seule ligne

868
pour débiter // urgent // faire 2 exemples / raboté // non raboté
Matières H^{te} cour
Bétons bruts planche / 12 ou 15 cm // vertical / horizontal
gunnite / chaux blanche //
Sols extérieurs hall verandahs // portique / = pierre
Sols intérieurs Courts tapis forte couleur

869

870

"Misère et grandeur militaire" ...
Mes dessins faits en 4 séjours
à Chandigarh (une masse
énorme), je les ai fait arracher de
l'oubliette ramassés en un tor-
chon de papiers dechirés
froissés, en pièces. Le climat
sec aidant et l'incurie des gar-
diens et de ceux qui ont charge
de leur direction, c'est presque
des copeaux maintenant. On les
déroule comme les papyrus de
Touk at Amon çà s'émiette
   Le miracle, c'est que la ville ait
été tracée, sur le sol par Varma
conforme à mon plan et que ce
plan fait d'une manière foudroy-
ante en 4 semaines (février mars
51) ait pu avoir valeur de contrat
puisque je l'ai fait revêtir des 4
signatures Mayer Corbu Fry Pjt
   Ainsi une capitale nait

871

malgré la dérision des vanités ou
des points de vue en présence,
çà est tout de même sorti. Le
responsable de cet act positif,
c'est en fait Varma, l'homme
sans ambition personnelle, sou-
riant ordonné et les yeux haut
levés. // (27 nov 52) // Chandigarh
Pendant ce temps les musées
rêvent d'acquérir des dessins
originaux de L-C.
   Et Washington me poursuit de
sa hargne Uno, Unesco; et
l'Ordre des architectes à Paris

872

gauche / A / la poursuite sterile
et fausse d'une verité extreme =
trahison de l'homme / droite
voir au dos
G / le temps // contingence // N,
etc // M — de M à N, etc // cha-
que jour, chaque année, chaque
société apportant la solution
équilibrante momentanée
En G = le temps toujours nou-
veau mobile
En H les variations de la contin-
gence
En I où vit l'homme toujours un
équilibre momentané

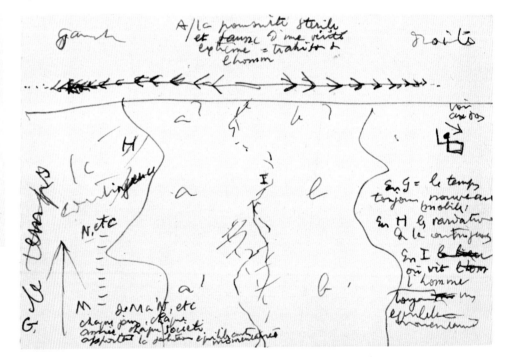

873
Pour le laboratoire UN Chandi-
garh / Weissman // Corbu cher-
chera un type We<u>stern</u> ou Indien
qui dirigera et surveillera sur le
tas à Chandigarh les expériences
systematiques (peut-être le
second de ''non-Ahmedabad) (?)
ci derrière / vers la minceur / =
vers le minimum de substance //
 = épuisement
vers la hauteur et vers la profon-
deur. // en coupe. F

874

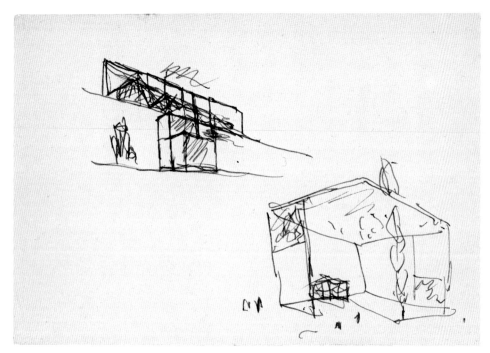

876
Ste Baume // St Maximin
Gira lui proposer Edition tra-
duction Corbu par Cultur Center
Ahmedabad
Weissman / Rangoon // exiger
avion stratosphérique anglais
puis Air France
Paris / Karachi / Calcutta / Ran-
goon // Air F ? ?

878
Chandigarh 28 novembre 52
 Les ingénieurs ponts et chaus-
sées d'ici ont des tâches très
importantes (ou est-ce Varma qui
inspire tout?)
 Le village provisoire est occupé.
Il est digne de maîtres. Le péons
vivent fastueusement = uniquer-
ment comme conséquence
d'une pensée digne (Varma)
 Les jardiniers plantent les
arbres, les entretiennent, les
haies, les fleurs. Il y a des
regles : des caniveaux baignent
ces plantations
intérieur ‖ lauriers ‖ rue ‖ fleurs ‖
arbres à fleurs ‖ lauriers ‖ le
caniveau se remplit d'eau de
temps à autre

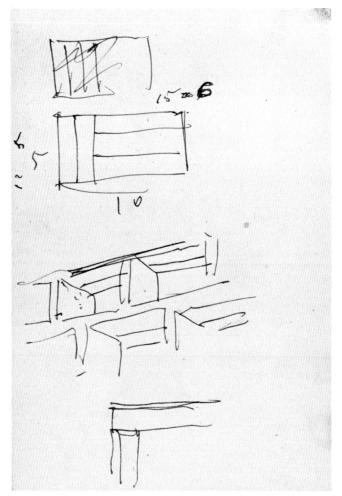

879

880
l'urbanisme est une organisation
biologique

881

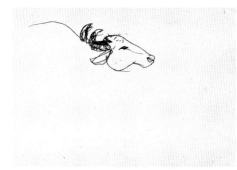

882

883
"les moutons" sont la solution
des quartiers populaires // Chan-
digarh 2 dec 52
Definition des moutons // a /
entrée // b / maison // c / porte
sur les "moutons"
la rue

885
Varma il faut peindre les maisons
de péon blanc et bleu

886
gouverneur // la Main // terre
plein surélevé

887
H^te cour // cours

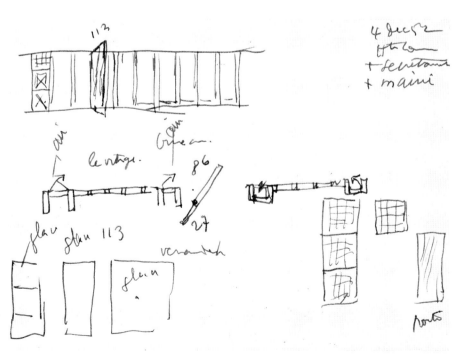

888
4 dec 52 // H^te Cour // + Secré-
tariat // + Mairie
air // le vitrage // air // bureau
glace // glace 113 // verandah //
glace
porte

889
F d S
urb St Dié // 8 ''unités'' en 1946
Mais Marseille est fini en 1952
Alors la preuve n'existait pas et
les cons purent déconner + La
Rochelle les 6 Unités
l'architecture (même problème
qu'à Marseille = 2 ozalides pour
mêmes honoraires Il ajoute vous
pouvez rectifier à votre gré
J'accepterai tout!
je pisse par l'artère ou je pisse
par le MMi? That is the ques-
tion = l'urb Chandigarh les
bandes reservées V2 Cap avec la
combinaison.

890
mixtes / V5 / V2 Cap. / idiot
bus route

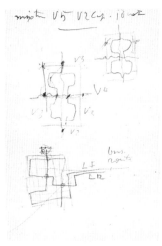

891
à Chandigarh le Modulor est
entre mes mains, l'ami miracu-
leux. J'invente en 5 minutes le
standard des fenêtres et portes
du City Center + Secrétariat +
High Court + tous les buildings
depuis la plus cheep // perspec-
tive // aux installations hypothé-
tiques de la banque Morgan
Pierre est épuisant! = le meilleur
des types!

892
couper 2 pauvres mangos

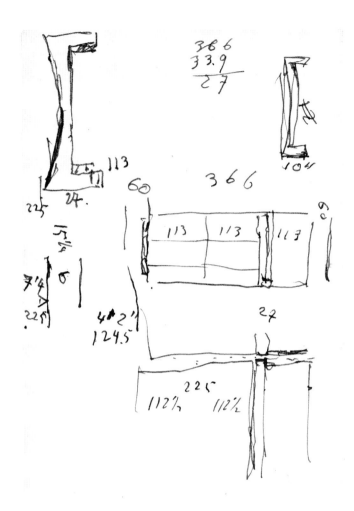

893

894
Dans les gouaches de Cap Mar-
tin août 51 la main a cette pro-
portion = très grande par rapport
au socle

895

Les Signes! // quand l'esprit peut
conclure par un signe qui doréna-
vant pour lui (et les autres) sera
semblable à une valeur algé-
brique, alors la pensée a fait un
bond en avant; elle a liberé un
espace, une étendue désormais
qualifiée (signifiée) par un terme
ou un graphique saisissable
instantanément par chacun
  Ceci pour l'Urb // [pour] l'arch //
[pour] la peinture // pour le dia-
logue // [pour] l'exégèse // [pour]
l'essai.
Ici →

896

Ici à Chandigarh, aucun des 3
architectes sénor n'a la moindre
idée du Signe. Plus que cela, ils
y opposent un frein presque
frénétique : p. cause de Salut.
SOS. Save our Souls!

— Défaillance de l'intelligence
20 dec 52 / Avion Rome Paris //
10 h matin // F d S // Passant sur
Gènes (à pic) : On devient acro-
bate de l'invention, de l'idée, de
la pensée, faisant ses exercices
chaque jour, arrivant à une inten-
sité de souplesse et de richesse.
On contient, on est prêt, on est
synchrone. C'est la récompense
de l'âge si l'on n'a pas vieillit :
on fleurit Et ceci va du détail
harcelant jusqu'à une certaine
vue des problèmes et des
choses

897

discours aux ing et arch de
Chandigarh.
1 / Heureux de les saluer tous //
1ère grande expérience de // col-
laboration = constructeurs //
= dialogue // dialogue = solution
équilibrée // = art // sagesse et
imagination
2 / Groupe CIAM Chandigarh //
arch et ingénieurs // 2 délégués
au congrès CIAM. // me les
envoyer p. explication // Groupe
Chandigarh attendu // par tout le
monde // mais paresseux, n'ont //
pas bougé.
3 — la Grille d'urb // — les Grilles
d'arch. // — les Grilles climati-
ques // = la nuit, le brouillard
sur l'urb // et l'arch de //
Chandigarh
vous nagez

898
avec contrefort

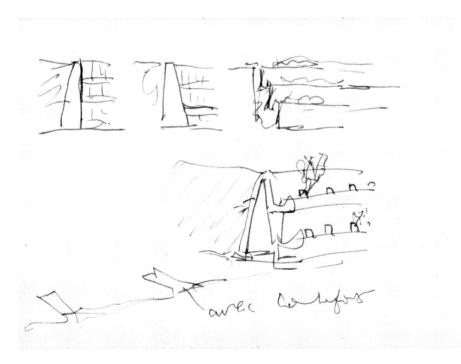

899
Modulor
Pierre dixit : Modulor a permis
de realiser sans une faute, les
plans de béton armé de la H^{te}
Cour par les ingénieurs La totali-
té de mes plans etant sans une
seule cote, sauf sur une petite
coupe 2 lignes verticales de
cotes
reproduire quelques plans L-C
CH H^{te} Cour y compris la petite
coupe

900
Question : une vache de Nor-
mandie vient en touriste faire
visite aux vaches de Chandigarh
(devant l'office d'architecture par
exemple)
 voilà le problème posé : la
vache de Normandie apporte le
malheur. La vache de Normandie
s'en va à Princeton.
la Farce de Chandigarh

901
les contenants : ''ils conservent
toutes les boites'' // le contenant
souple et ferme
le ''Zip'' du pantalon // Fernand a
peur que ça grippe

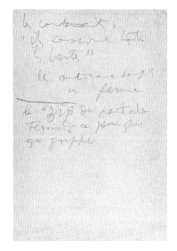

902
la petite tour d'inspection a 11 m
de haut. brique rose. A jour au
sommet // il faut des formes très
très pure
la tour des 4 horizons
le Modulor sur l'Esplanade //
Attention Couleur / on pourrait
faire béton + céramique.

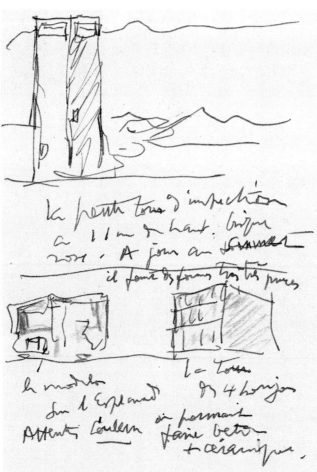

903
tôle // bois séchera et s'enlèvera
facilement // on dévisse on
démontage on enlève la plaque

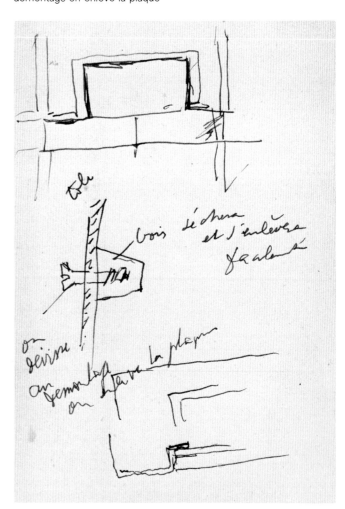

904

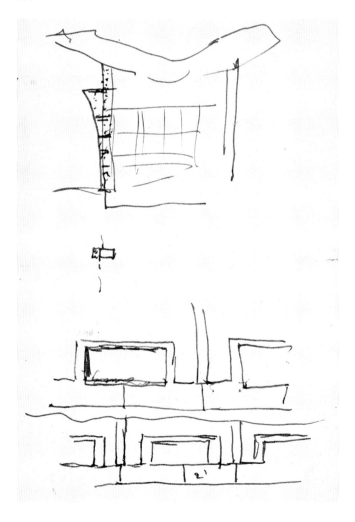

905
le four à briques. le tirage se fait
à travers plus de 100 m de bri-
ques à cuire (sur 2,20 de haut)
le meilleur tirage est par temps
très chaud
cuisson 30 000 par jour 12 jours
de refroidis ...
64 pieds de ∥ charbon ∥ de a /
en b /
ici les briques crues en t=tôles
ondulées verticales
 terre plein ∥ fosse vide ∥ air
arrivée ∥ etc ∥ 250′ ∥ = 80 m
environ
à la naissance
cheminées tôle de 10 m

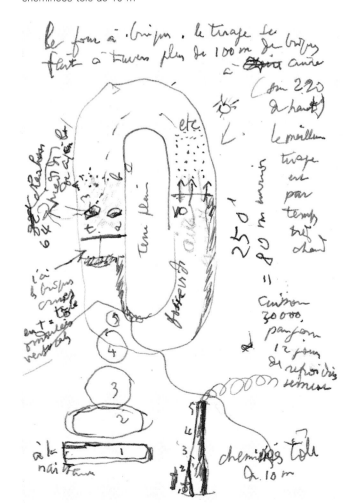

906

ça aspire sur une origine située plus de 100 (en VO "le statut du terrain" (d'Alger 42) est réalisé à Chandigarh (Jane Drew) // haubans // réclamer un tirage du "plan annexe," avec contrat directeur, <u>formant</u> statut du terrain.
"les fonctionnaires passionnés" // Pierre Fry Drew // les imaginer // intervenant // Chez Courteline

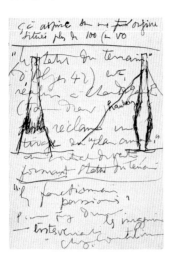

907

le livre // commencer par // l'entrevue Thapar // Weissmann // UN 65 M de $ // Chandigarh = 30 M // (dater) // Paris 1946 / HQ // commission // 1500 plus part / même discours.
F d S
Aujourd'hui j'ai inventé "les anarchistes ordonnés" à l'intention de Fry qui ne l'est pas! Il était ravi de

908

l'invention, se confirmant dans sa certitude de "l'ordre anarchique" // 15 dec 52
les 4 Nantais du 14 oct 52 à la cantine Marseille Michelet // F d S // Chéreau // + le P^t // + Goduchau // + Mme Chéreau F d S // prendre l'Inde pour l'unité de lieu du livre et y appuyer les valeurs humaines. finir par les Signes / a) cosmiques // b) mesure // c) choix // (recevoir et donner)

909

profil A // [profil] B

910

17 dec 52 // Jane // Drew // +
Pierre. / Le jeune architecte
(nouveau) m'avait promis (à la
party de sport) de m'etablir une
information sur les loisirs (dan-
ses théâtre de village etc) pour la
Leasure Valley
Sur la route de Delhi on ren-
contre des troupes en équipe-
ment vert moutarde dessiné ...
"nouvelle guerre" Ce sont des
Mongols yeux bridés.
Attention dans les grilles arbres,
a t on mis les palmiers?

911

Retour Urgent // consulter immé-
diatement la Cie d'autobus de
Paris p arrêter définitivement les
arrêts des bus de Chandigarh et
leur parcours // Tel de Pierre à
V...
Cette Pierre jaunâtre de Delhi
n'est pas très belle (couleur de
boue) Mieux vaudrait la pierre
qui vient de Simla —
— Palais Sre Nehru Kaul // le dal-
lage corridor au dessin rouge et
jaune de ces 2 pierres, est
affreux!

912

dans le Hall de Air India office
Delhi // le magazine ONLOOKER
montre les partys de ces dames
en décolleté du commerce de
l'industrie de la police de la
diplomatie de toutes les nations
Saisies au cru du flash avec des
poitrines à la noix et des yeux en
trou de vrille et toute la connerie
entouré de l'advertisement des
"Temps modernes" hélas ...
   Tout ça après la route Chandi-
garh Delhi et après nos intenses
intimes préoccupations de
décence, de sobriété et de ...
joie de vivre prise dans le vrai
des choses.

913

17 dec 52 // Ct de M Kaul
— à Chandigarh il y a une âme,
et il s'y forge une âme. Les
jeunes qui s'installent dans
250 × 300, bien
— Tout comme les jeunes
mariés du Philyt ... à l'UNITE de
Michelet se forgeront une âme
Décidement n'adopter que la
pierre brute de Simla gris-vert, et
l'autre gris bleu

914

Envoyer Robert "Ambassador
Hotel" confirmer (en anglais) que
mon rêve c'est dormir 1 hôtel
modeste (Hôtel) dans le parc
20 dec 52 // Avion d...) // Gènes
sur Paris // 10 h ¼ matin. on sur-
vole des regions fortement colli-
nées / le nord est est blanc, le
sud ouest est sans neige La loi
du soleil est implacable une
photo donnerait une carte cos-
mique impeccable
F d S // les villes et villages sont
sur les crêtes à travers tout le
pays.

915
Indes. Ce pays sur lequel plane
le destin incertain : l'eau ou la
sécheresse. Ce paysage d'argile
creusé d'érosion // Les lois //
cosmiques // extérieures à
l'homme // La règle // L'homme
jouant sa vie dans ce péril, hors
du confort de la regularité
attention // Arbres Chandigarh //
Eviter les arbres uniformement
verts et d'une seule essence de
N Delhi. Au contraire : fleurir les
arbres, classer les couleurs, etc.
  Se préparer à pépinieriser //
(Varma lui écrire)

916
prête à accoucher! // Pig!
  18 dec 52 // aéroport Palam
Delhi

917
à cette saison 18 dec 52 chaque
village a sa couronne de
maraîchers bleu verts au milieu
de la sèche terre des champs
tout bruns et jaunes

918
Ahmedabad Huttesing // plantes
très proches des arbres tropi-
caux comme chez Tata, en plein
dans les fenêtres et sur le toit
jardin
Retour envoyer Electa à Mme
Tata + Mme Currimbhoy + au
frère / adresse ici à la fin
Mettre en route Sweeney sur
livre Corbu p. Musée d'Art
Moderne nov 53

919

1 / mural 48 grandeur naturelle //
photo
2 / Poème < + / exposé // avec
toutes les // pages
3 / Tapisseries maquettes +
réelles
4 / urb // arch / plastique photos
et dessins
5 / ambiances int + ext Miche-
let // + 24 NC
6 / sculptures
7 / gouaches, pointes d'argent
8 / 24 tableaux
9 / la pièce 366 366 226 // + les
7 premièrs // réunis
10 / Capitol Chandigarh
Expo Musée Art Moderne Paris
53
plafond // photo mural 48 // sol
le tout en scaffoldin apparent +
aluminium plates + contre-
plaqué + isorel
chez Tata Bombay 19 dec 52

920

urgent / Mettre Xénakis sur la
Tour des 4 horizons pour liquider
la question brise soleil dans
l'exactitude
  Avion Air India 19 dec 52 // 18 h
— LIFE Novembre 17 1952 //
Internat. Edition // 1 article UN'S
WORKSHOP // 67½ million de
$ // "After being soothed
throughout many earlier conflicts
(France's great Le Corbusier for
instance, had to be talked out of
putting the Secretariat on stilts)
the board went home and left
the job largely to Harrisson"
Demander Skyra Ach Weber ou
Tériade faire 1 livre plastique
Corbu p. expo Musée d'Art

921

600 76–77 — TRAFFIC // MR.
CHIMAN LAL
18½ heures Avion Bombay–
Caire 19 dec 52. De Chandigarh
chapelle fervente insoupçonnée
non consciente, repris contact
avec le monde, ambassade de
France par Life un N° et par
Match 1 N° = la chute dans la
platitude des excitations,
l'apparition brutale de la platitude
des curiosités. J'ai les yeux et le
coeur, pleins encore de la puis-
sance des vaches et des buffles
des oiseaux, des paysans, des
femmes sur mon chantier de la
Haute Cour. C'est une
civilisation!
  Hier soir, chez Tata, dans mon
lit, j'ai regardé "House
Beautiful". Tout en couleur et en
advertising. Affreux et vide,
désespérément.
  Ce soir, c'est "Life" avec Har-
risson et son UN — un désés-
poir d'imbécilité "Nous ne
cherchions pas à faire un monu-
ment, mais un atelier" // Tu
parles! C'est précisément la con-
nerie du monumental qui nous
étouffe dans ce navet-là

922
F D S // envoyer à chaque Electa
MRS. Y. A. CURRIMBHOY // 91,
WALKESHWAR RD. // MALA-
BAR HILL // BOMBAY
MRS. J. R. D. TATA // "THE
CAIRN" Thally Tata // ANSTEY
RD. // CUMBALLA HILL // BOM-
BAY 26 // F d S
ALTAMONT RD // BOMBAY

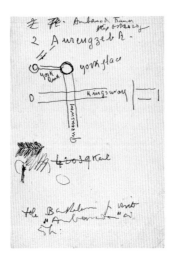

923
Ambassade France // S. Ex.
Ostrorog // 2 Aurengzeb R
York Road // York Place // Kings-
way // Queensway // Kaul //
Télé B... p visite "Ambassador"
à 5 h.

925
INDES // décembre 52

924
Survolant les Alpes! Je déteste
les Alpes. Il n'y a que les
hasards des sommets =
arithmétique; des chiffres
d'altitude
  Puis de l'éboulement, du talus
des terres. On a passé sur le M^t
Blanc et quelques prismes qui
me rappellent les ferveurs
paternelles.
  — Et nous voilà au dessus de
la mer des brouillards avec un
ciel vert stratosphérique et sans
plus d'horreur et de chaos.
Alpes = bon pour certains // 20
dec 52

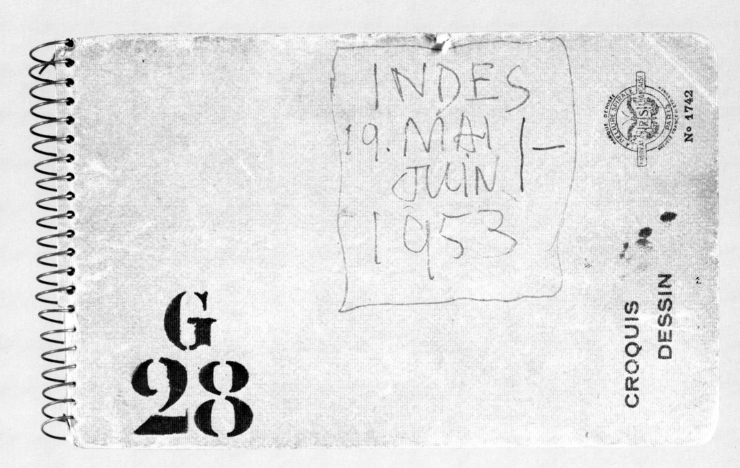

926
INDES // 19 MAI // JUIN 1953 // G28

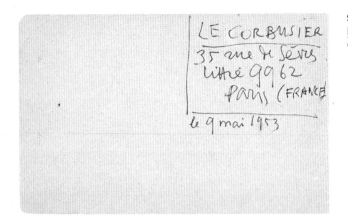

927

<u>LE CORBUSIER</u> // 35 rue de Sèvres // Littré 99 62 // Paris
(FRANCE) // le 9 mai 1953

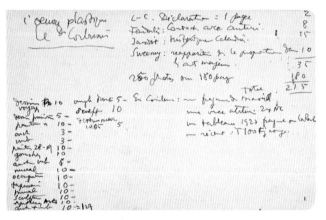

928

l'oeuvre plastique de Le Corbusier

L-C. Déclaration = 1 page	2
Fardoulis : Contacts avec autrui.	8
Jardot : historique Calendrier.	15
Sweeney : réapparition de la proportion	10
dans les arts majeurs.	35
250 photos sur 180 pages	180
Total	215

En couleur: un fragment de Marseille
une vue atelier 24 NC
un tableau 1923 fragment ou La Roche
un recent : T 100 Fig rouge.
dessins // voyages 10 // dessins puristes 5– // peintures [puristes]
10– // arch 3– // urb 3– // peintures 28–30 10– // gouaches 10– //
arch urb 6– // mural 10– // occupation 10– // tapisserie 10– // mural
10– // sculpture 10– // synthèses Arts / 10– // arch + urb 10–=
127 // angle droit 5 // sculpt 10 // dessins nature 1905 5

929

930
Avion Paris Rome // 19 mai 53
d'après : // Londres : // 12 mai

931

932

19 mai 53 // Avion Paris Rome Athenes via Bombay // Extrait d'une lettre de Weissman ONU 30 avril 53
1° Palais de l'ONU a couté $65 millions // + 2 [millions] // 2° Chandigarh, d'après Thapar, doit couter / $32 millions (160 millions Rupies) // ceci couvre : habitation pour 3500 familles de fonctionnaires 15 à 20 000 personnes // + les services communautaires et sociaux pour 150.000 personnes // + le Centre civic et le Secrétariat // pour 2000 employés // (Capitol)
Ces chiffres avaient été donnés par Thapar à mon thé à Chandigarh Th + Weissman + Corbu en déc 52.

933

Je lis dans Dubreuil (Travail et civilisation, page 53 — thème compagnonage que le signe dominant chez les Francs maçons et les Compagnons (= 2 choses) qui se prétendent remonter à la construction du Temple de Salomon, est le compas et l'équerre ''comportant un sens évidemment symbolique.'' Or chez moi 24 NC, j'ai un clou, + 1 té + 1 équerre + 1 compas + un grand compas de charpentier ou tailleur de pierre que j'avais acheté au Bazar de l'Hôtel de Ville en 1932 (aménagement 24 NC) et qui se trouvent groupés là, bien innocemment. On me prête un tas de rites, de symboles (métaphysique, modulor etc) Bézard, Véga et autres. Or je suis un innocent : je rencontre

934

certaines notions évidentes. Et voilà

 Je suis sur l'avion Paris Bombay, 8 heures soir ayant quitté Paris
à 14 heures. Je suis dans un état de parfait équilibre, parfaite
sérénité, presque effusion, à 6 000 m d'altitude dans le bruit des
moteurs, seul à la place 1 de l'avion en avant, ignorant qu'il y a
des types derrière moi.

 Mon arrachement à la vie de Paris, (fatalement) avait été homé-
rique. Et me voici au Paradis, dans l'air comme un oiseau, — et
passible d'en mourir! Mais c'est une des causes de ce silence
intérieur.

936
Ex Nov 53 // velum (bâche brune) à 4 m 50 // photo mural ... 7 m //
box 226 // velum faisant le ventre (pendant) // a / fond tissu noir //
2 tapisseries dessus // b

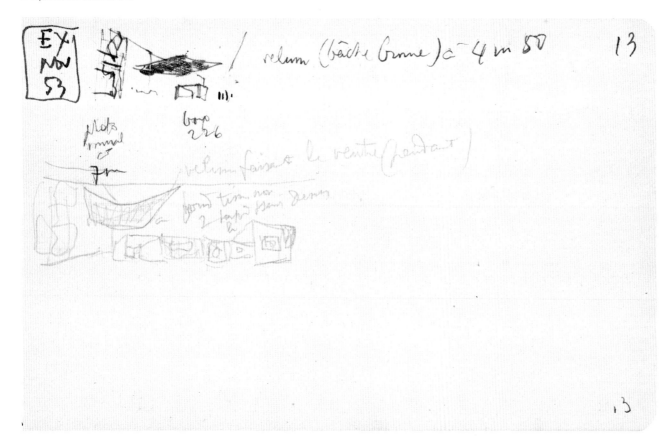

937

Nov 53 // Editions de Minuit
Carrefour 1 / le bol + croquis Acropole 1910 + Stamboul. Balkan
Brousse
Carrefour 2 / 1922 la Ville 3M, la surgie poétique des gratte ciel //
fragments puristes / Polychromie architecturale
Carrefour 3 / 1928 maquette ... Centrosoyus. // Libération pein-
ture / objets poétiques / rapports distendus // urb Alger 1
Carrefour 4 / 1940 la sculpture // 23 A UN // + MMi série Hervé
pour le Chantier de Chandigarh = matières
[Carrefour] 5 / 1950 le soleil (indes) peinture couleur des bâti-
ments // bestiaire.
1953 / les tapisseries = murals // + Chandigarh béton brut // +
chaux blanche // + tapis et tentures formidables // + schiste /
XXVII–II
+ claustras hall int XXV–127 // + pignon nord XXI–35 // + escalier
mach XXV–68 ou XXI // 170 // + pilotis XXI–37 // + texture béton
XXI–285 ou XXI–111 // attention 1 bonne photo fan-
tôme M = Hervé XXI–125 / fragment // + Toit Acropole XXVI–
334 // fragment // (couper le bas)
les carrefours // pages courantes // textes // page pleine sans
marge = un fragment // urb // arch // peinture // sculpture // con-
frontés // texte
Carrefour (−1) la Ch de Fd dessin nature // le stock est chez Paul
Rosenberg (résidu de Boston) // + Peret // + Eiffel XIXème de
l'acier // réclamer photos à Paul R

938

Chandigarh et Ahmedabad // reservoirs d'eau chaude sur le toit en tôle ou béton chauffé au soleil = bain Chaud au seul robinet d'eau froide chez Tata — Attention le dallage ciment toiture faire texture des aéroports Bombay ou Rome ou Paris = strié rustique ''à la traînée''. Le ciment semble très dur = spécial (?)

  A Jaïpur il y a du schiste brut (très accidenté) qui est très bien. En <u>poli</u>, c'est affreux!

939

Fondation Corbu // Gropius / Giedion / Tata // Sarabahi / Thapar

940

N Delhi 22 mai 53 // voir Banque Punjab Building // Musée National // Terrain tata Parliament street hôtel et office Assurance // Kaul remercier le voir // Ambassade France téléph // Affaire Ecochard Thapar réglement urb + Plan quinquenal // Thapar Grille climatique City Center plan quinquenal // (communication L-C) // + les 7V // + // — Donner aux Indes la Fondation L-C (au lieu des USA) Traduction publication indienne (arrangée) des 3 Ets H + Manière de Constituer une assiette CIAM. — arch Corbu <u>indienne arch</u> // — urb [Corbu] <u>urb</u> // — Ecochard <u>organisation</u> // — Weiss-man Thyrwitt <u>information</u>

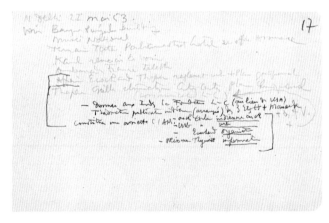

941
INDES. EMPLOI TEMPS
Jeudi 21. Bombay avec Bhabha. rafraîchissement pour soleil // Eau
sur toiture // brise soleil // Tata. Cité industrielle de Chandigarh
vendredi 22 à N Delhi — Thapar mise au point
samedi 23 Delhi Chandigarh – Varma

942
attention acoustique? // puriste

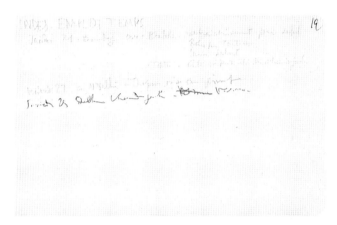

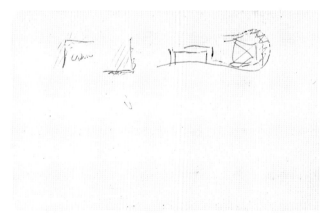

943
creux

944
26 mai 53 // Chandigarh // la lune // c'est la première fois que je
<u>vois</u> un visage à la lune

945
matelas mince avec cotonnade genre Ahmedabad (à la main) //
chez Fry // pr Jaoul fils, enfants etc // caisson de briques // enduits
ciment blancs // pour Jaoul

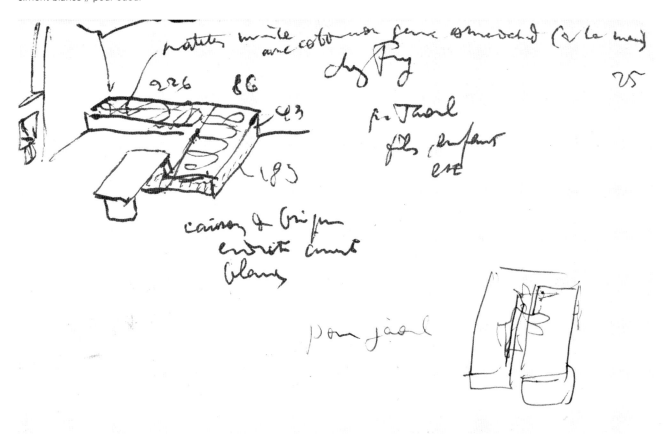

946
pan de verre // reconstitution dans 4ème mur avec équipement
d'habitation ou de bureaux // 13 juin 53

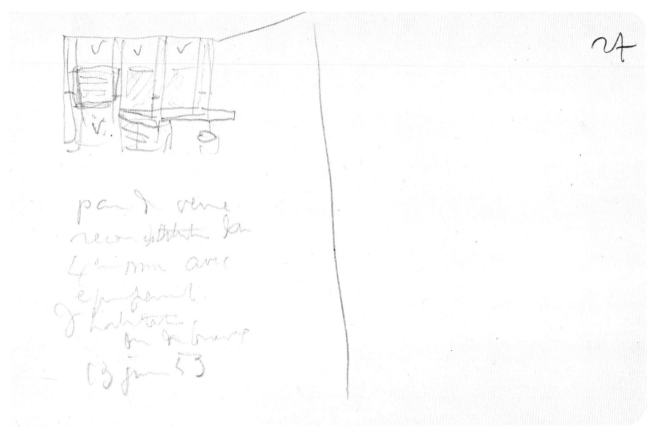

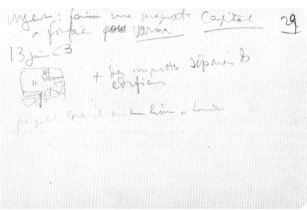

947
urgent : faire une maquette Capitol à forfait pour Varma // 13 juin
53 // + des maquettes séparées des édifices // payable dit il en ...
livres à Londres

948
maroc // Varma I have much money for the garden. Garden will make the city
Faire dans le parc des <u>irrigations</u> à la Ispahan ou arabes ou Patiala

949
faire des cascades (Patiala) dans le parc // + a City Center // make large verandahs 12,14,15 feet deep. // <u>Varma</u>

950
ou / A // mais / attention // erosion en A
il faut immédiatement juillet faire une maquette des cubes du Capitol + des collines (en plastiline) // (en bois) // adopté // une pente

951

14 juin 53 // il faut absolument fermer l'horizon total du Capitol par des collines horizontales // Mais du coté Himalaya c'est admirable laisser venir buter les cultures et les troupeaux contre un parapet.
Mais attention les chévres viendront tout bouffer
hauteur // anti // chèvres // goats // 5 à 6'
Entre la Main et le Gr il y a de très beaux mangos // de l'autre côté le jardin est entièrement nu, mais la vue

952

mais la vue sur le village existant est intacte et belle. Le personnel du Gr (officiers, militaires // Aides de camp // etc sera à combiner devant ou à côté des mangos dans le basement

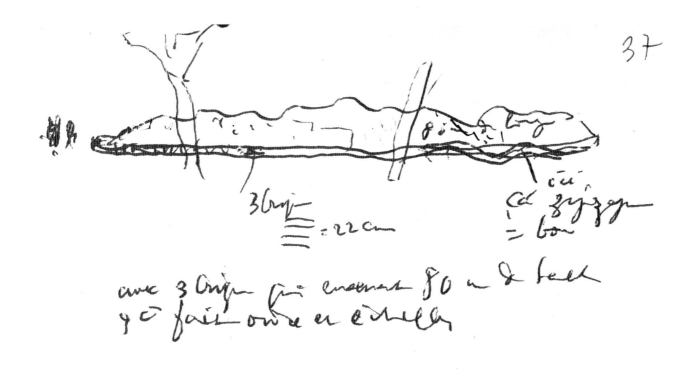

953
80 m de long // 3 briques // = 22 cm // ici ça zigzague = bon //
avec 3 briques qui enserrent 80 m de sable ça fait ordre et
échelles

954

voir si les dispositions sont agréables sur la base de 140 en A //
urgent. / Samper essayer un 4ème mur sur cette base de 140
le 27 pourrait être une ventilation complémentaire (mais question-
ner un spécialiste)
Advocat wood

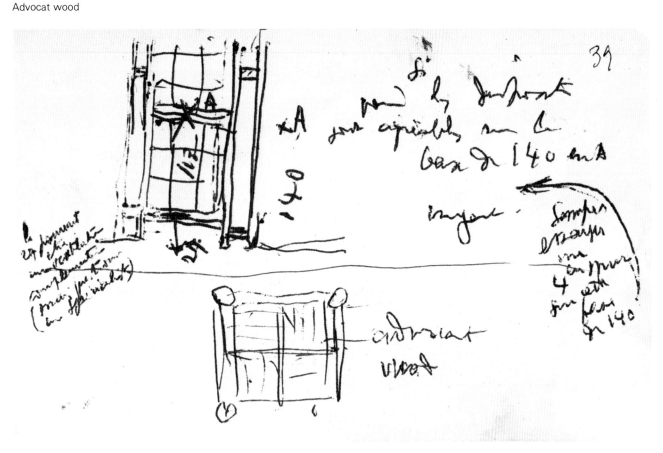

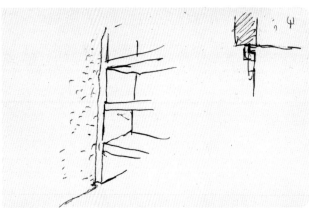

955

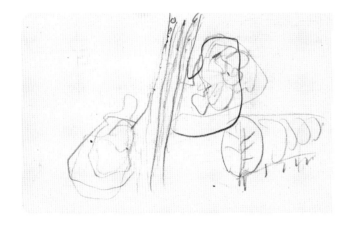

956

43

957
Mango

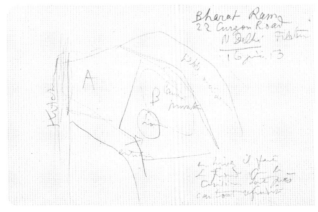

958
Bharat Ram // 22 Curzon Road // N Delhi / Filateur // 16 juin 53 //
petites maison // Kitchen // A // B lawn private // home // entrance //
en hiver il fait si froid que les cuisines sont près car tout refroidit

959
2 étages obligatoires // hauteur obligatoire des ch = <u>11</u> ' onze
pieds // la route // lawn // A // le lotissement // B // auto Jaguar // 4
Bed rooms // avec 4 Bath rooms // 1 Sitting room // 1 Dining
room / + 1 toilette / + 1 box room // 1 office — / Kitchen très
proche + 1 store room // 1 pantry // 1 ch à charbon p. le combusti-
ble // 1 strong room

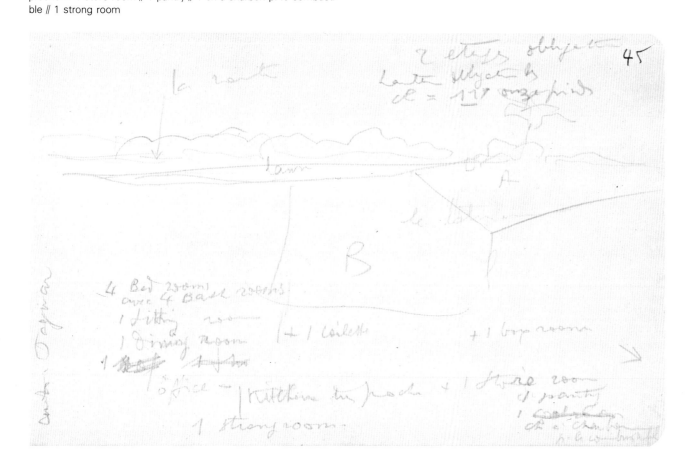

960
il n'aime pas big bed room / 12 × 15' // 11 × 16'
second floor // 1 — / mais une peut-être plus grande avec dress-
ing room. // 2 autres ordinaires pour les enfants.
ground floor // 1 guest room down // Air conditionné partout sepa-
rated avec des Carriers units ou 2 ou 3 plus grandes unités. //
convenu 6% = 3° doublé sans impots et le type ne peut pas //
sortir d'argent
la patronne semble un peu pointue.

961
dining room // "big" véranda // sitting room // fermable en verre ou
autre, pour donner des parties (en hiver = fermé + soleil)

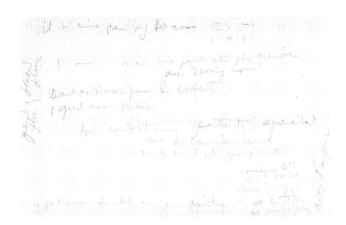

962
chevrons et lambris // toiture pyramide 4 [faces] // petite charpente
de bois avec lambris bois // couverture en? // lambris bois // Ma
chambre chez Tata

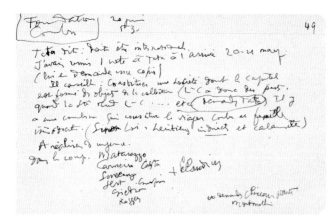

963

Fondation Corbu // 20 juin 53 // Tata dit : doit être internationale
J'avais remis 1 note à Tata à l'arrivée 20–21 may (lui en deman-
der une copie)
 Il conseille : Constituer une société dont le capital est formé des
objets de la collection (L-C a donc des parts, quand la Sté vend
L-C. ... etc demander Tata) Il y a une combine qui constitue le
viager Corbu et famille imédiate. (Sinon loi = héritiers indirects
et calamités) A réaliser d'urgence.
Dans le coup. / Matarazzo // Carneiro Costa // Sweeney / + Clau-
dius // Sert. Gropius // Giedion // Roggers / et demander Chéreau
Nantes // Montmollin

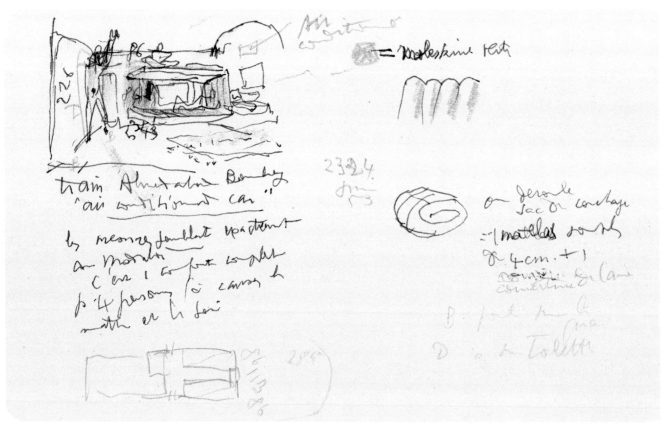

964

Air conditionné // = moleskine verte
train Ahmedabad Bombay ''air conditionned car'' // 23–24 juin 53 //
les mesures semblent exactement au Modulor
 C'est 1 confort complet p. 4 personnes à causer le matin et le
soir
on déroule sac de couchage = 1 matelas souple de 4 cm + 1
couverture de laine // B = porte sur le quai // D [porte] sur toilette

965
A escalier / B Passage couvert / D Sunbreakers = bras de force
en bambou // panama tôle et // cadre bois // C jardinet / E jardin. /
G le jardinier plante dans jardinières

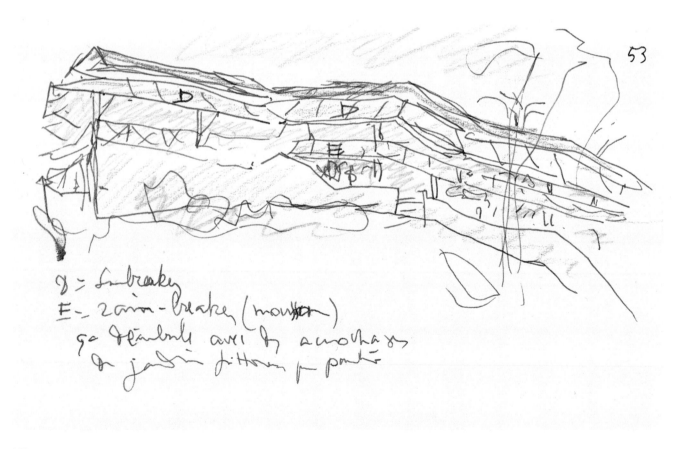

966
D = Sunbreakers // E = rain-breakers (mousson) // ça déambule
avec des accrochages // des jardins pittoresques partout

967
attention le parasol perforé largement // 1° pour la brise // 2° p.
les plantes // 3° p. les lits

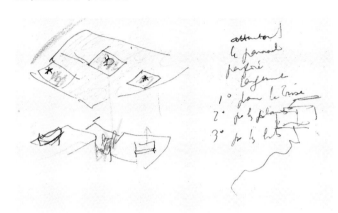

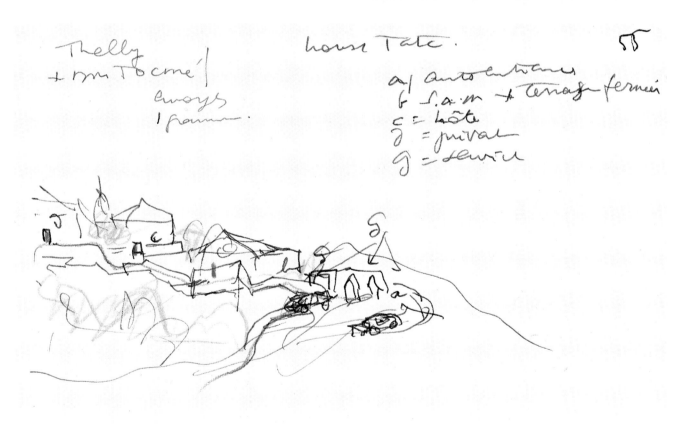

968
Thelly + Mrs Tocmé // envoyer 1 gravure.
house Tata. // a) auto entrance // b S. a m + terrasse fermée // c =
hôte // d = private // g = service

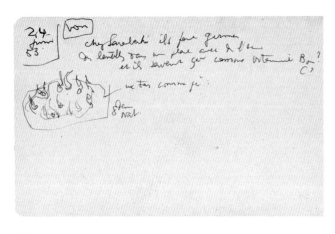

969
24 juin 53 // Von // chez Sarabahi ils font germer des lentilles dans
un plat avec de l'eau et ils servent ça comme vitamines B? // ou //
C?
un tas comme ça : // g^{deur} Nat.

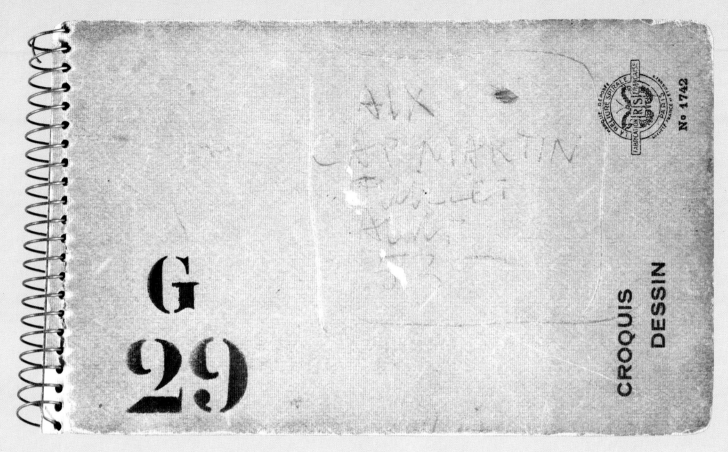

970
AIX // CAP MARTIN // JUILLET // AOUT // 53 // G29

971
LE CORBUSIER // 35 rue de SEVRES / PARIS 6 / Téléph :
Littré 99. 62 // commencé le 21 juillet 53 à AIX. // Fini le :

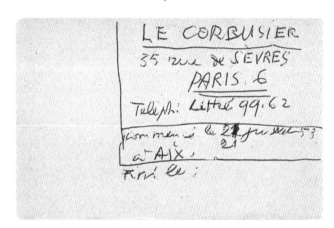

973
1 / Sert / Comm Urb // la grille climatique // Atel L-C // Missenard.
2 / Wog / cérémonie Michelet
3 / Sert // Giedion // Gropius // Rogers // Unesco // CIAM
4 / Samper / Venezuelien rapport Metz
5 / télé Deferre maire Marseille // l'inviter <u>sur</u> terrasse samedi //
Ecole Maternelle quid?
Bonnaseraf arch Caracas associé à ...
Negre Costa
céramique expo Amado // Ancienne Faculté de Lettre près de la
mairie
Amadeo // confirmer écrit au Maire Deferre

972
Vincent // donner une carte postale donnant la section <u>cotée</u> du
cours Mirabeau à Aix avec la photo au verso.

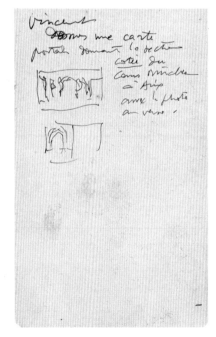

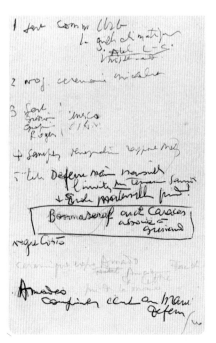

974
Thoronet // 26 juillet 53 // tout est éclairage 10% // [tout est] pierre
unique // Abbaye du Thoronet (Var)

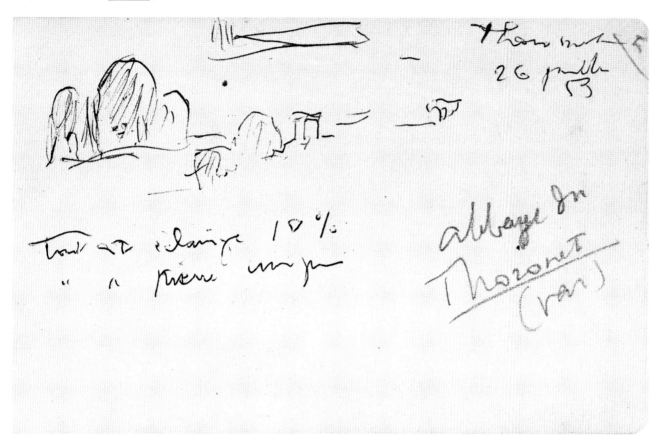

975
Expo Nov 53 / Antibes Picasso.
box 226 / 226 tout noir // tout blanc / très peu de tableaux // [très
peu de] dessins // mais cadres en tranches profondes // et photos
urb bloquant ... grand effet monochrome

976

27 juillet 53 (Nocturne à l'Etoile de Mer — M... ... Monaco illu-
miné) // Robert : l'année dernière, j'ai fait 20 bouteilles de vin avec
le raisin de ma treille. Un jour on entend une pétarade formidable.
Je dis : c'est la guerre qui commence! — Ma femme dit : ''C'est
les Russes qui arrivent! Je vais faire ma valise!'' Je descends à la
cave. C'était mon vin nouveau qui sautait
Beacci peintre en batiment : 1 août 53 : — Ça ce sont des vents
sous-marins qui soulèvent l'onde et font de la houle!

977

Emission Pottcher. Radio Diffusion pour Nice // Ecrire Giedion
adresse des 3 // Lemarchand mettre rhodoïde sur portes fête
9ème CIAM // Radio Diffusion Française // M Fabre / Ste Gal // des
Emissions de // Nice / port de Nice
Ecrire demander Pottcher Fredrich les disques CIAM Marseille

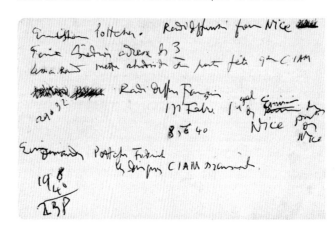

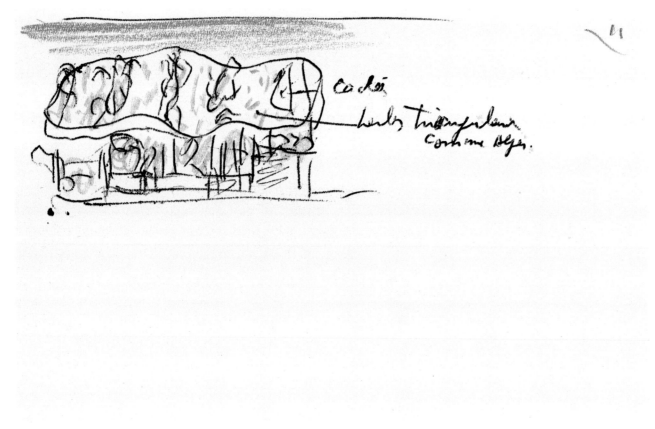

978

cactées // herbes triangulaires // comme Alger.

979
fenêtre Prouvé 1956 + aération Prouvé
balcon
le 22 août 56 avec Boesiger // diam 295 et 366 // coquille 5 cm
béton + laine de verre + contreplaqué bois
éclairage avec verres à béton

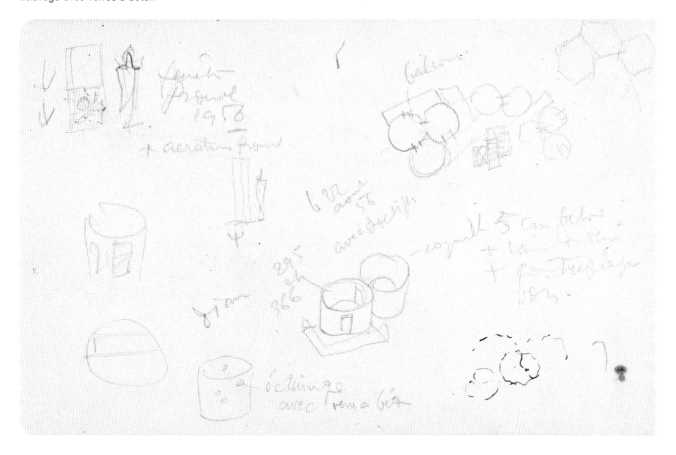

981

983
ou couvrir nat 7 par la Turbie // N559 7 bis / ancien chemin
Monaco = chemin départemental 52ª // SNCF? 1058 // CBR //
M Pascal géomètre du cadastre

984

985

987

989

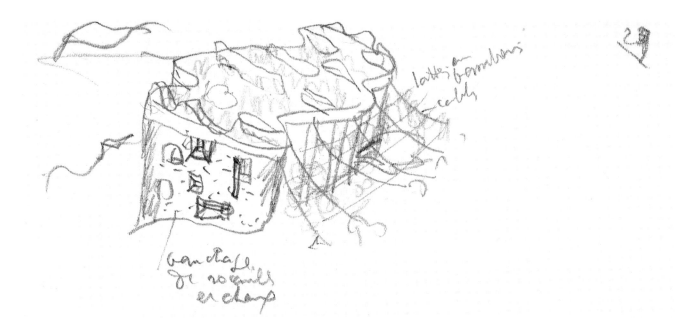

990
lattes en bambous // câbles // banchage
de rocailles et chaux

991

992
matroil / sienne nat clair jaune clair ou ocre clair // rose // jaune cad
foncé // le tout très clair y compris le modelé

993

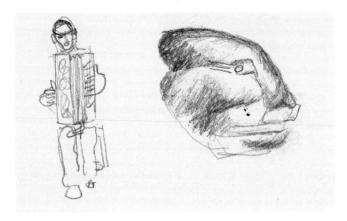

995

996

997
4 août 53

998
le bleu et le rose très clairs

999
je rêvais …

1000

1001

1002
pivote ¼ // pivote ¼

1003
6 août 53

1004
6 août 53

1005
7 août 53 // il faudrait violet cobalt clair

1006
ici violet cobalt <u>clair</u> // 7 août 53

1007

1008
CAP MARTIN // Août 53 // PARIS // Dec 53 // AVION DELHI
16/1/54 // AMRITSAR–CHANDIGARH // 19–31 JANVIER 1954 //
H30

1009
LE CORBUSIER // 35 rue de SEVRES // PARIS 6 // Téléphone Littré
99 62 // Commencé à Cap Martin // 15 août 53

1010
train 3 08 p Monte Carlo

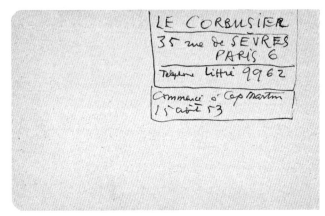

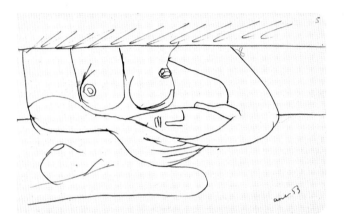

1011

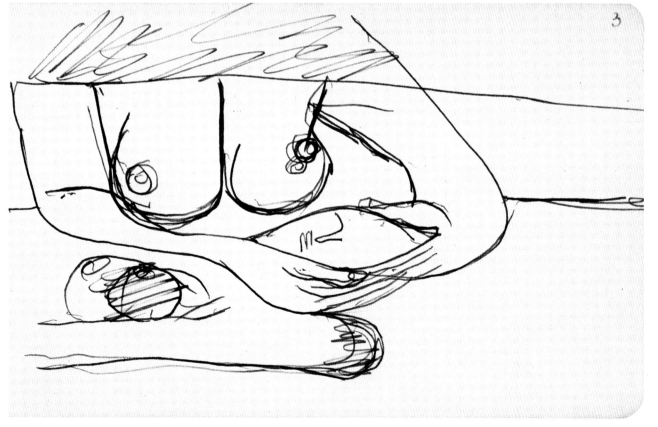

1012
août 53

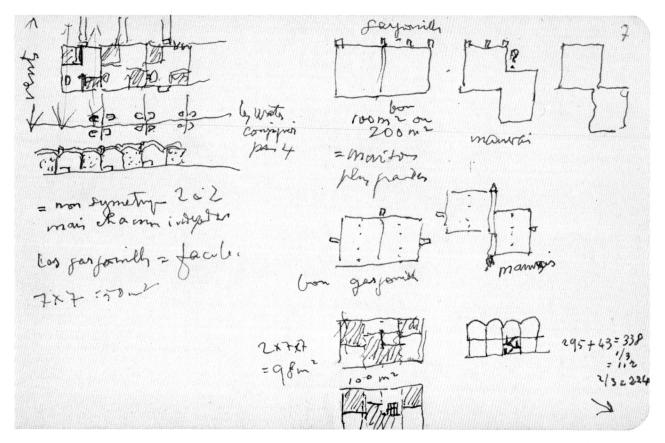

1013

vents ∥ les water conjugués par 4 ∥ = non symétrique 2 à 2 mais
chacun indépendant ∥ les gargouilles = facile. ∥ 7 × 7 = 50 m²
gargouilles ∥ bon ∥ 100 m² ou 200 m² ∥ = maisons plus grandes ∥
mauvais ∥ bon gargouille ∥ mauvais

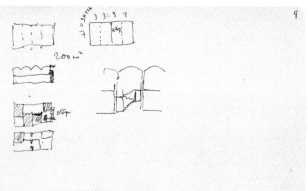

1014
étage

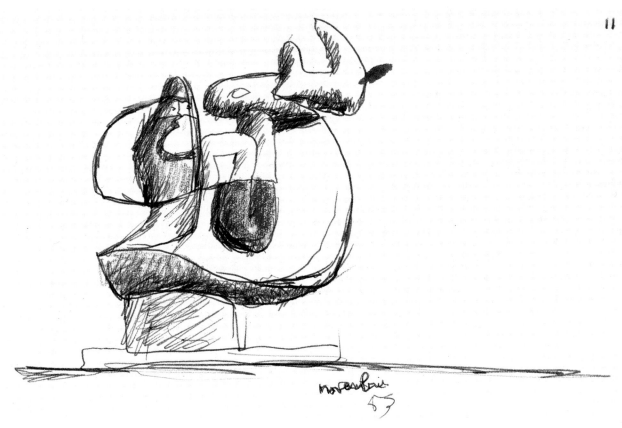

1016
novembre 53

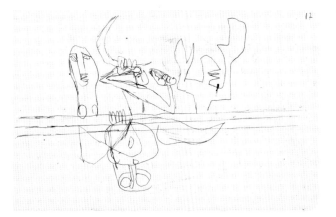

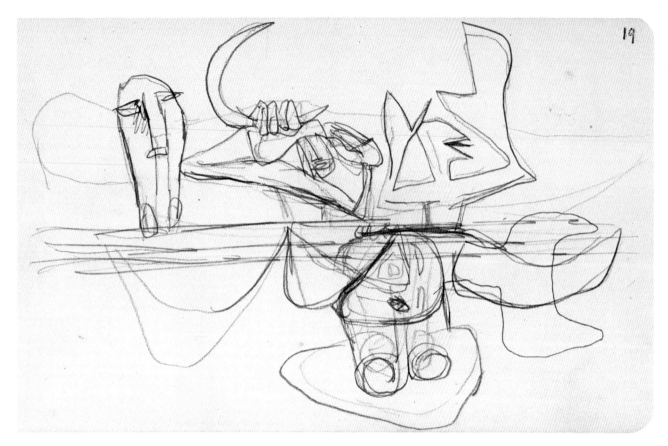

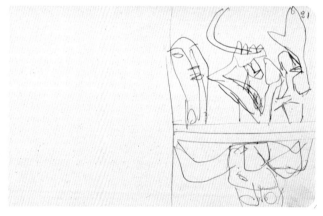

23

1022
béton armé // coffrage apparent // verre // verre // ouvrable // enlev-
able // rabattable. // alors : a + b restent clos contre vent // c ou-
vert aux courants d'air // b / pourrait être fixe

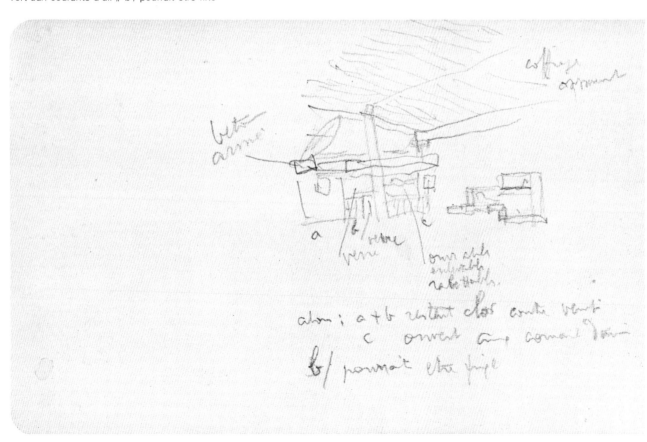

1023
dans les maçonneries intérieures on pourrait employer des galets
de la plage
urgent convoquer ici Darnand p. hôtellerie en croûte Delhi
aller notaire M^{te} Carlo // terrain contigu + ma part actuelle // pré-
parer actes // voir Pastor d'abord

aucun fer nulle part. Tout en bois // quincaillerie bronze et bois //
demander Emery secret des serrures // Kasbah ou Kabyles — // 27
dec 53 // Cap Martin

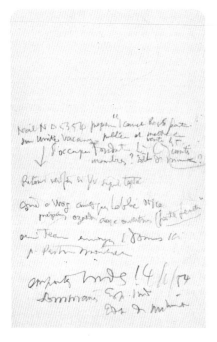

1024

Noël NA 53 54 préparer ''1 carnet Rech. pat.'' sur unité vacances
— publier et mettre en vente les 5 unités // S'occuper Fondation
L-C // membres? Edit. de Minuit? // Retour vérifier si Yv signe
texte
Dire à Wog convoquer Labbé Nice // préparer ozalides avec ouver-
tures (''<u>portes fenêtres</u>''
oui Jean envoyer 1 Domus ici p. Pastor Montecarlo
emporter Indes 14/1/54 // Sommaires Esp. ind // Edt de Minuit

1025

p. le pool charbon // acier // Philippe Serre
salon public // I élément de tôle pliée d'un coup
Ecrire bouguin la voyagence pas d'accord = visites mal faites.
Equiper un appartement (Michel) // donner 1 dépliant en livret //
payer 100 000 Corbu (Strassova) // Série Cartes postales Marseille
Fréal signe // Boesiger commencer Tome 6 Michelet

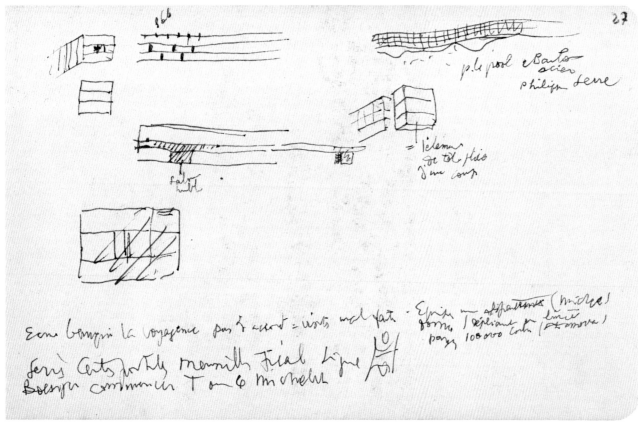

1026
tube fer étiré de 160 m/m sert au tirage de fourneau F (demander
Jane Drew système anglais) // blanc p. éclairer // attention // bonne
surface vitrée fixe // il fait sombre au cabanon en hiver // faudrait
doubler fenêtres au nord // bac tôle p. cendres

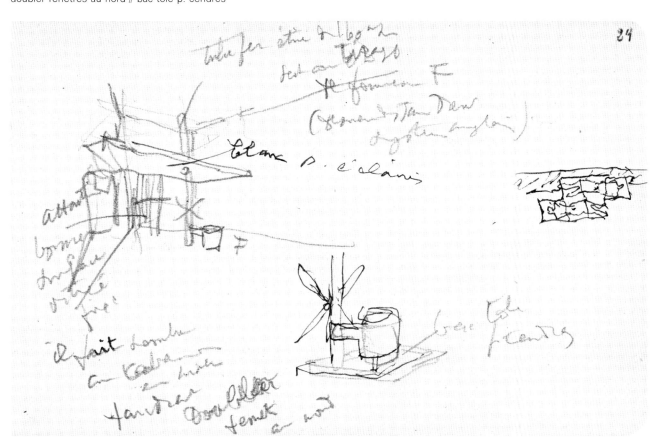

31

1028
emporter Album Noir 2 // Henri commander 3 sketchbook //
dimension // (!) // boite pastels // crayons couleur // croquis arts,
antiques etc // télé Strassova 18 M Girsberger // museum of M Art

1029
Attention Retour indes. // S'enquérir quel papier couleur noir //
c... // vermillon // vert // bleu // a été employé p. le panneau
d'Affichage Fernandel L'ennemi public N° 1 / Palissade 161 bd
Malesherbes // acheter et faire graphismes // papiers tapisserie

1030
A // route // Fer // eau (Durance? // = à 1 h de vol de Genève via
Rome // 16/1/54 Air India

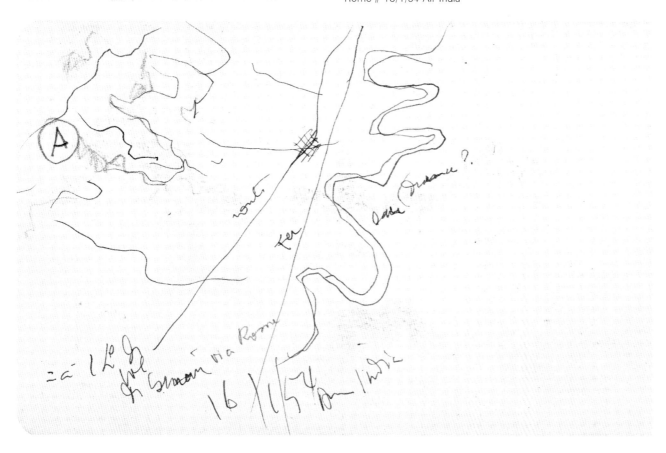

1031
ce doit être Alpilles tombant sur plaine avec rivière et méandre //
ce dessin ici est 1 fragment du précédent
les villages sont tous sur crête comme en ... // eau // terre //
Thalweg // larg // Zone / A // Terre

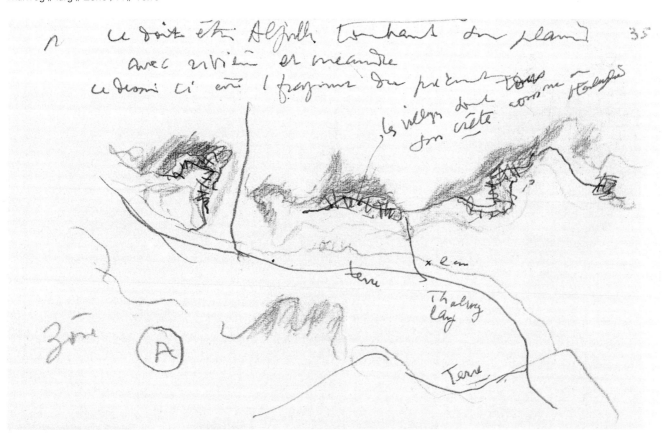

1032

Nehru // 17 heures // 18 janvier 1954

A / le Contrat Chandigarh / a / Adviser reconduction // b Construc-
tion du Capitol / 3% partout // Luytens 12% // je n'ouvre pas le
dossier Palais Gouverneur sans signature 9%.

B / Un Office Nat d'Urbanisme // Doctrine // sur 3. Ets. Hum. //
L-C Adviser. Bureau par Ecochard et son équipe à Delhi // em-
porter : 1 Plans Palais Gouverneur // 2 contrats Chandigarh

C / Ecole d'Arch Moderne indienne = / Ahmedabad // Chandigarh /
Jt + // Frey // Drew // + urb Ecoch[ard] // = c'est embrayé // objec-
tif : donner de la cohésion = un exemple au monde ''de l'Unité''
bylaws / Maire // Huttesing / = dérogation p. chantiers expéri-
mentaux

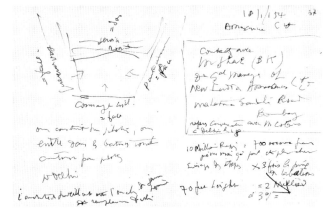

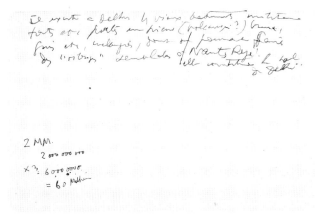

1033

18/1/154 Assurance Cy

service road = dos // = face Governor way // Parla avenue =
face // Co... = face

on construit sur pilotis, on entre dans les bâtiments tout autour
par pilotis // N Delhi

l'architecte surveillant est l'oncle // du jeune homme // de rem-
placement Doshi

10 Millions Rupies = 700 000 000 francs // prévus mais ça peut-
être plus cher // Envisager des étapes × 3 fois le prix // de la
batisse // 70 feet height = 2 milliards // à 3% = →

Contact avec // M Shah (BK) // Dr Gal Manager of // New India
Assurances C^y L^d // Mahatma Gandhi Road // Bombay // referer
conversation avec M Co ... à Delhi le 1 j.

1034

Il existe à Delhi 4 vieux bâtiments militaires forts avec portes en
pierre (volcanique?) // elle constitue le sol de Delhi. // brune, gris
etc, mélangés, dont on pourrait faire des ''ouvrages'' semblables
à Nantes Rezé! //

2 MM. // 2 000 000 000 // × 3 = 60.000.000. // = 60 Millions

1035
18/1/54 Nehru // lui envoyer les 3 ET H // + May 7V
Retrouver les propositions Giraudoux 1939 + Latournerie p.
retrouver le terme exact

1036
tôle // grille // cheminée // M W. Frey // Hôtel Chandigarh

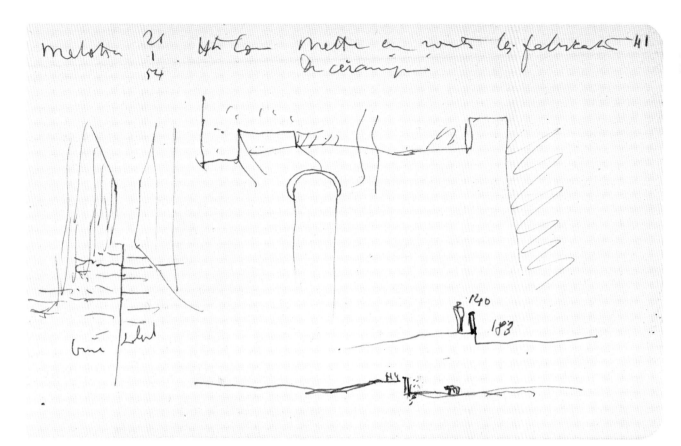

1037
Malotra / 21 // 1 // 54 // H^{te} Cour / Mettre
en route les fabrications de céramique //
brise soleil

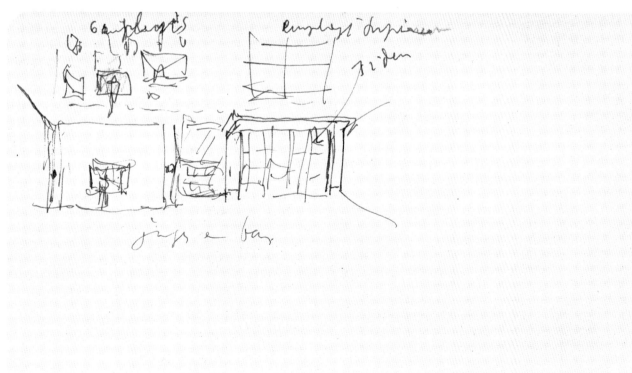

1038
6 employés // employé supérieur // idem //
juges en bas

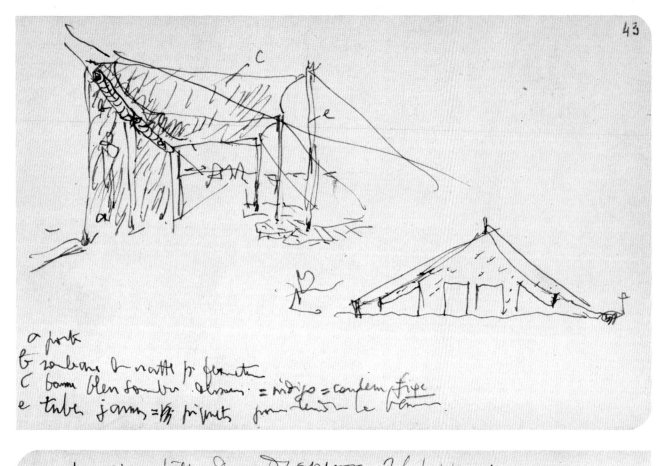

43

a porte
b rouleau de natte p. fermeture
c banne bleu sombre dessous = indigo = couleur fixe
e tubes jaunes = piquets pour tendre le banne

1039

a / porte // b / rouleau de natte p. ferme-
ture // c / banne bleu sombre dessous =
indigo = couleur fixe // e / tubes jaunes =
piquets pour tendre la banne

observé : fête du Drapeau 26/1/54 :
le ciel bleu très pâle : les petits drapeaux de papier de
couleur garance carmin, jaune, outremer, vert violet
nagent adorablement sur ce bleu pâle. Qui peut remplacer
le blanc traditionnel du fond

le drapeau   orange
                          blanc   très beau
roue   très cobalt   dans
noire   le bleu très pâle

1040

observé : fête du Drapeau 26/1/54 : // le
ciel bleu très pâle : les petits drapeaux de
papier de couleur garance carmin, jaune,
outremer, vert violet nagent adorablement
sur ce bleu pâle qui // peut // remplacer
le blanc traditionnel du fond // le drapeau //
orange // roue noire // blanc // vert cobalt //
très beau dans le bleu très pâle

H30

1041
Parc National // au fond ... // plan // la fin du parc // vue A // vue /
B // C / murs de 226 de ha // esplanades // = des plaines de
fêtes // diverses // selon les heures du soleil // le parc

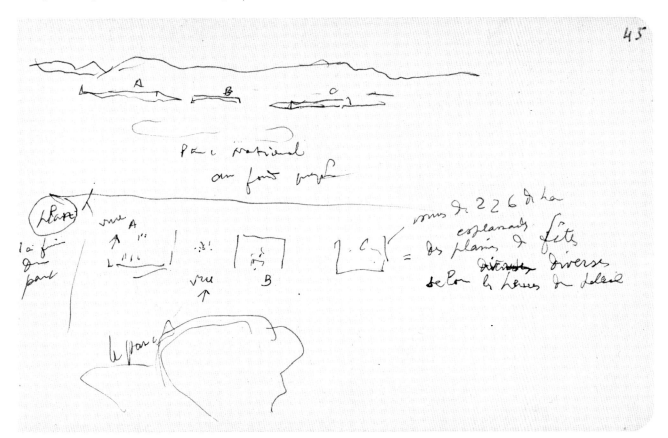

1042
un métal brillant // + couleur // acier inoxydable // = bayonnette!
penser aux ''obélisques'' // vue de l'arrivée traversée // de la
rivière, avant Chandigarh // à jour // verandahs protégées avec des
toiles de couleurs diverses = t // appartement
voir ''Album Noir 2'' page // escalier privé p monter sur le toit // un
appt G^r ou autre.

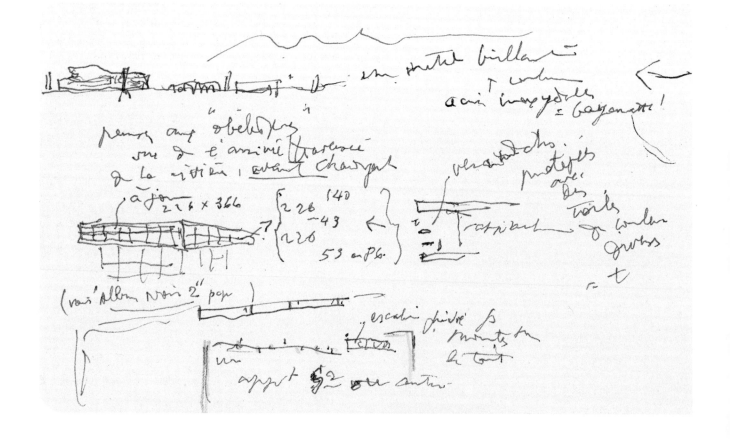

1043
la roue. // etc // diverses // ou verre sur ciment ou céramique bril-
lante = ça claque au soleil!

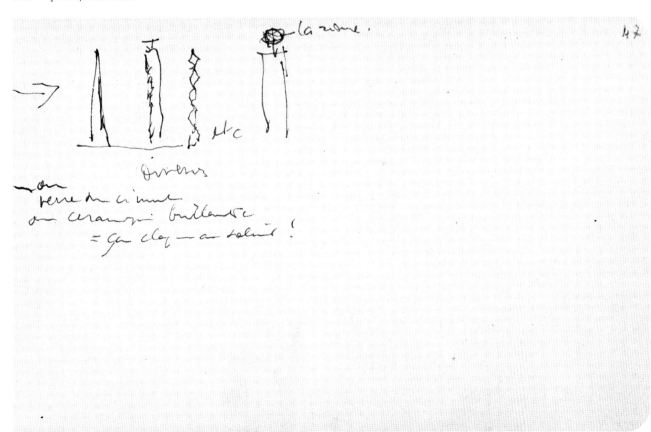

1044
passage // Parc National // créer des entités : forêt de palmiers //
[forêt] de ceci // [de] cela // des plaines, des aires cernées de
murs

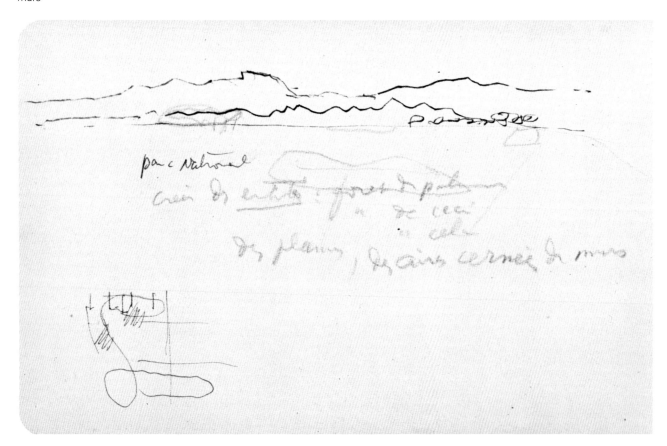

1045
M / faire faire 1 gabarit bois sur place de la gargouille (saillie)?
M / y a t il parapets librairy? / vide = meilleur
M / vérifier la hauteur de la Main d'après piquet sur place
la terre + herbe monte obliquement <u>derrière</u> // les parking cou-
verts à partir de A = laissant libre AB

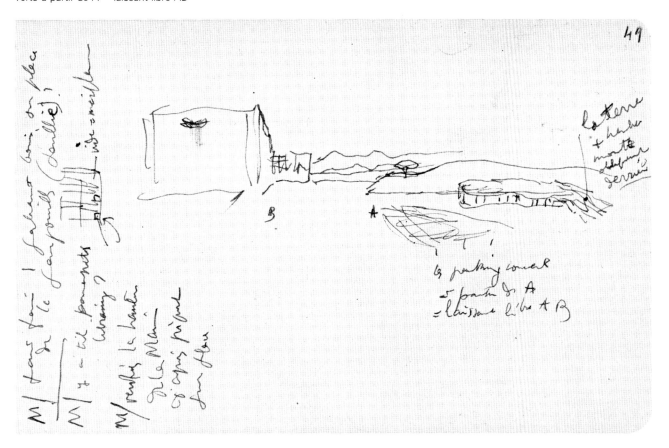

1046
27/1/54 // V2 Capitol // les niches pignon / intérieur H^{te} Cour. / la
face = gunnite // concrete // essayer arrêtes gunnitées = rough //
1 creux
Pr... // pont Leasure Valley // V3 Erosion // piles briques carrées //
non arrondies

1047
entrée H^{te} Cour // rues intérieures Capit ... // A = luminescent +
projecteur

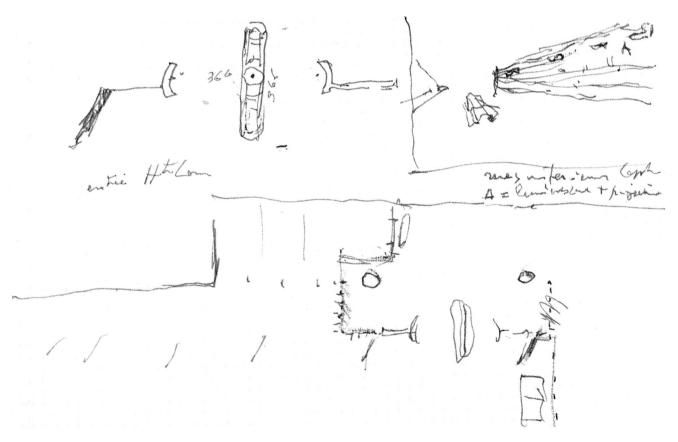

1048

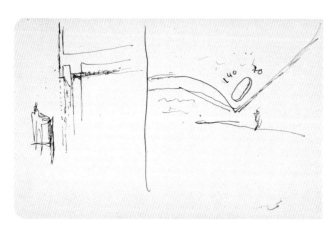

1049

le duct ∥ A = le tableau électric (switcher?) ∥ B = le rampant 2ème
de l'escalier ∥ C1–C2 le duct ∥ T = les tuyaux en passage libre

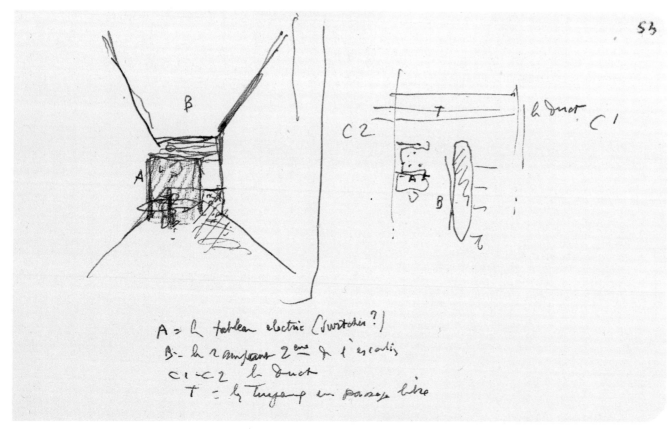

1050

''MEMORIAL'' de Amritsar // 1919 // 13 april = indian calender =
New Year day

29/1/54 // Amritsar // l'entrée du General anglais a–b à conserver
tel = + loggia b // il y avait (et existent encore) quelques grands
arbres // le sol était nu // On propose d'ouvrir 1 deux entrées late-
rales (Je ne suis pas d'accord // P le puits où ont été noyés beau-
coup de victimes (à conserver mais supprimer l'architecture qui a
été faite depuis

il faut évoquer le traquenard = enclos fermé // le général amenant
ses troupes et massacrant 2 000. Il faut vider le lieu pour lui don-
ner l'aridité et le dramatique

1051

Il faut rendre possible les cérémonies du ''National Week'' //
13 april – // — Solenniser en vidant // — Mais laisser et disposer
emplacements d'où l'on voit // le lieu sacré // Et situer, évoquer
l'Indépendance Indienne.

Avoir un Campo Santo de l'Indépendance avec les hommes et les
évènements évoqués et peut-être la puissance de // Non??? / la
civilisation indoue(?) d'autrefois // (Les grands principes, l'éthique.
Faire relevé de tous les arbres anciens. En faire le lieu sacré de
l'indépendance indienne

les maisons diverses qui peuvent devenir modernes moches //
pour assurer le pourtour // ici // le lieu // un mur // arbres serrés et
taillés au sommet

1052
les arbres taillés (derrière // la silhouette variable des maisons // le
mur // 1 heure plus tard visite au Gold Temple (Siks) // B3 // B1 //
eau // G // B2 // reponse à mon intention de Memorial, soit : un
pur carré d'eau + le temple au milieu. Les bordures B1 B2 B3 //
B4 // sont silhouettes <u>accidentelles</u>.

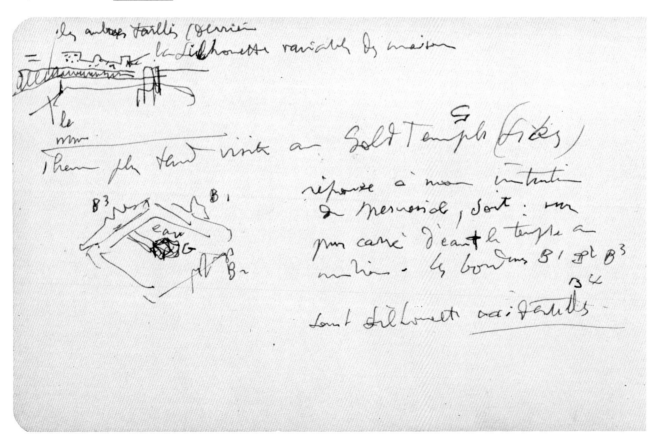

1053
jaune // blanc

1054
les rond points du V3 hauts de 33 cm (<u>non pas</u> hauteur de trottoir)
Ça fait alors <u>volume</u>
Sol et thème, tout en pierre rouge(?) = Memorial 30/1/54 .

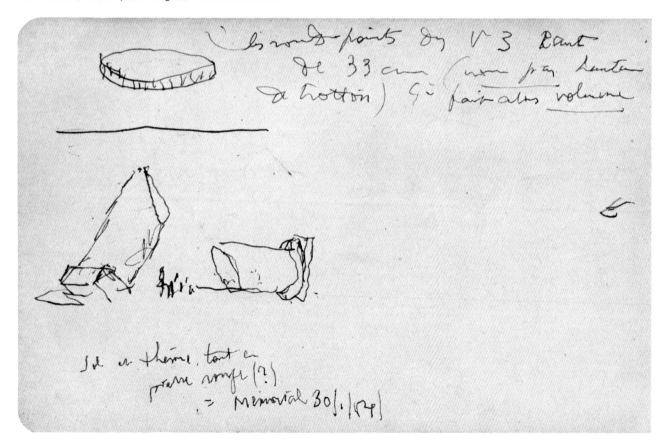

1055

La noria pour (Memorial) // (mât en bronze + la source (well)) // du
massacre l'eau coule dorénavant sans arrêt.

1 ecrire lettre Varma = Palais G^r // 2 [écrire] villages de péons //
signaler mon plan 51 // 3 V2 Capitole par unités // 4 City—Center //
Impérial Banque // 5 V2 station // representations commerciales //
7 les portes de la ville
9 la première extension au sud des halles // 8 Non! = les nou-
veaux secteurs gonflent (la 1ère étape // 9 les Halles + Marché de
secteur (Bogota) // 10 les V4 ont été sacrifiées

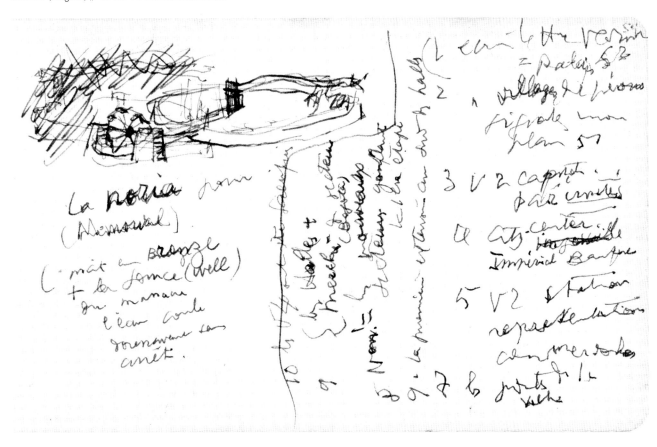

1056
Amritza
peut-être : l'eau coulera t-elle de la roue en circuit fermé avec le
puits
la noria est évoquée par les 3 éléments non-raccordés
voir aussi sketchbook // 1954. 1. février Chandigarh // page 35
Samedi / faire déposer plans à Paris Hôtel Napoléon à partir
du 8 // Kalka

For each of the sketchbooks, the following data describe:
1. the dimensions of the sketchbook pages, and **for those pages reproduced in small format**, the percentage of reduction from the original; and
2. the pagination. To identify the pages Le Corbusier wrote or sketched on in the notebooks, the reproductions in the present publication are numbered consecutively beginning with the front cover of sketchbook D14 (numbered 1) and ending with the last illustrated page of sketchbook H30 (numbered 1056). Pages that are upside down are specified. Blank or missing pages are noted, but they are not included in the consecutive numbering system.

All the sketchbooks in this volume are spiral bound with cardboard covers.

D14

15 × 10 cm.; small format reproduced at 48% of original size.
Both right- and left-hand pages have been used, except for the following pages, which are blank: the left-hand pages following 10–12 and 33; the eight pages following 39.
48 is the inside back cover.
2 is upside down.

D15

15 × 10 cm.; small format reproduced at 48% of original size.
Both right- and left-hand pages have been used, except for the following pages, which are blank: the left-hand pages following 54–57, 72, and 73; the right-hand page following 95.
96 is upside down.

D16

15 × 10 cm.; small format reproduced at 48% of original size.
This sketchbook has been stenciled on the front cover. However, it was used from back to front, and accordingly the illustrations are numbered beginning with the last page.
Both right- and left-hand pages have been used, except for the following pages, which are blank: the left-hand pages following 120–122; the eight pages following 148.
132 and 133 are a loose inserted sheet.

D16'

D16' is handwritten on the front cover of the sketchbook in non-reproducible blue pencil.
15 × 10 cm.; small format reproduced at 48% of original size.
Both right- and left-hand pages have been used, except for the left-hand pages following 150–153, 168, and 187, which are blank.

D16"

D16" is handwritten on the front cover of the sketchbook in non-reproducible blue pencil.
15 × 10 cm.; small format reproduced at 48% of original size.
Both right- and left-hand pages have been used, except for the following pages, which are blank: the left-hand pages following 211, 212, and 217; the three pages following 256.

D17

15 × 10 cm.; small format reproduced at 48% of original size.
260 is the inside front cover.
Both right- and left-hand pages have been used, except for the following pages, which are blank: the left-hand pages following 269, 270, and 273; the seven pages following 301.

E18

15 × 10 cm.; small format reproduced at 48% of original size.
310 is the inside front cover.
Both right- and left-hand pages have been used, except for the left-hand pages following 317 and 330, which are blank.
352 is upside down.

E19

15 × 10 cm.; small format reproduced at 48% of original size.
Both right- and left-hand pages have been used, except for the following pages, which are blank: the seven pages following 373; the right-hand pages following 374 and 393.
393–414 are upside down.

E20

15 × 10 cm.; small format reproduced at 48% of original size.
Mostly right-hand pages have been used, as well as the following left-hand pages: 417, 422, 428, 430, 433, 443, 445, 448, 450, 452, and 454. The three pages following 446 and the two pages following 447 are blank.

E21

17.3 × 10.6 cm.; small format reproduced at 48% of original size.
Both right- and left-hand pages have been used, except for the following pages, which are blank: the left-hand pages following 460–463, 466, 471, 476, 477, and 482; the thirty-six pages following 489.
491 is the outside back cover.

E21 bis

15.3 × 10.1 cm.; small format reproduced at 47% of original size.
Both right- and left-hand pages have been used, except for the following pages, which are blank: the left-hand page following 493; the right-hand page following 523; the four pages following 542.
541 is upside down.

E22

15.3 × 10.1 cm.; small format reproduced at 47% of original size.
Both right- and left-hand pages have been used, except for the left-hand page following 572, which is blank.
557, 596, 598–603 are upside down.
607 is the inside back cover.

E23

13.5 × 8.5 cm.; small format reproduced at 48% of original size.
608 is the front cover; the stencil is upside down.
609 is the inside front cover.
Mostly right-hand pages have been used, as well as the following left-hand pages: 634, 665, 680, 690, 692, 694, and 696.
The two pages following 679 are blank.
690 is upside down.
697 is the back inside cover; 698 is the back outside cover.

F24

17.3 × 10.6 cm.; small format reproduced at 48% of original size.
Both right- and left-hand pages have been used, except for the following pages, which are blank: the left-hand pages following 704, 707, 708, 713–715, 718, 723, 730, 733, 744, 747, and 755–759; the right-hand pages following 749, 761, and 762.
762–764 are upside down.
764 is the inside back cover.

F25

17.3 × 10.6 cm.; small format reproduced at 48% of original size. 766 is the inside front cover.
Both right- and left-hand pages have been used, except for the following pages, which are blank: the left-hand pages following 769–772, 775–777, 786, 789, 790, 795–799, and 802–804; the seven pages following 815; the two pages following 818.

F26

13.5 × 9 cm.; small format reproduced at 48% of original size.
This sketchbook has been stenciled on the back cover; however, it was used from front to back.
Both right- and left-hand pages have been used, except for the following pages, which are blank: the left-hand page following 831; the three pages following 875.
867 is upside down.

F27

13.5 × 9 cm.; small format reproduced at 48% of original size.
There are no blank pages in this sketchbook.
917, 922, and 925 are upside down.
925 is the outside back cover.

G28

18 × 11 cm.; small format reproduced at 47% of original size.
927 is the inside front cover.
Both right- and left-hand pages have been used, except for the following pages, which are blank: the left-hand pages following 930, 931, 934, 935, 940, 941, 944–946, 951–954, and 965.

G29

18 × 11 cm.; small format reproduced at 47% of original size.
971 is the inside front cover.
Mostly right-hand pages have been used, as well as the following left-hand pages: 977, 979, 981, 985, 992, 998, and 1007.

H30

18 × 11 cm.; small format reproduced at 47% of original size.
1009 is the inside front cover.
1010–1021 are all right-hand pages. From 1022 to the end, both right- and left-hand pages have been used, except for the left-hand pages following 1025 and 1026, which are blank.

Index